신학적 문화비평, 어떻게 할 것인가?

신학적 문화비평, 어떻게 할 것인가?

초판 1쇄 찍은 날 · 2005년 12월 15일 | 초판 1쇄 펴낸 날 · 2005년 12월 20일

지은이 · 이상훈 | **펴낸이** · 김승태

편집장 · 김은주 | **편집** · 박지영, 권소용, 박지연 | **디자인** · 김규혜, 이승희 | **제작** · 한정수
영업본부장 · 오상섭 | **영업** · 변미영, 장완철 | **홍보** · 주진호 | **물류** · 조용환

등록번호 · 제2-1349호(1992. 3. 31.) | **펴낸 곳** · 예영커뮤니케이션
주소 · (110-616) 서울 광화문우체국 사서함 1661호 | **홈페이지** www.jeyoung.com
출판유통사업부 · T. (02)766-7912 F. (02)766-8934 e-mail: jeyoungsales@chol.com
출판사업부 · T. (02)766-8931 F. (02)766-8934 e-mail: jeyoungedit@chol.com

copyright ⓒ 2005, 이상훈

ISBN 89-8350-377-7 03230

값 12,000원

신학적 문화비평, 어떻게 할 것인가?

이상훈 지음

예영커뮤니케이션

머리말

　신학의 강단에서 주로 역사신학을 가르쳐 온 필자에게 '신학적 문화비평' 장르가 찾아 온 것은 어쩌면 필연적(?) 귀결이었다. 시대를 뛰어 넘는 역사의 대해(大海) 속에서 교회가 처한 위상과 면모를 가늠하는 일은 당대의 문화를 분석하는 안목을 기르지 않고는 불가능한 작업이었기 때문이었다. 더욱이 '역사 속에 단단히 뿌리를 박고 있는' 종교로서의 기독교는 죽어있는 화석이 아닌 당대 문화와 깊이 교류하고 호흡하며 자신의 정체성을 만들어가는 생명력을 보여주었던 것이 아닌가!

　종종 우리 시대의 '교회의 위기'를 거론할 때마다 안타깝게 생각했던 부분은 바로 이상의 '탄력'과 '흡인력'을 상실해가는 기독교의 위상이라는 점이었다. 자신의 '삶의 자리'에 대한 치열한 반성적 사유 없는, 단지 기계적이며 무비판적 수입(?)신학의 한계를 이야기하는 것은 결코 유쾌한 일은 아니지만 우리 시대의 신학과 교회를 염려하는 식자들에게는 당연한 고민이 아닐 수 없다. 이 점에서 어쩌면 소위 '교회 위기'의 본질은 신학의 상실, 즉 텍스트와 콘텍스트를 함께 아우르며 그 안에서 '우리 시대의 문화'를 읽어 내려는 긴장관계적 과제를 성공적으로 수행하지 못하는 오늘날의 교회 안팎의 현실로 요약될 수 있으리라.

　필자는 '역사신학'의 장으로서 '역사'와 '신학'의 두 영역 사이에서 때로는 '역사적' 안목을, 그리고 때로는 '신학적' 안목을 강조하는 훈련을 받아 왔던 것 같다. 그러나 이제 이 둘은 서로 별개의 것이 아니고 '역사성 안에서 신학을 논하며', '신학적 안목으로 역사를 논하는' 통합적 과제라는 사실을 새삼 깨우친다. 역사적 안목은 단지 과거의 시점에만 시야가 고착된 것이 아니라 바로 우리 시대의 제 문화와 제 현상에도 똑같이 적용될 수 있다는 것은 당연한 논리가 아닌가? 바로 이점에서 필자의 '문화비평'은 유효하다고 감히 천명한다.

지난 시간들에서 부족한 사유를 갈고 닦기에 격려와 충고를 아끼지 않고 배움을 주신 스승님들, 그리고 밤이 맞도록 함께 우리시대에서의 문화신학 하기를 위해 이야기 꽃을 피워준 동역자 친구들, 강단에서 작은 음성 하나에도 귀를 기울여 준 후학들, 이들에게 본서를 드린다. 한 권의 책으로 이 세상에 빛을 볼 수 있도록 배려해 주신 예영의 김승태 사장님께도 감사를 드린다.

모쪼록 부끄러운 결실을 통해 함께 할 벗들이 멀리 그리고 가까이에서 찾아 주시는 영광을 누린다면 이에서 더 큰 축복이 없으리라.

2005년 12월
청계산 기슭 진현관 서재에서 필 자

차례

제 1 부

문화비평과 문화신학 형성의 과제

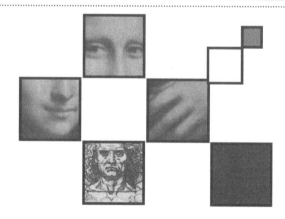

제 1 장
한국기독교와 문화신학 형성의 과제

– 오늘의 한국기독교, 어디에?

수용 이후 괄목할 만한 양적 성장을 기록했던 한국기독교가 그 성장이 둔화되고 있는 징후를 보여주고 있다는 진단은 어제 오늘의 일이 아니다.[1] 그 원인과 처방을 여러 각도에서 논의하고 있지만 한국 사회에 기독교가 보다 단단히 뿌리내리기 위해서는 필연적으로 한국적 심성, 혹 한국적 전통문화에 대한 심도 있는 이해가 전제되어야 한다는 반성이 그 중 하나로 강력히 제기되고 있다. 전통적 교리 체계와 기독교 문화의 정체성을 일방적으로 높이 세운 채, 그 테두리를 고수하는 종래의 신앙 행태를 반성해 보자는 요청들이 바로 그것이다. 현대 한국 사회는 어느 특정 종교가 전체 국가의 종교를 대변하는 단일종교 사회가 아니라 여러 종교가 함께 공존하는 '다종교' 사회라고 말할 수 있다. 실제로 이 같은 '종교적 다양성(Religious Plurality)'을 보다 깊이 이해하고 이에 대한 포괄적 대응 전략을 수립하지 않는다면 오늘의 기독교 세계와 그가 지향하고자 하는 전략은 나름대로 한계상황을 노출할 수밖에 없다는 인식은 그래서 점차 그 공감대를 확대해 나가고 있는 것이다.

주지하는 바와 같이 팔레스타인 지역에서 시작된 원시 기독교는 그 확산과 함께 시대와 지역, 그리고 문화권에 따라 그곳에 '적합한' 형태의 메시지로 '적응'하는 노력을 기울여 왔다. 주로 헤브라이즘의 배경에서 시작한 기독교가 헬레니즘 세계로 들어가면서 그들의 언어와 습관, 그리고 문화를 이해하여 그들의 일상에 스며드는 케리그마를 선포했던 것은 교회사가 증언하는 바이다. 이 같은 '문화적응'으로서의 기독교에 대하여 몇 년전 한국을 방문했던 독일의 신학자 판넨베르그(Pannenberg)도 세계교회와 한국기독교가 당면한 가장 시급한 과제 중의 하나가 '종교간의 대화' 과제라는 사실을 지적한 바 있다.[2] 특정한 문화가 또 다른 문화와의 만남을 통해 서로간에 영향을 주고받으면서 제 3의 문화 형태를 이루는 과정을 인류학자들은 '문화접변(Acculturation)'이라 부르거니와, 이러한 문화접변 현상은 결코 어느 특정한 개인이나 단체가 이것을 원하지 않는다는 식의 주장으로 거부할 수 있는 성질의 것이 아니다. 실제로 한국기독교는 이미 알게 모르게 한국의 전통 종교와 문화들이 남겨 놓은 종교 행태에 의해 영향 받았음을 인식할 필요가 있다. 한국기독교가 자신의 정체성 중 하나로 세계교회에 내세우는 유별난 '새벽기도 열풍'도 사실 엄밀히 따지고 보면 한국의 특정 전통 종교가 역사적으로, 지속적으로 강조해 왔던 종교 실천적 행태에서 적지 않은 영향을 받은 결과라고 말할 수 있다.[3]

실제로 한국의 역사와 전통의 토대 위에 근대에 들어와 새로 전래된 한국기독교는 나름대로 '한국'이라는 문화적 특성을 반영한 기독교로 성장하고 있다고 평가할 수 있다. 한민족이 기독교 전래 이전에 이미 경험한 종교들로서는 먼저 고대의 무속 신앙, 그리고 삼국 시대와 고려 시대의 불교, 그리고 조선 시대의 유교 등을 꼽을 수 있다. 물론 불교와 유교도 엄밀히 따지고 보면 우리 한반도에서 자생한 것이 아닌 외래 종교의 형태로 전래되어 온 종교이지만, 이들은 결코 짧지 않은 세월동안 한반도에서 한민족의 심성에 일정한 종교적 기능을 수행하면서 나름대로 '한국적 종교'로 자리매김한 종교들이라고 볼 수 있다. 그런데, 이들 종교와 비교해 보면 기독교는 상대적으로 짧은 시간에 급속히 확산된 종교이기에 아직 한국민, 그리고 한국의 역사와 문화 속에 견고히 결속되어 있다는 느낌을 얻지 못하고 있다.[4] 자신의 정체성을 잃지 않으면서 타자에 대한 개방성을 지속적으로 유지해야 할 필요가 새삼스럽게 대두되는 것이 바로 이러한 연유에서 기인한다.

상기의 제언은 '현대 이후(Post-modern)'의 제반 인식론적 과제와 연결되어 특별히 현대적 과제로 부각되고 있다. 주지하는 바와 같이 이성(Ratio)중심의 근대(Modern)적 인식은 주로 '거대담론(Meta-narrative)'에 관심이 집중되어 왔다. 프리드리히 헤겔(F. Hegel)적인 의미에서 '절대정신(Absolute Geist)'에 대한 거대담론, 자본주의적 성취에 대한 희망과 동시에 사회주의적 메시아적 해방 이데올로기 등은 지금까지 역사의 주체로 관통해 왔고 이 같은 담론에 묻혀 '타자(Otherness)'의 소리는 은폐되거나 주목받지 못해 왔던 것이 사실이다. 그러나 이제 '타자'

의 새로운 범주적 지평은 '현대성(modernity)'의 기존현상을 해체하는 포스트모던적 저항과 투쟁의 정신으로 나타난다.[5] 다만, 이 같은 포스트모던적 과제를 이행함에 있어서 '완전히 주체를 이탈할 수 없다'는 논의는 나름대로 설득력을 가진다. '다름을 다름'으로 인정하는 것, '타자의 성숙성을 인정'하는 문제는 이미 해석의 문제에 해당되기 때문이며, 이때 해석은 여전히 주체의 주도적 인식에서 시작되기 때문이다. 이 같은 관점에서 다원주의적 상황에서 '타자와의 만남'의 개방성과 더불어 '주체의 형성' 문제 또한 담론의 핵심 요소로 등장하게 된다.

20세기 후반 들어 종교신학(Theology of Religion)에 대한 논의는 세계신학의 흐름을 주도하면서 21세기 신학의 방향에 새로운 패러다임을 예견케 하고 있다. 종교신학의 관심은 포스트모던적 인식론에 그 바탕을 두면서 '타자'로서의 타종교에 대한 기독교의 입장을 규명하고, 기독교 신앙의 빛에서 예수 그리스도의 신비를 체험하는 모든 인간의 종교적 경험을 반성하는 방향으로 나아가고 있다. 종교사회학자 피터 버거(Peter Berger)가 지적하고 있듯이 '종교간의 만남'은 이제 필연적 과제로 등장하고 있는 것이다.[6] '만남(Encounter)'을 이루는 요소들은 지금까지 주관적 시각의 사유에 대한 익숙함을 반성함에서 시작된다. 주체적 시각을 잠시 접어두고 자신을 객관화할 수 있는 인식적 탄력이 그래서 '만남'의 덕목으로 반드시 요구되고 있는 것이다. 이 같은 점을 고려해볼 때, 먼저 한국기독교의 위상과 새로운 시대에서의 과제를 논함에 있어서 이제 지금까지 제기되어 왔던 한국기독교에 대한 이름하여 '객관적인 시각'의 제시들에 귀기울일 필요가 있다. 이것은 한국기독교가 '타종교와의 만남'이라는 과제를 풀기 이전에 가장 초보적인 수준에서의 '대화'를 위한 자기 인식의 필요에 대한 도전의 한 축이라는 점에서 의의가 있다. 이러한 점에서 본 논고에서는 먼저 한국기독교의 위상을 점검하는 차원에서 주로 그간의 소위 '갈등구조'를 배태했던 제 시각들에 대한 검증과 함께 그에 대한 변증적 대응논리, 그리고 이러한 논의를 넘어서는 '종교신학' 내지는 '문화신학'의 형성과제 등에 대하여 논의를 전개해 나가고자 한다.

I. 한국기독교의 위상과 '갈등구조'의 함의

종교를 탈현실, 신비주의의 시각에만 고정시켜 생각하면 자연, 인간이 일상에서 몸담고 있는 생활공간의 영역은 축소되거나 소멸되는 결과를 가져온다. 개신교 신학자 칼빈은 기독교의 종교성(영성)은 현실을 분리하는 상황이 아니고 사회를 형성하게 하는 신념공동체(Covenant Community)라 정의하고 있다. 종교가 '인간성의 회복'이라는 과제와 함께 한 사회와 그 구성원의 신념을 형성하는 핵심적 기능을 수행하는 역할을 감당한다고 할 때, 종교적 영성은 한 개인의 내적인 정신 효과 뿐 아니라 외적 생활에 직접적 영향을 주고 있는 것이다. 이 같은 점에서 항상 특정한 종교가 가지고 있는 내적, 교리적 근간 이외에 그 종교가 한 사회에 투영되는 사회적 위상의 위치를 묻는 일은 종교 본연의 기능성을 회복하기 위해 반드시 염두에 두어야 할 과제라 말할 수 있다.

한국기독교의 위상을 평가하는 잣대는 다양하다. 평가자의 시각에 따라 다양한 편차가 존재한다는 말이다.[7] 특정 종교의 사회적, 문화적 위상이라는 것이 어떤 고정된 실체라기 보다 시간과 공간의 차이에 따라 그 면모가 다양하게 변화되는 가능성이 있기 때문이다. 한국교회의 사회적 위상을 보다 객관적 수치로 표현하고 있는 한국 갤럽의 조사 결과 등이 그나마 특정인의 주관을 배제한 시각으로 인용될 수 있는 자료라고 사료

된다.[8] 이 자료를 근거로 본 고의 주제와 관련하여 한국기독교회가 당면
하고 있는 핵심적 사안을 중심으로 그 논의를 제한하고자 한다. 한국기
독교의 정체성문제, 소위 '배타성문제', 그리고 전통과의 연계문제, 세
속화의 문제 등을 차례로 다루어 보기로 한다.

1. 정체성 형성 위기로서의 '타자성'

근대 한국사회의 형성에 있어 한국기독교의 순기능적 역할의 내용을
언급하는 기독교 내부적 시각에서의 논의와는 별개로 작금의 논단에서
종종 제기되는 '한국의 근대 역사가 자신(동양)의 정체성을 일방적으로
희생하면서 서구 문물을 쫓기에 분주했다' 는 문화 비평의 목소리는 한국
기독교에 대하여 그리 호의적이지 못하다. 이 같은 논의는 한국인들의
민족주의적 취향을 자극하면서 적지않은 이들에게 상당한 지적 호응을
얻고 있다. 이같은 사회적 반향의 핵심은 기존의 종교, 특히 '서양' 을 대
변하는 핵심 종교로서 '기독교' 의 기본 교의를 비롯한 교회 문화에 대한
비판으로 경도되는 경향을 보이고 있는 바, 종종 한국에서 '기독교' 는 서
양 혹은 서양문화와 동일시되곤 하는 것이다. 이 때 '기독교' 는 '우리',
혹은 '주체' 에 대극적 개념의 한 축에 속해 있다. '타자' 로서의 '서양' 과
그 반대 개념으로서 '동양' 을 부각시키기 위해 '기독교' 는 종종 초극되
어야 할 대상으로 비쳐지는 것이다. 현대 '서양의 문화 전통' 을 언급하면
서 그 문화의 사상적, 철학적 기반으로 당연히 '기독교' 를 언급한다. 대
표적 논객 중 한사람으로 김용옥은 이 같은 인식을 대변하고 있다. 그는
"… 그것을 우리는 개명(開明)이라고 불렀다. 그래서 우리는 서양의 학문
을 배우고, 서양의 종교를 배우고, 서양의 예술을 배워야 한다고 생각했
다. 과학을 받아들이고, 기독교를 신앙하고, 자본주의를 가속화시키고,

민주주의를 갈망했다"라고 말한다고 적고 있다.[9] 즉, '기독교'와 '서양'을 동일시한다.

이상의 인식이 비판없이 제기되는 이면에는 한국에서의 기독교 전래가 소위 '서양' 것들에 대한 전래와 맞물려 있었다는 사실에서 연유하는 바가 크다. 그러나 이제 단순히 기독교는 서양에서 전래했기에 서양종교의 아류라는 식의 인식에 머무를 수 없는 논리가 설득력을 얻고 있다. 이미 형성되어 자신의 일부가 되어버린 '자기화(Personification)'된 '타자(Otherness)'를 부인하는 정체성의 혼란을 필연적으로 가져온 결과라는 사실을 제기하는 시각이 그것이다. 주지하는 바와 같이 한국사회에서 소위 '근대화'는 결코 하루, 이틀 전의 것이 아니다. 2세기를 훌쩍 넘는 '서양의 수용' 전통은 이제 필연적으로 사회의 모든 구석에서 그 결과의 집적으로 나타나고 있다. '한국적', '동양적'인 것이 과연 2세기 이전의 전통에서만 그 뿌리를 찾을 수 있는 것인가? 한국인의 심성에서 이미 이것은 피할 수 없는 자신의 일부로서 자리매김하고 있다. 양복을 입고, 양악 전통의 클래식을 부르면서 자신의 소위 '순수한 혈통적 정체성'은 여전히 상투를 틀고 창가(唱歌)를 부르던 시대에서 찾는 의식에 머물러 있는 것은 일종의 시대착오적 분열증세라고 할 수 있다. 이 같은 일부 폐쇄적 민족지상주의와 배타적, 맹목적 감상주의에 편승한 '동양지상주의'는 자신의 정체성 인식에 역기능으로 작용할 수 있다.

오늘의 '서양'을 형성하는 뿌리는 크게 '유대적-기독교적' 전통으로 대별되는 헤브라이즘과 '로마적-헬라적' 사유로 대별되는 헬레니즘으로 양분된다. 미시적 분석을 통해 살펴볼 때 '서양'과 '서양문화'는 주로 '헬레니즘'에 뿌리를 둔 사변적, 관념적, 분석적, 개인주의적 성향으로서의 제 요인들이다. 헤브라이즘의 기본 사유체계와 인식 방법 등은 오히려 헬레니즘적 서양보다는 많은 점에서 동양적 체계에 더 가깝다. 한국에서 100년 남짓의 시간에 오늘의 천만 이상의 기독교인을 얻을 수 있었던 사실은 결코 기독교가 서양 것이라는 단순도식으로는 설명하기 어려운 엄연한 사실이다. 엄밀히 말해 기독교는 서양의 것도 동양의 것도 아니다. 한 통계 자료에 의하면 20세기 전체 60억 인구 중 기독교인의 숫자는 30%를 상회하고 있다. 그런데 흥미로운 수치는 이 같은 기독교인의 숫자는 결코 전통적인 '서양' 그리고 '백인'의 계층으로 분류되는 북미나 유럽지역에 편중되고 있지 않은 점이다. "유라시아, 아시아 그리고 아프리카에서 기독교의 성장으로 기독교의 중심무대가 70년대 초반에 서방세계에서 이들 지역으로 옮겨졌다. 1985년까지 이러한 성장은 1960년에서 1985년 사이에 있었던 기독교의 전반적인 쇠퇴를 전세계 인구 비율로 상쇄해 나가기 시작했다. 1960년에 통계치 교인 가운데 약 58%가 서구세계(유럽, 북미, 태평양)에 살고 있다. 1990년까지 이 비율은 38%까지 떨어졌고, 2000년까지는 31%로 떨어진다고 보고 있다.[10] 굳이 동서양의 도식으로 구분하자면 기독교는 정확히 팔레스타인, 즉 '중동'에서 발생한 '동서양을 아우르는 종교'라고 말할 수 있다.

리(F.N Lee)는 문화의 성장과정을 '뿌리-성장-개화-결실-수확' 등의 과정으로 나누어 생각하고 있다. 한국기독교 문화도 이와 같은 과정을 거쳐 형성된 것으로 보아야 한다. 이찬수 등이 지적하는 바와 같이 " 다른 문화권 안에 새로운 종교가 소개되기 위해서는 그 종교 문화적 전통 안에 살고 있는 사람들 안에서 그 종교나 문화의 언어로 새롭게 이해되어야 한다. 새롭게 이해된다는 말은 이해 대상이 이해 주체 안에 그 전과는 다르게 받아들여진다는 뜻이다. 새로 이해된 종교나 문화는 이해되기 전의 종교나 문화와 같지 않다. 한국사람이 그리스도교 신학을 들여다본다는 것 자체가 이미 그리스도교의 한국적 변용이다. 그리스도교가 한국 안에서 그리스도교로서 이해되고 동시에 그리스도교적 정체성을

가지고 살아가려면 한국적으로 변용될 수밖에 없는 것이다"[10]라는 인식
에 귀기울일 필요가 있다. 이제 기독교는 더 이상 한국인에게 있어서 낯
선 '타자' 가 아니다. 한국인의 심성으로 기독교를 이해하려는 노력을 2
세기 이상 기울여 온 이상 이는 엄연히 한국적 기독교로의 변용이 이루
어져 왔다고 볼 수 있다. 이제 더 이상 엄격한 의미에서의 '서양=타자,'
'동양=주체' 라는 식의 도식과 아울러 '기독교=서양', '전통종교=동양'
이라는 식의 이분적 사유에서 오는 혼란은 불식되어야 할 것이다.

2. 소위 '배타성(排他性)' 문제

기독교의 세계관과 교리체계가 타종교에 비해 '배타적' 이며, 따라서
'협소한' 의식을 소유하고 있다고 보는 시각은 한국기독교의 위상을 논
하는 자리에 언제나 빠지지 않고 등장한다. 이 같은 소위 한국기독교의
'배타적 성향' 에 대하여는 비단 여타종교인들에 의해서만 지적되는 사
항은 아니다. 기독교 내부에서도 이 같은 문제의식은 종종 제기된다. "…
한국교회는 외국선교사에 의해 복음을 받아들인지 1백년만에 복음을 세
계로 전파하는 중차대한 사명을 감당하게 됐다. 그러나 국내에서뿐만 아
니라 해외에서조차 기독교 '이기주의' 내지 '우월주의' 적인 사고는 불필
요한 오해와 마찰을 불러일으켰다는 게 선교담당자들의 한결같은 지적
이다. 한국교회의 이러한 우월의식은 국내에서도 그대로 재현되고 있다.
다른 종교에 대해 조금도 인정하지 않으려는 것이 바로 그것이다. 이러
한 양상을 한마디로 표현하면 기독교로의 개종은 있을 수 있어도 기독교
에서 다른 종교로의 개종은 결코 묵과할 수 없다는 것이다…"[12]라는 시각
이 기독교 내부의 언론에 심심치 않게 거론되고 있다. 이 점에 대하여
손봉호는 작금에 점증하는 종교간의 마찰에 대하여 우려를 나타내면서

그 한 축을 이루고 있는 일부 기독교인들의 배타성의 근원을 종교적 '열광주의'에서 찾고 있다.[13] 물론 이 같은 열광주의의 경향이 기독교에만 존재하는 것은 아니다. 이슬람 원리주의, 유태교의 시오니즘, 불교의 국가주의 등에서도 이 같은 가능성은 언제나 존재한다. 그러나 이 같은 배타성에 있어서 언제나 기독교는 유태교와 회교와 함께 그 논란의 핵심에 속해 있음을 부인할 수 없다.[14] 기독교가 교리적 핵심으로 주장하는 구원론적 배타성은 타종교에서의 구원을 배제한 채, 독선(獨善)적, 독점적, 그리고 더 나아가 점령적 신앙 행태를 낳을 가능성이 높다는 인식은 여러 자료를 통해서 공히 드러난다.[15]

이 같은 기독교의 구원론적 '배타성' 문제에 대하여 적극적인 전환적 사유를 보여주는 한 쪽에 소위 '종교다원주의(Religious Pluralism)'가 존재한다. '종교다원주의(Religious Pluralism)'의 핵심 논거는 소위 기독교 내부에서 일어났던 '선교의 세기'라고 불리웠던 19세기적 양상에 대한 반성적 물음에서 시작된다. 즉, '우리 시대 안에 지구상의 모든 민족에게 복음을!'이라는 구호와 함께 이 사명의 실행이 곧 사도행전적 지상명령을 구체적으로 실천하는 유일한 대안이라고 확신했던 19세기적 선교의 열정이 20세기 중반과 후반에 이르면서 심각한 도전 양상을 맞이하게 된다는 인식이 그것이다. 이 주장의 핵심은 구호와 모토로서의 선교의 당위성과는 별개로 유사(有史)이래 인류의 보편적 경험은 그 종족과 지역, 그리고 자신들의 전통 속에서 형성된 일정한 종교적 유산을 계승, 답습하고 있으며 이로 인해 어느 한 종교의 여타 종교에 대한 일방적 선교 혹은 포교 행위는 늘 '실현 불가능한' 유토피아적 환상에 불과했다는 현실적(?) 자각 속에서 출발한다. '땅 끝까지 이르러 복음을 증거하라'는 정언적 명령은 기독교의 탄생 이후 역사적으로 면면히 그 톤을 유지해 왔으며 이 같은 명령에 대한 구체적, 실천적 행동으로서의 '선교노력'이 이어져 내려왔음에도 여전히 오늘의 세계는 기독교만이 아닌 여타 세계 종교들이 자신들의 전통을 그대로 유지, 확대하고 있는 현상이며 이 같은 역사적, 실증적 상황은 앞으로도 또 다시 반복될 기독교의 선교적 열정에도 불구하고 그리 크게 뒤바뀔 것 같지 않다는 인식이 바로 이들이 소유하는 기본 인식이라고 요약할 수 있다.[16]

물론 상기의 인식과는 일정한 거리를 유지하면서 단순히 현대 사회의 '종교적 다원성(Religious Plurality)' 자체에서부터 종교간의 이해와 대화의 필요를 제기하는 논의 또한 중요한 부분을 차지하고 있다. 현대인들은 대부분 다문화, 다종교 사회에서 살고 있으므로 타종교와의 대화를 통해 상호 이해를 넓혀가고 이를 통해 타세계관을 가진 이들을 용납하는 생활태도가 요구된다는 인식이 바로 그것이다. 아일랜드의 카톨릭교도들과 개신교도들이나 유대인들과 아랍인들, 그리고 동남아의 회교도와 기독교인들 사이에서 벌어지는 '종교전쟁' 같은 것에 대한 지식인의 반성으로서, 신앙이 다른 사람들이 한데 어울려 살고 있을 때 서로 다른 사람들이 믿는 것이 무엇인가를 알고 또한 이들을 이해하기 위해 서로 간의 대화가 필요하며 이를 통해 상호 신뢰의 길을 넓히는 마당을 마련해야 한다는 주장이 그것이다. 이 같은 '대화'를 통한 상호 인식에서 절대적으로 피해야 할 자세는 어느 특정한 종교의 타 종교에 대한 소위 '배타적' 자세이며 또한 어느 특정한 종교의 '우월적 체계'에 대한 지나친 신념이라는 사실이 자연스럽게 제기된다. '대화'의 절대적 전제는 대화를 이루는 당사자들에 대한 입장을 십분 이해하고 받아들이는 데에서 출발하여야 한다는 전제를 제기하는 것이다. 이상과 같은 현실 인식에서 출발한 종교신학은 이제 더 이상 어느 특정한 종교가 타종교를 향한 일방적인 '선교'나 '포교'에 관한 환상(?)을 접고, 그 같은 접근 대신에 상대의 종교를 이해하고 또한 그들의 전통으로부터 자신이 가지고 있지 못한 새로운 깨달음들을 배울 수 있는 '대화'적 국면으로 전환되어야 한다는 주장이 제기되기 시작한다.

'종교다원주의'의 메시지의 기본틀은 이른바 '대화와 관용'을 중요한 덕목으로 전제한다. 즉, 자기 중심적(혹 주관적) 신앙 태도로 인해 야기되는 타종교에 대한 배타적 태도를 불식하고 상호 이해의 지평, 더 나아가 제 3의 인식으로의 '지평융합적' 가능성을 모색해야 한다는 것이다. 이 같은 덕목의 빛을 기준으로 비추어 볼 때, '오직 예수 이름으로만'의 구원을 주장하는 근본주의 기독교인의 태도는 지양되어야 할 그 무엇이다라고 주장한다. 칼 라너(K. Rahner)에게 있어서 '기독교 이외의 세계 고등 종교에도 나름대로의 하나님에 대한 자연 지식이 내포되어 있는 가능성'에 대한 개방적 자세가 타종교의 경험에 대한 나름대로의 이해와 용인의 관용성을 염두에 두고 있다면, 존 힉(John Hicks)의 '하나의 신적 본질에 대한 다양한 종교적 표상,' 파니카(Pannikar)의 '기독교의 교리적 체계에 매인 신 너머의 어느 곳에나 존재하는 진리의 실체, 심지어 그의 경험의 틀을 벗어나 존재하는 어떤 실재'에 대한 믿음, 그리고 스미스의 '귀결적 본성'을 함께 지닌 신의 본질로 인해 단극적인 신이 아닌 양극적 신의 모습을 역사 속에서 구현하면서 지속적인 과정 안에서 적극적으로 지어져 가고 있는 신 등을 지향하는 관점에는 '제 3의 신 인식의 가능성 모색'이라는 '배타적, 주관적, 자기 경험적' 신 인식에 대한 부적절성을 그 핵심 주제로 삼는다.

한편, 이 같은 범 세계적 차원에서의 '종교간의 대화 운동' 움직임은 아시아적 콘텍스트에서는 주로 '아시아적 신학'의 태동 움직임과 연계되어 나타난다. 피선교지로서의 아시아 국가 교회들이 자신들의 삶과 경험에 바탕을 둔 주체적 신앙 행태의 수용이라는 인식을 바탕으로 서구 교회의 경험과 신학적 이해에 대한 새로운 쟁점을 제기하면서 '아시아

신학'은 성립된다. 이 같은 움직임은 1960년대에 주로 '신학의 토착화 (Indi genization)'의 주제로 나타나고 있는 바, 이를 통해 서구 중심신학에 대한 아시아적 적응, 적용, 문화(文化)화 등의 모토를 제 1차적 과제로 삼고 있으며 또한 이 같은 움직임은 70년대 들어와 세속화, 기계화 그리고 인권 등의 제 3세계가 당면하고 있는 제 문제들에 대한 신학적 응전을 그 주요 과제로 삼는 '상황화 (Contextualization)'의 경향으로 발전하게 된다.[17] 그리고 이러한 '상황화'의 과정은 70년대 후반, 그리고 80년대에 들어와서는 다시금 '기독교와 타종교와의 대화'를 주요 의제로 삼는 '종교 신학'으로 발전하게 되었던 바, 기존의 기독교 신학이 '기독론 중심 모델(Christocentric model)'로부터 '신중심적 모델(Theocentric model)'로 전환되어야 한다고 주창하는 일련의 학자들이 등장하고 있다. 한국에서의 '종교다원주의'의 태동 움직임도 이 같은 아시아적 큰 맥락과 밀접한 관련이 있다고 할 수 있다.

　　그러나 이 같은 주장의 이면에는 소위 기독교의 자체적 정체성에 대한 심각한 훼손을 전제한다. '세계의 여타 모든 종교들의 구원관과 특정한 종교(기독교)의 구원관은 서로 구분할 수 없는 어떠한 동질성을 소유하고 있기에 (혹은 기독교 밖의 여타 종교에도 구원이 있기에) 오직 그리스도를 통해서만 구원이 있다는 기독교의 주장은 불식되어야 한다'는 입장의 '구원론적 종교 다원주의(Religious Pluralism)' 주장은 기독교만이 아닌 여타 종교의 정체성도 위협하는 다양한 배경의 다양한 형태로서의 종교는 없고 소위 단일한 진리 체계를 갖는 단일한 '세계종교'만이 존재할 수밖에 없는 논리로 나아간다. 동일한 신(혹은 궁극체험)에 대한 인식의 차이 혹, 신앙 행태의 차이가 바로 개별 종교의 차이로 나타난다는 사실을 염두에 둘 필요가 있다. 다만 이 때, '세계의 여타 모든 종교에는 그들 나름대로의 구원을 담는 진리가 존재하기 때문에 어느 특정 종교가 구원(진리)을 독점 (소유)함으로써 이로 인해 여타 종교를 배격해야 한 다는 주장은 용인될 수 없다' 라는 뜻으로 '배타성' 문제를 접근한다면 이러한 접근의 틀은 기독교의 현대적 과제에 있어서 적극적으로 그 의미 를 수용할 필요가 있겠다. 현대인들이 대부분 다문화, 다종교 사회에서 살고 있으며 나름대로의 문화적 전통을 통하여 자신들의 신앙(진리)으로 접근하는 현실은 어쩌면 '존재론적 종교 다양성(Religious Plurality)' 의 측면에서 당연한 삶의 행태 (실존)로 수렴될 수 있기 때문이다.

판넨베르그(Wolfhart Pannenberg)에게 있어서 신은 '만사를 규정하 는 현실성 (Die alles bestimmende wirklichkeit)' 이다. 따라서 계시는 철저하게 세상과 역사의 현실 (문화의 현실) 안에서 이해되고 있다.[18] 판 넨베르그는 기독교가 이 세상의 보편성을 초월하여 자신의 진리성을 선 포할 수 없으며 이 보편성이야말로 초대 교회가 예수 그리스도의 아버지 의 보편적 신성을 위한 근거로서 헬라 철학을 수용하게 된 배경이었다고 주장한다. 그는 근본적으로 기독교의 진리는 특별한 사람들에게만 이해 될 수 있는 일종의 마술적 신비가 아니라 모든 이들에게 이해될 수 있는 보편적 역사의 현실로서 증거되어야만 한다고 생각하기 때문에 역사 만 이 그러한 조건을 충족시킬 수 있는 개념이라고 여긴다. 그러나 그 역사 가 실증적 역사는 아니며 계시 이해의 자기권위적 한계를 극복하기 위한 개념화 작업의 신학적 실행이다. 역사 안의 개별 사건이 사건 과정의 전 체에서 비로소 그 의미를 가진다면, 역사의 의미는 미래, 즉 역사의 종말 에야 비로소 드러난다. 이것은 곧 과거와 현재의 사건들을 포괄하는 어 떤 역사 개념도 완결된 것으로 파악될 수 없고, 단지 그것은 미래를 향해 열려 있어야만 하며 동시에 매 현재의 문제에 대하여 개시(開示)하는 힘 을 항상 새롭게 검증해야만 한다는 것을 의미한다.[19]

3. 전통문화와의 '충돌' 문제

현대 한국기독교가 종종 "인간을 일상적 삶에서 유리시키고 인간을 종교적 질곡 속으로 빠뜨리는 위험을 갖게 한다"[20]는 비판의 이면에는 한국의 전통문화에 대한 거부를 일삼는 기독교에 대한 비판적 시각이 존재한다. 이들이 볼 때 기독교도 역시 아브라함이나 마리아 그리고 요셉 등의 '조상숭배'를 일삼는 종교의 한 형태일 뿐인데 이들이 한국의 상황에서 전래되는 미풍양속으로서의 '제사제도' 등을 부인하면서 '일상의 삶에서의 유리'라는 행태를 조장하고 있다고 비판하고 있다. 이 같은 비판 등을 의식하여 한국기독교는 근래에 들어와 소위 '토착화신학'을 나름대로 활발히 전개하고 있다. 한국의 전통문화(종교)와 기독교의 만남에 관한 주제는 해방전후 시기에 간간히 동양 사상과 기독교의 관계 등에 대한 논의를 제기하는 일련의 학자들로 시작되었다. 하지만 본격적인 타종교와의 대화에 대한 논의는 소위 한국신학의 토착화 문제를 제기하는 일련의 움직임을 통해서 일어나고 있다. 한국신학의 토착화에 대한 논의는 주로 60년대에 들어와 활발히 이루어지고 있다고 말할 수 있다. 해방 이후 서구 중심의 기독교를 거의 그대로 수용하여 온 한국의 신학계에 대한 반성의 소리가 촉구되면서 신학에 있어서 주체적 인식과 수용을 모토로 내건 '토착화' 신학은 이후 봇물처럼 한국 신학계를 휩쓸었다. 조상제사문제도 당연히 그 논의의 한 축을 이루고 있다.

'조상숭배'와 제례(祭禮) 문제에 있어서 갈등의 본질은 결코 단지 신앙적인 갈등이 아니라 조선조 후기 집권 이데올로기와의 갈등, '효(孝)'와 '충(忠)'을 동일한 이데올로기로 보았던 당대 집권 세력과의 충돌이었다는 해석은 그 의미에 있어서 주목해 볼 만하다. 특히 기독교 내부에 있어서 19세기 말 중국선교협의회에서 제사 문제와 선교에 대한 새로운 접근을 시도하면서 동양의 '효'를 기독교의 '제 5계명'과 관련시켜 신앙적인 의미를 부여하고 있다. 이를 통해 제사를 대신하는 교회 '예식'의 제정을 시도하고 있기도 하다. 물론 1936년에 이미 카톨릭 교회에서는 교황청 교시로 공식적으로 조상 제사를 허용한 바 있으나, 한국의 개신교는 공식적 조상제사에는 여전히 부정적이다. 다만 과거 지나친 '미신 타파' 등의 개화운동의 열기에 제사 문제를 신앙적으로나 신학적으로 깊이 생각해 볼 여지를 갖지 못했다고 하는 역사적 반성이 최근 제기되고 있다. 이점에 있어서 월남 이상재 선생의 일화가 종종 거론되곤 한다. 그는 1920년 9월 10일자 동아일보를 통해 '조상에 드리는 제례 의식은 우상 숭배가 아니요 다만 일본의 신사 참배와 같은 것이 우상이다. 즉 하나님을 믿는 신앙이 조상 제사를 거부하는 이유가 될 수 없다는 취지로 부모를 공경하는 것이 하나님의 가르침에 더 가까움'이라는 요지를 발효하고 있다. 이러한 취지를 십분 반영하여 개신교계에서는 박승범 등의 노력으로 "죽은 부모에게 제사를 지내는 일은 기독교 뿐 아니라 유교에도 없다. 원래 유교는 신을 믿지 않기 때문에 무엇에 절하는 것은 공자의 가르침에도 없다… 다만 가족이 제사 대신에 모여서 음식을 나누며 부모의 사진을 바라보고 그 분을 사모하고 그 뜻을 새기면 된다"는 정도의 인식을 나누고 있다. 천주교와 달리 표준화된 양식이 없이 개신교는 '교회예식서'마다 각기 다른 이름의 '추모제' 양식이 소개되어 있으며 아울러 교파별로 더욱 활발한 개방적 실험이 논의되고 있다.[20] 근래의 논객(論客)으로는 김소영 등이 "서구 기독교의 역사에서도 태양신 숭배 축제 기간을 크리스마스로 흡수하여 복음의 축제로 극복하였던 것처럼, 우리도 전통 제례 등을 재해석하여 '기독교화' 하는 복음의 힘과 지혜를 발휘하여야 한다"고 주장한다.[22] 과거 한국기독교가 '일상에서의 일탈'이 아닌 참여를 그 모토로 존재하던 전통을 되살리고자 노력하는 시도는 의미 있는 일이다.[23]

4. 현대 한국기독교의 세속화

기독교의 '물질지향적,' '개교회중심적,' '성장주의적' 경향성에 대한 문제의식 또한 빈번히 제기되고 있다. 오늘의 한국기독교는 종교가 수행하여야 할 본연의 윤리적 도덕적 수월성의 덕목을 떠나 일반 세속적 가치추구를 그대로 답습하는 현상을 보여주고 있다는 비판이 그것이다. 소위 '목회의 성공'을 외향적 성취에서 찾는 경향[24], 일부 개신교 교파에서 소위 '목회세습' 현상 등이 그것이다. 교회를 마치 개인의 소유로 생각하여 일반 기업을 자식에게 대물림하듯 똑같은 행태로 세습을 시도하는 일은 성서적 기독교와는 거리가 있는 행동이 아닐 수 없다.[25] 종교가 추구하는 가치는 물질주의적 가치보다는 영적, 정신적, 도덕적 가치에 있다. 역사적으로 종교가 물질주의에 빠질 때 개인과 사회가 함께 쇠퇴하였음을 증언한다.

그러나 한편, 오늘 우리 사회는 '교회가 거대하기 때문'에 병적 현상이 난무한다는 식의 논리는 어쩐지 그 본말을 비껴간 듯 하다. 아니, 어쩌면 각종 청소년이나 미풍양속을 저해하는 사회적 위해(危害) 시설들의 숫자에 비하면 교회는 턱없이 부족할 수 있다. 이는 여타 종교에도 동일하게 적용되어야 할 논리라고 사료된다. 새로 조성하는 국가 주도의 주택 단지에 종교 부지는 그저 알량하게 한 구석에 구색 맞추기의 초라한 모습으로 자리 잡을 뿐이다. 이 땅과 이 나라를 위해 좀 더 많은 교회와 사찰, 그리고 교육기관 등이 세워져야 한다는 입장도 고려의 대상이어야 한다.[26]

II. 한국기독교의 '문화(文化)화' 과제

한국기독교가 처한 사회적 위상과 그 평가에 대한 상기의 세속주의, 분파주의, 문화적 게토화(Ghetto)등의 제 현상은 이제 새삼스럽게 한국기독교의 '문화화(文化化)'를 위한 과제 앞에 서게 한다. "한국의 기독교회가 참교회로 세계 공동체 안에서 영적인 타당성을 잃지 않고 시대에 선구적인 기여를 하려면, 첫째는 기독교회가 한국사회의 전통적인 가치를 수용하고 반영하여 새로운 가치관의 정립을 통해 산업사회가 안고 있는 문제를 해소 또한 소화시켜야 하며, 둘째 한국사회의 전통적인 가치인 효(孝)를 '에고이스틱한 집단주의 (이기주의적인 집단주의)' 로부터 보편성을 지닌 도덕으로 승화시켜야 한다…"라는 요청 등이 제기되고 있는 것이다.[27] 어느 특정한 종교의 단독 형태가 아닌 종교적 다양성을 유지하고 있는 한국사회의 문화지도는 세계에서도 그 유래를 찾아보기 힘들다. 이 같은 종교의 다양성은 문화 일반의 다양성에도 나타나고 있으며, 아울러 이러한 문화 일반의 다양함은 종교간에 서로 영향을 주고 받는 역동적 관계를 형성하고 있다. 개신교와 천주교, 불교와 유교, 그리고 각종의 신흥종교에 이르는 다양성 속에서 문화적 습합의 관계, 문화와 종교의 상호 영향, 그리고 그 결과 나타나는 제 3의 형태로서의 종교문화에 대한 나름대로의 추적이 필요한 까닭이 바로 이 때문이다.

문화화의 과제는 따라서 필연적으로 문화의 핵심 요소를 이루고 있는 종교문제를 묻게 한다. 종교가 개인의 세계관과 가치관의 영역을 넘어서서 하나의 존재 양식으로 예전, 예식, 그리고 예술적 표현 양식으로 인류사회 속에 자리 잡을 때, 그러한 표현 양식은 같은 종교라 할지라도 지역과 시대, 그리고 그것을 수용하는 주체의 삶의 자리의 차이로 인해 다양한 표현 양식을 견지해 오고 있음은 주지의 사실이다. 이러한 사례는 우리로 하여금 종교가 문화를 구성하는 핵심 요소인 동시에, 문화는 종종 종교의 표현 양식을 구현하는 일에 있어서 결정적 영향을 제공하는 상호 연관관계에 놓여 있다는 가설을 생각하게 한다. 궁극적 성격으로서의 종교는 한 인간의 세계관과 역사관 그리고 삶의 방향을 결정하는 핵심적 요소로 자리잡고 있기에 이는 종종 자신의 관심에 대한 표현 양식이라는 자연스러운 모습으로 우리의 사회, 역사, 그리고 세계 속에 종종 승화되어 예전, 예술, 각종 예식의 형태로 표출되어 왔다. 이 같은 표출의 역사는 인류의 역사, 특히 동서고금을 아우르면서 가장 찬란한 문화의 꽃을 피웠던 각양의 문화 단위 속에서 어렵사리 찾아 볼 수 있다. 이러한 점에서 '신의 역사'에서 이야기하듯, 인류의 역사와 문화는 어쩌면 종교의 역사와 문화라 해도 과언이 아닐 정도로 문화의 깊숙한 부분을 형성하고 이제껏 내려오고 있다.

이제 이 같은 점들을 염두에 두면서 먼저, '문화신학' 형성 과제와 그 방법론을 숙의한 후, 문화신학적 범주 속에서 종교간의 만남, 혹 종교신학의 상관성을 논의해 보기로 한다.

1. '문화신학' 형성과제의 당위성

'문화와 신학의 만남,' 어쩌면 이 둘은 어울리지 않는 한 쌍이라고 여겨질 수 있다. 신학의 영역이 세속과 접점을 찾는다는 사실이 생소하게 들리는 이들에게 있어서는 특별히 그 같은 느낌을 지울 수 없을 것이다. 신학은 엄격하게 인간의 영역과는 별개의 '성소(聖所)'에 머물면서 인간의 삶을 교화하고 이들에게 일방적으로 군림하는 절대불가침의 영역이며, 이에 비해 문화는 걸러지지 않는 인간의 욕망과 타락된 동기가 난무하는 '변화되어야 하는' 대상에 불과하다는 견해가 이 같은 시각을 대변한다.

하지만, 오늘날 우리 시대의 신학함에 있어서 '문화'는 결코 방치되어야 할, 혹은 유기되어야 할 '죄 많은 세상'의 소용돌이로서 치부될 수만은 없다. 폴 틸리히는 일찍이 '종교가 문화의 실체이며 문화는 종교의 표현'이라 정의했거니와, 오늘날 눈만 뜨면 마주 대하는 다양한 형태의 문화적 표상들 이면에는 그것을 표출하는 나름대로의 정신세계가 자리하고 있다. '종교의 세계가 단지 인간 정신 생활의 하나의 특별한 기능이 아니고 이들 기능의 심층의 차원(The dimension of depth)'이라고 생각하는 틸리히의 통찰은 그래서 우리의 영감을 자극한다. 우리네 인간들은 스스로 가장 절실하다고 느끼는 심연의 소리에 귀기울여, 그 소리의 음색과 형태를 나름의 질서로 표출하는 욕구를 가지고 있다. 이제 이 같은 '심연의 소리'는 그 외적 형태로서 각 시대와 지역에 따라 다양하게 '문화'라는 옷을 입고 자신을 드러낸다. 이들 문화의 옷 색깔이 '유대-기독교(Judeo-Christian)' 전통에 익숙하지 않은 여타 지역에서 오늘의 신학도들에게 생소한 색깔로 드러나는 것은 어쩌면 당연한 일이 아닐까? 이 같은 생소함으로 인해 '신학함'은 늘 스스로 소외되거나 혹 상대에 의해 소외되어지는 유혹에 빠지기 쉽다. 이 같은 소외에의 유혹에 우리는 보다 민감하게 대처해 나가야 할 시대적 과제를 안고 있는 것이다.

오늘 기독교계 안팎의 '선교적 사명'은 이 같은 벽을 넘어서서는 결코 이루어질 수 없다. 뜻 있는 식자(識者)들의 대화 중에 어김없이 등장하는 '기독교선교의 어려움'은 바로 이 벽을 넘어서지 못하는 기독인들의 의식을 염려함에 다름 아니다. 개신교 전래 초기, 한국의 전통종교와 당대 문화의 맥을 두루 섭렵하면서도 이들이 담을 수 없고 또한 읽어낼 수 없는 삶의 코드를 기독교 신앙 안에서 그 가능성을 발견했던 선각자들이 '이전의 모든 것들을 나는 배설물로 여깁니다!'라고 고백하는 그 고백의 힘을 오늘 우리 시대의 기독인은 소유하고 있는 것일까? '너'와의 대화와 만남, 그리고 그 안에서 일어났던 다이내믹의 '상대있는 대화(Dialogue)'에 익숙했던 과거 초창기 기독교 전통이, 오늘날 스스로 상대를 찾으려는 노력을 포기한 채 일방적으로 자신의 영역을 보수하는 테두리를 쳐 놓고 그 안에서 맴도는 '홀로 독백(Monologue)'에 익숙한 것이 소위 '선교적 어려움'의 실체는 아닐까?

'선교의 어려움'은 사람들이 귀기울여 들었던 전통적 권위의 상실에 다름 아니다. 이제 소위 '교회 밖'의 사람들은 기독교의 강단에서 외치는 외침에 더 이상 진지하게 귀기울여 들으려 하지 않는 듯하다. 권위주의의 불식이라는 시대적 소명이 이제는 마침내 권위 자체의 상실과 불식이라는 역기능으로 치닫고 있다. 독백에 익숙하여 스스로 권위를 상실한 오늘의 기독교는 이제 더 늦기 전에 소위 '너' 혹은 '상대'에 대한 진지한 이해를 도모해야 한다. 현대 커뮤니케이션 이론에 의하면 청중들 각자는 나름대로 자신의 걸름막(Filter)을 가지고 있다. 이제 화자의 열렬한 웅변이 그대로 청중에게 도달하는 것이 아니라 그 걸름막을 통해서 비로소 도달한다. 이 걸름막에는 개인의 지식, 신조, 가치관 등 소위 '세계관'이 포함된다. 이 세계관의 걸름막을 통과하는 메시지만이 최종적으로 한 개인의 삶 속에 변화를 수반하는 의미있는 내용으로 전달될 수 있는 것이다.

2. 문화신학, 어떻게?

'내가 비옵는 것은 저희를 세상에서 데려가시기를 위함이 아니요 오직 악에 빠지지 않게 보전하시기를 위함이니이다(요 17:15)'라는 예수의 언설에는 세상을 등지고, 문화와 담 쌓고 스스로 거룩의 울타리를 따로 마련한 채 수도원적 경건으로 칩거하는 것만이 참 기독인들의 삶일 수 없다는 사실을 가르치는 깊은 뜻이 담겨 있다. 루터가 중세기 종교적 경건의 틀을 허물고 '수도원 울타리를 넘어서 세상 한복판에'라는 구호를 외쳤던 배경에는 다음의 몇 가지 내용을 담고 있었다. 먼저, 사제가 독신의 서원을 지켜 결혼하지 않는 것에 대하여, 사제를 포함한 기독인은 자녀를 낳아 이들을 훈육하고 교육을 시킬 것. 둘째, 최소한의 경제 생활을 하면서 탁발승, 걸식승으로서 자신의 경건을 지키는 행위에 대하여, 지나친 욕심으로서 부의 축적이 아닌 노동의 대가로서의 부의 축적에 대하여 신적 차원으로 그 의미를 부여했다는 점. 마지막으로 성서와 순결, 정직 등의 규칙을 수도원 내에서 지키는 대신에 세상의 일상적인 삶에서 이것을 실천하고자 했던 점들이다. 이 속에는 결혼, 가정, 직업, 사회 윤리 등에 대한 코페르니쿠스적 전환의 모티프들이 들어 있음을 발견한다.

당시 비잔틴적, 중세적 경건은 '등산을 위한 등산'을 상상하기 어렵고, 또한 회화를 위한 표현에서도 사실적, 직접적 표현보다는 상징적, 간접적 표현에 역점을 두고 있었다. 그러나 이러한 이원론적, 영지주의적 세계관과 자연관은 통전적이고 자연스러운 인간 이해를 결여한, 파스칼의 표현대로 아마도 '인간이 천사가 되려다 돼지가 되고 만' 상황으로 나타나고 있음을 역사는 증언한다. 이러한 점에서 고가르텐(Friedrich Gogarten)은 루터가 터뜨린 세속화에 대한 명제는 보통 '세속화'라는 단어가 의미하는, "본래의 기독교 사상이나 통찰력이나 경험을 인간 이성 자체의 것들로 바꾸는 과정"이라는 측면에서가 아닌, "기독인이 하나님의 아들로 남아 있기 위해 세상에 대하여 성숙한 인간으로서 책임을 느끼는, 즉 "하나님은 창조주이시고 세상은 그의 피조물로 남아 있기 위한 이성의 한계를 느끼는 한에서 '부과되는 자존(自存)'에 대한 이해"라고 정의한다.[28]

이와 같이 "하나님을 하나님되게, 인간을 인간되게, 자연을 자연되게 하라!"는 표어로 그 내용을 함축할 수 있는 루터의 명제에서 우리는 무엇을 배울 수 있을까? 루터가 "적합한 설교는 교회 안에서 전달되어서는 안된다. 그것은 기독교의 본질을 왜곡시켜 실재의 상황을 인위적인 가공물로 바꾸며, 실제 삶의 한복판에서 들려지는 것 대신에 상황을 적당히 도매금으로 넘기기 일쑤이다. 설교는 거리에서, 삶의 한복판에서, 매일의 삶에서 외쳐져야 한다"[29]고 외쳤을 때 그 의미는 무엇이었을까? 여기에서 우리는 막스 베버의 통찰을 이해하게 된다. 즉 "실제로 루터가 꿈꾸었던 것은 단순히 수도원 담을 허무는 것이 아니라 세속을 수도원적 이상으로 바꾸려 했던 것"이라는 사실이다. 이러한 점에서 루터의 과제 속에는 초대 교회 교부들이 '전체 인간 사상의 재구성'을 목표로 활동했던 시점의 원대한 구상, 즉 '모든 진리는 기독교의 진리이다!' 혹 '애굽을 탈취하라(Spoil the Egyptian)!'는 구상과 일맥상통한 그 무엇이 있음을 엿볼 수 있다. 이것은 단지 이 세상에 나가 있는 사람이 직업을 선택할 때, 단순히 그 직업이 생존을 위한 수단이 아닌 소명(Vocatio), 즉 신의 부르심에 근거하여 자신의 직책(Amt)을 통하여 이 세계를 재창조하려는 신의 창조 질서에 동참하는 것만을 의미하는 것이다. 직업적 소명의 세계와는 별개로 기독인의 세계관이 자신의 신앙전통이나 교회 내적 교제권, 그리고 자기 공동체 내에서 익숙한 게토(Ghetto)적 신앙이 아닌, 이세계에 대한 적극적인 관심과 참여 그리고 이를 통한 변혁의 의지를 담고 있는 의지의 표현이 아닐 수 없다.

이제 우리는 오늘의 신학이 단지 전통적인 신학을 위한 신학의 범주에만 머무르는 것을 경계한다. 오늘의 신학이 관심을 갖는 분야는 텍스트로서 성서의 본문 뿐이라고 여기면서 이에 대한 범주적 연구를 자신의 과제 수행을 위한 전부라고 믿는 좁은 시야를 넘어서야 한다고 믿는다.

루터의 신학에 대한 현대적 해석의 일단을 위한 논증에서 하비콕스는 세상에 대한 기독인의 책임에 대하여 '그것을 뱀에게 넘기지 않기 위하여' 제하의 저술에서 인간의 원죄의 실상을 다루고 있다.[30] 그에게 있어서 인간의 원죄란 고대 어거스틴을 거쳐 현대 폴 틸리히에 이르기까지 많은 기독교 학자가 지적한 것처럼 '교만'으로 기인한다는 인식을 넘어서고 있다. 원죄의 요체는 단지 '교만'이 아니라 '게으름'이나 '태만'에서 유래한다. 콕스는 "교만이란 것은 인간의 의도가 인간 이상의 것이 되려는 마음가짐을 의미한다. 타락 이전에, 분명 이러한 상태가 인간 속에 자리 잡고 있었던 것은 사실이다. 그러나 태만은 "인간이 그가 의도하려는 것을 유보한 채 그 자신의 과거와 미래에 대한 책임을 회피하려는 경향을 의미하고, 이것이 바로 뱀의 꼬임을 받은 선악과 앞에서 아담과 하와가 보여 주었던 행동 양식"이었다고 주장한다. '세상을 파수하는 책임', 그것은 바로 루터가 힘주어 강조하였던 '세상 한복판에서의 기독인의 책임,' 그것과 동일한 선상에 있는 개념이라 할 수 있다.

이 같은 마음으로 눈을 들어볼 때 우리는 우리 주변의 다양한 종교 전통을 포함하는 '문화'가 가지고 있는 수많은 언어적 코드들을 단지 방치할 수만은 없다는 결론에 이른다. 그리고 이것을 읽어내는 눈을 키움이 바로 오늘 신학의 절대적 과제라는 사실에 천착하게 된다. '신학은 이 같은 의미에서 기호학'이어야 한다는 일단의 현대 신학적 도전들이 바로 이러한 주장을 뒷받침하는 언표들이라고 믿는 것이다. 향후 문화 신학을 위해 고려해야 할 문화의 장르는 어느 특정한 분야에 한정될 수 없다. 소설과 시, 영화와 연극, 예술 공연과 건축, 그리고 때로는 정치와 사회현상에 이르기까지 현대적 이슈의 다양한 장르의 제문화 현상들만이 아니라, 그 너머의 정신세계를 구성하는 종교적 세계관들이 그 대상이 되어야 한다. 그리하여 오늘의 기독인들이 세속과 교회, 영과 육의 이분법적 영역 구분을 넘어서 이를 통전적으로 바라보는 눈을 갖추어야 할 것이다. 이를 통해 기독인은 '세상 속에 있지만 (In the world), 세상의 것이 아닌(Not of the world)' 긴장성을 유지하면서 그 어느 것 하나에 치우치지 않는 영성을 추구해야 할 과제가 있는 것이다.

- '메시지'의 전달을 위하여

종교사회학자 피터 버거(Peter Berger)는 현대인의 일상 의식 가운데 있는 초월의 징표(Signals of Transcendence)를 분석하면서 세속사회 속에서 살고 있지만 여전히 이들에게 있어서 그들의 의식 너머에 있는 '초월적 실재'의 기호들이 있음을 예시하고 있다.[31] 한 사회를 이해하고자 할 때 그 사회가 지향하는 다양한, 혹은 특수한 문화의 코드를 이해하는 노력이 요구된다는 점은 굳이 되물을 필요가 없겠다. 여기에서 문화를 이루는 핵심적 요소로 우리는 한 사회가 지향하는 개인과 집단의 가치관, 사물을 판단하는 준거의 틀과 그것을 담아내는 형식, 역사 속에서 체험된 개인과 집단이 표출하는 사상 등을 꼽을 수 있겠고 또한 이 같은 무형의 자원들을 외적으로 표출하는 다양한 표현 기재들을 포괄적으로 예시할 수 있을 것이다. 이러한 점에서 한 사회를 이해하는 문화와 그 기저에 있는 가치관과 사상 등의 배후에 존재하는 '종교'의 중요성이 거론되는 것이다. 종교는 '한 인간이 그들에게 무제한적 가치를 지닌 것이라고 의식적으로 확신하는 바에 대한 다양한 상징적 표현이요, 그것에 대한 적절한 반응(T. William Hall)'이다. 이 같은 다양한 상징적 표현은 특정한 지역과 특정한 시점, 그리고 특정한 환경 등의 영향을 받아 인류의 역사와 함께 특정한 문화권의 형식으로 인간의 사회 속에 보지(保持)

되어 왔다. 동,서양의 여러 중요한 종교들이 그 발생과 성장, 그리고 확산의 경로를 통하여 인류의 삶과 죽음, 그리고 그 너머에 있는 궁극의 경험들을 절실하게 토로하고 이를 체계적 언어와 예술, 그리고 여러 가지 방법으로 후대에게 전하는 과정을 통하여 오늘날 인류 유산의 핵심으로 자리잡게 되었음은 주지의 사실이다.

이상 인류의 보편적 경험이 형성해 놓은 '종교'와 또한 '종교유산'에 있어서 지정학적, 역사적으로 한반도와 또한 한반도의 구성원들이 경험해 온 총체적 체험을 음미하는 일은 매우 독특한 경험이 아닐 수 없다. 한반도에 정착해 왔던 한민족의 역사 체험은 말 그대로 샤머니즘, 불교, 유교, 그리고 근래 기독교의 수용 과정에서 볼 수 있듯이 말 그대로 '세계 종교 시장의 각축장'을 방불케 한다. 광복 이후 한국의 종교계는 세계적으로 그 유례를 찾아보기 어려울 정도로 활기찬 모습을 보여왔다. 이는 종교 인구의 급속한 증가로 연결되었으나 이러한 양적 성장이 곧 바람직한 종교문화의 형성으로 이어진 것은 아니었다. 계속되고 있는 시한부 종말론의 확산, 교권과 재산을 둘러싼 종교 내부의 분규와 분열, 사회적 공론화로부터 벗어나려는 종교단체들의 성역화 경향, 종교간의 대립과 갈등 등 오늘날 한국 종교계가 드러내는 많은 문제점들은 종교의 사회적 기능들에 관한 근본적 물음을 제기하기도 한다. 한편, 이러한 종교 사회적 현실에 대하여 한국의 문화나 한국인들의 종교적 심성이 분열이나 개성보다는 통합과 총화를 지향한다는 특성적 관점에서 볼 때 이제까지 종교간의 첨예한 갈등과 알력은 억제되어 왔다고도 볼 수 있다. 그러나 조선조 말 개화와 척사의 정치적, 문화적 갈등은 이제 개인과 가정의 잠재의식 속에서 불화와 억압의 기전으로 잔존한다고 보겠다.

한국기독교는 이상의 문화지도 속에서 자신의 위상을 정립해야 한다. '전달되지 않는 메시지는 메시지가 아닙니다'라고 정의하고 있는 제임스 F. 엥겔은 전달되는 메시지의 가장 훌륭한 모범을 성경의 예수 자신에게서 찾고 있다.[32] 예수는 일상생활의 예화와 친숙한 단어, 비유의 사용을 통해 자신의 말이 동시대인들에게 '이해되기'를 원했다. 그는 대화의 상대방이 익히 잘 아는 내용을 사용하여 자신의 메시지를 그들에게 전하기를 원했다. 사마리아 여인과 이야기할 때(요 4장)는 공통의 필요인 목을 축일 물을 그 대화의 중심으로 삼았다. 만일 여인을 보는 즉시 "내가 바로 메시야다"라고 일렀다면 그녀가 과연 그를 진정한 메시야로 받아들였을까? 아니, 오히려 그녀의 반응은 "아, 그런가요? 그전에도 당신과 같이 주장하는 (미친) 사람을 많이 보았어요"라고 말하지는 않았을까? 니고데모에게 '거듭남'에 대하여 가르쳤지만 (요 3장) 그 외의 어느 누구에게도 그 같은 방법으로 대화했다는 기록을 볼 수 없다. 물론 요한복음 5장의 연못에 있는 병자에게는 그의 소원에 초점을 맞추어 문제의 핵심을 접근하고 있다. 메시지는 전하고자 하는 자(話者) 중심의 독백이 아니다. 올바른 전달은 청중을 이해하고 그들을 의식한 총체적 대화에서 이루어진다. 이 대화의 요체는 만남이며, 변화라고 말할 수 있을 것이다.

조직신학자 한스 큉(Hans Kueng)은 줄리아 칭 (Julia Ching)과의 공저 '중국 종교와 그리스도교'에서 "그리스도교가 진정 아시아에서 뿌리를 내려야 한다면 토착 종교들이 이루어 내는 에토스에 스스로를 융합시켜야 한다"는 점을 강조하고 있다. 그는 "모든 위대한 종교들이 결국 동일한 윤리상의 원리에 바탕을 두고 있다는 사실을 염두에 둘 필요가 있으며, 에토스상의 공통점은 특히 제 민족, 제 국민 사이에 통일과 평화를 지향하는 유대를 건설하는 가능성을 지니고 있다"는 점을 지적한다.[33] 그는 문화, 윤리, 종교상의 소위 '이중국적'이 가능한가를 묻는 질문을 통해 적어도 문화와 윤리상에서 "종교간의 평화 없이는 인류 평화는 없다!"는 분명하고도 간결한 결론을 제시한다.[34]

나름대로의 절대적인 신념과 가치체계를 가지고 있는 종교 영역에서 자칫 상호 갈등으로 서로 반목과 질시할 수 있는 가능성을 불식하고 상호간의 이해와 앎을 통한 사랑의 실천이라는 행동양식을 마련할 과제 앞에 한국기독교도 예외가 될 수 없다.[35] 이와 같은 시점에 상기의 논의를 통한 '문화적 기독교의 형성 과제' 수행을 위한 신학적 문화비평의 구체적 요청이 제기된다.

주주

1) '한미준(한국 교회 미래를 준비하는 모임)'이 갤럽에 의뢰해 통계 수치로 발표한 '한국교회 미래 리포트(2005)'에 의하면 한국의 여타 종교보다 개신교의 증가율이 떨어진다는 결과를 발표하고 있다. 개신교의 경우 전체 인구 중에서 차지하는 비율이 21.6%로서 과거 5년동안 전체 인구 기준으로 0.9%의 증가에 그치는 반면, 불교는 3.2%라는 높은 증가율을 보이고 있다. 이 수치는 불교가 개신교보다 3.5배 이상 증가하고 있다는 사실을 의미한다. 한미준, 한국갤럽, 『한국교회 미래 리포트』, 서울: 두란노, 2005, pp.66-67.

2) 한국학술협의회 주최 '2001 가을 제 2회 석학연속강좌'의 주강사였던 판넨베르그는 종교간의 대화 요청에 대하여 "진지한 종교간의 대화는 물론 궁극적으로는 진리와 궁극적 실재에 대한 일치에 관심을 가진다. 그러나 이 궁극적 문제에 대한 일치는 그러한 대화의 직접적 결과로서 기대할 수 없다. 그럼에도 불구하고 종교간의 대화와 선교 활동이 연결되어 있는 경우에는 그것이 핵심이다. 그러나 우선 상호 이해를 증진하는 직접적인 목적에 초점을 두는 것이 현실적 기대일 것이다"라고 주장한다. 볼파르트 판넨베르그, 『현대문화 속에서의 신학』, 서울: 아카넷, 2001, pp.203-221.

3) 기독교와 타종교와의 만남에 대한 연구로서는 70년대 소위 기독교 안의 '성령운동'으로 급격한 교세를 이룩한 교단들의 성향에 대하여 1981년 크리스천 아카데미가 일군의 학자들을 조직하여 그 내용에 대한 연구 조사를 실시했던 결과 등이 있다. 이 연구에 유동식, 서광선, 정진홍, 한완상, 김광일 등이 참여했었는데 당시 종교학자로서 자신의 견해를 피력했던 정진홍을 제외한 다른 이들은 일부 기독교 교단의 신앙행태에서 찾아볼 수 있는 현세적, 세속적 물질주의의 욕망, 기복 신앙 등은 당시 한국의 전통 무속에 힘입은 바 있다는 논지를 제시하고 있다. 이와는 별개로 문상희, 김인회등이 유사한 연구를 진행하였는데, 특히 김인회는 당시 기독교의 예전에 나타나는 찬송 내용이나 그것을 부르는 방식, 신도들에게 되도록 많

은 헌금을 요구하는 경향, 교파분열과 지방색, 그리고 사대주의적 정치경향 등을 당시 현세구복적인 무속신앙으로부터의 영향이라고 진단한 바 있다. 이 같은 인식과 진단에 대하여 최근 조홍윤 등은 이들 기독교 학자들이 이해하는 무속은 무속의 진정한 의미를 포착하지 못한 단견(短見)에 불과하다고 논박하고 있다. 조홍윤은 무속은 '조화, 신명, 그리고 놀이'의 세가지 국면을 지향하는 가장 "한국적인 종교"라고 진단한다.

4) 전술한 '한미준'과 한국갤럽의 통계에 의하면 '21세기를 앞둔 한국교회의 과제'에 대한 설문의 내용에 대한 답변으로 '양적 팽창, 외형에 너무 치우치는 행태 (25.5%)', '교파주의 장벽(24.9%)', '개교회 중심주의(15.5%)', '교회의 세속화 (10.3%)' 등에 대한 불식을 꼽고 있다. 이 같은 성장주의적, 교파적 행태의 불식은 자연스럽게 한국의 문화와 전통 속에서 한국교회가 뿌리내림으로써 일상에서의 일탈이 아닌 일상과 함께 호흡하는 기독교 전통의 정립이라는 과제와 연결된다고 보여진다. 한미준, 한국갤럽, 상게서, pp. 262.

5) J.F. Lyotard, *The Postmodern Condition: A Report on Knowledge* (Minneapolis: Univ. of Minnesota Press, 1944): S. K. White, *Political Theory and Postmodernism*, Cambridge: Cambridge Univ. Press, 1991

6) Peter Berger, *The Sacred Canopy: Elements of a Sociological Theory of Religion*, New York, London: Doubleday Press, 1967.

7) 이 점과 관련하여 총신대학 부설 한국교회문제 연구소 편, 한국교회의 현실과 전망, 서울: 한국로고스선교원, 1987 제하의 논문집을 참조하기 바란다. 한국교회의 현실을 진단하고 향후 방향성을 제언하는 글에서 천정웅, 김진홍, 신성종, 김영한, 양창삼 등은 한국교회가 현대 한국사회 형성에 끼친 긍정적 역할과 부정적 역할을 함께 논의하면서 21세기를 향한 교회의 방향성 정립을 위한 제언을 부연하고 있다.

8) 한국갤럽이 조사한 개신교인들이 인식하는 '한국교회의 향후 과제'는 다음과 같이 나타나고 있다. 한미준, 한국갤럽, 상게서, p.265.

<한국교회의 과제>

순위	한국교회의 과제	비율(%)	한국 기독교문화와 관련
1	교파통합/축소를 통한 화합	16.1	배타주의
2	외형 치중을 지양	12.9	물질/물량주의
3	말씀위주의 삶 회복	10.3	신앙의 타계(他界)성
4	사회봉사, 구제의 실천	10.3	개교회주의
5	목회자 자질향상	4.6	반지성주의
6	세속화로부터 탈피	3.6	기복주의

9) 김용옥, 『노자와 21세기』, p. 160.

10) 페트릭 존스톤, 『세계기도정보』, 서울: 죠이선교회/선교한국, 1994, p. 35.

11) 이찬수, 『인간은 신의 암호』, 왜관: 분도출판사, 1999, pp. 157-158.

12) 민성식, 김창수, 박남기, 〈기독교신문〉, 1997년 2월 2일자 4면.

13) 손봉호, "종교간의 평화", 〈국민일보〉, 1997. 2월 5일자 제5면.

14) 상기의 기고문에서 손봉호는 이점에 대하여 "모든 종교인들 가운데(배타성 문제
로) 가장 조심해야 할 것은 기독교인일 것이다. 불교는 교리적으로 포용성이 큰
종교고, 이제까지의 종교적 평화도 이에 힘입은 바 크다 할 수 있다. 그러나 기독
교는 유대교나 회교와 비슷하게 교리 자체가 타종교에 대하여 배타적이기 때문
에 다른 종교들의 감정을 자극할 가능성이 매우 크다. 이 사실을 기독교인들은
철저히 인식하고 다른 종교에 대하여 기본적인 예의를 지키도록 노력하여야 할
것이다"라고 지적한다.

15) 이원규는 현대 한국의 주요 종교인들에게 '선한 비종교인이 구원받는가?' 라는
설문을 제시한 결과를 분석한 틀을 통해 한국개신교인들의 '구원의 독점적 배타

<선한 비종교인의 구원 가능성>   단위: %

종교별	1997	1989	1984
개신교	31.6	38.9	37.1
불교	79.1	75.7	73.2
천주교	73.2	69.3	61.2
무종교	79.5	79.0	73.7

성' 경향을 아래의 통계를 통해 제시하고 있다.

이상의 도표는 여러종교 중에서 개신교가 (구원론적) 배타성이 가장 강한 것을 보여준다.

이원규, "한국종교 어떻게 변하고 있는가(2)" 〈기독교사상〉, 1998. 9월호 p.194.

16) 기독교 이외의 타종교의 팽창 경향에 대하여 말레이시아의 선교신학자 좌위히안 (Chua Wee Hian)은 '선교사들은 달라져야 한다' 는 논문에서 그 실태를 다음과 같이 말하고 있다. "아시아에서는 민족주의가 팽창하고 있고, 옛 종교들이 개편되어 되살아나고 있다. 일본의 불교 종파 창가학회 같은 것은 적극적인 정치 참여를 하고 있으며, '외국 것' 이라면 어느 것이든지 미워하는 그들의 증오심은 어마어마하다. 이슬람의 선교열 또한 괄목한 것인 바, 이들이 아프리카와 아시아에 파견하는 모슬림 선교사들을 위한 선교 훈련 및 재정 지원은 놀랄만하다. 옛 종교들이 되 살아나 전진을 계속하고 있다" 좌 위 히안, 「선교사들은 달라져야 한다」, 나 일선, 「오늘의 아시아선교, 그 문제와 해결」, 윤두혁 역 , 서울: 보이스사 1976, p.76에서 재인용.

17) 이 같은 '상황신학' 으로서 제 1세계 국가들에 대한 정치적, 경제적 수탈에 대한 저항으로서의 남미의 해방신학, 아시아의 생태계의 회복을 위한 '물소신학' , 한국의 정치, 경제적 특수 상황 속에서 생겨난 '민중신학' 등의 일련의 신학적 분위기를 꼽을 수 있다.

18) W. Pannenberg, *Offenbarung als Geschichte*, Goettingen: Vandenhoeck & Ruprecht, 1982, p. 20.

19) W. Pannenberg, Hermeneutik und Universalgeschichte, in *Grundfragen systematischer Theologie*, Goettingen: Vandenhoeck und Ruprecht, 1980, p.119.

20) 김용옥, 『도올논어(1)』, 서울: 통나무, 2000, p. 244.

21) 최기복, "제사에 대한 그리스도교적 재조명", 〈기독교사상〉, 1986. 9호.
박근원, "한국 전통 제례의 기독교적 수용", 〈기독교사상〉, 1994. 9호.
김한옥, "추석을 위한 예식의 실제", 〈기독교사상〉, 1994. 9호.

22) 김소영, "한국인에게 기독교는 외래종교인가?", 〈기독교사상〉 1994. 9월호 p. 3.

23) "교회는 국가나 사회문제에 간섭할 능력도 없고 간섭해서도 안된다. 경제문제는 경제학자와 사업가들이 더 잘 알고, 정치문제도 정치가와 그 전문가들에게 맡겨야 한다. 그러나 정치, 경제를 포함한 사회의 모든 분야에서 도덕성과 정의와 관계된 것에 대해서는 교회가 관심을 기울여야 하고 사회도 그것을 종교로부터 기대하고 있다. 그리고 교회가 사회에 어떤 공헌이라도 할 수 있다면 그것은 사회를 도덕적이고 정의롭게 만드는 데 앞장서는 것이요, 이 사명을 감당하지 못하는 교회는 사회로부터 배척 받을 것이다"는 '한국복음주의협의회' 월례발표문 등의 요지를 참조할 것. 김상복, "복음신앙과 윤리실천운동 전개", 〈들소리〉, 1997. 2.16 p. 3.

24) 소위 '3B(Building, Budget, Burial Place)' 등이 '목회성공'의 척도로 여겨지고 있는 현상 등.

25) 교회의 세속주의적 경향에 관한 지적으로서는 "하늘에는 하나님, 이 땅에는 돈", 〈신앙계〉, 1998. 1월호, "물질보다 정신적 가치 소중함 일깨워야", 〈신앙계〉, 1998, 1월호), "목회자 생활수준 중류 이상 풍요, 호화", 〈신앙계〉, 1998, 5월호, "물량주의, 교인 세 불리기", 〈신앙계〉, 1998, 5월호, "교인 50인 교회가 20억 교회 건축", 〈국민일보〉, 1998. 10월 2일, "찬송가 문제로 법적 다툼 해결", 〈국민일보〉, 1998. 10. 3), "교단 선거 풍토 타락", 〈기독교사상〉, 1998, 10월호 등이 있다.

26) 이상훈, 『기성세대의 역할과 책임』, 한국기독교총연합회, 『청소년지도는 이렇게』, 서울:월간 고신, 1997, pp.185-218을 참조할 것.

27) 최성찬, 이상훈, 오우성, "한국기독교의 위상에 대한 종교사회학적 접근", 〈현대와 종교〉, 1992. 8. 제15집, p. 168.

28) 프리드리히 고가르텐, "우리시대의 절망과 희망", 서울: 대한기독교서회, 1977, p.186.

29) S. Kierkegaard, *Attack upon Christendom*, Boston: Beacon Press, 1963 p. 32.

30) Harvey Cox, *On not leaving it to the Snake*, N.Y.: the Macmillan

Company, 1967.

31) Peter L. Berger, *A Rumor of Angel*, Garden City: Anchor Book, 1970 .

32) 제임스. F. 엥겔, 『당신의 메시지는 전달되고 있는가?』, 서울: 죠이선교회, 1991,

33) 한스 큉, 줄리아 칭, 이낙선 역, 『중국 종교와 그리스도교』, 왜관: 분도출판사, 1994, p.19.

34) 물론 한스 큉은 아시아의 기독교인들이 소위 "문화상, 윤리상의 이중국적은 가능함에도 불구하고 심오하고 엄밀한 의미에서의 종교상의 이중국적만큼은 모든 위대한 종교들에 의하여 배제되어야 한다"는 견해를 견지하고 있다. "왜냐하면 모든 종교에 내재하는 진리는 개개인에게 궁극적으로 단순한 예나 아니오의 선택적 결단을 촉구한다"고 간파한다. 이것은 근본적으로 배타적인 셈계의 예언종교들(필자주: 유대교, 이슬람교, 기독교 등)의 경우만이 아니라, 더 포용력이 큰 인도계의 신비종교들(필자주: 불교, 힌두교)이나 중국계의 지혜종교(필자주: 도교, 유교)들의 경우도 마찬가지라고 밝히면서 한스 큉은 그럼에도 불구하고 소위 '그리스도를 따르면서 그 믿음과 충돌하지 않는 한에서 다른 종교들의 관심과 개념과 관습을 경건하게 받아들이는' 소위 진정한 '토착적' 그리스도교의 가능성을 제시한다. 한스 큉, 줄리아 칭, 상게서, pp.301-316.

35) "종교인은 가장 고집스러운 인간이다. 정치나 경제인들은 그들의 이익을 위하여 시시각각으로 태도를 변화시키지만, 죽음을 무릅쓰고 마지막까지 그의 신념에 따라 살아가는 사람들이 종교인들이기 때문이다. 이처럼 고집스러운 사람들이 타종교인들과 친구로서 대화를 하는 것은 곧 그 사회의 마지막 대화를 하고 있는 것을 의미한다. 진정한 대화는 주체성을 가진 자아와 주체성을 가진 자아가 서로 만나서 서로 상대방의 존재를 인정할 때 시작된다"고 윤이흠은 제안한다. 윤이흠, 『현대인의 삶과 종교』, 서울: 고려한림원, 1992, p.93.

제 2 장
신학적 문화비평, 어떻게 할 것인가?[1]

– 신학적 문화읽기에로의 초대

'종교는 문화의 실체이며, 문화는 종교의 형식(形式)'이라는 폴 틸리히
의 말을 빌지 않더라도 문화를 구성하는 이면에는 그것을 가능하게 하는
사고의 틀이 존재한다. 의식주(衣食住)와 관련된 인간의 기본적 삶의 장
(場)에서도 멋스러움과 맛스러움을 고양시키고자 하는 본성적 욕구는
'가꿈'이나 '노력'들을 통해 '자연(Natural)'을 넘어서는 변형적 의지

를 창출한다. 실제로 '문화(Culture)'를 뜻하는 언어의 일차적 의미는 '가꾸다', '개량하다', '인위적 변형을 기도하다'로 요약될 수 있다. 자연 그대로의 '어떠함'을 넘어서 인간이 특별한 의도를 가지고 그것을 변형시키는 제 행위들이 모두 '문화'의 틀 속에 포함될 수 있다는 말이다.[2] 이 때 자연을 변형하는 주체는 다름이 아닌 인간이고, 그 인간은 특정한 세계관을 가진 살아 있는 유기적 존재라고 말할 수 있다. 때문에 오늘의 문화 현상을 이해하는 과제는 문화를 창출하는 인간에 대한 이해와 맞닿아 있으며, 동시에 인간에 대한 이해는 그 존재의 근원을 형성하는 사고의 유형이나 세계관을 이해하는 일과 연관을 맺는다. 이점에서 루즈베탁 (Louis L. Luzbetak)은 문화를 '삶의 설계'로 이해한다. 즉, 문화는 자연 환경에 적응하기 위한 삶의 설계로서 경제 제도, 사회 환경을 만들어 나가기 위한 설계가 그 요체가 된다는 지적이다. 인간의 정신과 그 내면성에서 우러나오는 삶의 설계가 제도와 문화를 형성하는 요체라고 보고 있는 것이다.[3]

한편, 문화 창달의 주체가 되는 인간은 때로 자신이 처한 사회적 제 상징들(넓은 의미의 제 문화현상들)에 의해 직, 간접적으로 영향을 받는 수동적 위치에 놓이게 된다. '인간은 사회적 동물'이라는 인식은 그의 자아 형성이 내적 사유와 통찰로 인한 순수한 내면성의 영역에서만 이루어진다고 볼 수 없다는 사실에 대한 인식에 다름 아니다. 때문에 개인이 몸담고 있는 사회의 역사와 전통, 그리고 이를 통해 형성되는 오늘의 단면들은 지속적으로 '주체적 자아'로서의 한 인간에게 끊임없이 다양한 사회, 문화적 코드로 그의 가치관 형성에 참여한다. 역사학자 윌프레드 빙클리 (Wilfred Binkley)는 '제도(Institution)는 습관의 집괴(The cluster of usages)'라고 정의한다.[4] 한 개인이 출생 이후 지속적으로 관계하고 있는 가족의 경우, 각 사회와 환경에 따라 다양한 제도를 가지고 있고 이제 그것은 구혼, 약혼, 성혼에서 시작하여 일부일처, 자녀양육, 부모봉양, 사회적 역할 등에 대한 다양한 스펙트럼을 형성하는 자신만의 독특한 사회제도를 형성한다는 것이다. 프리데릭 라첼(Friederic Ratzel) 또한 '사회제도는 자연과 인간집단의 상호작용으로 형성되는 것으로서 이는 오랜 시간 속에서 습관을 통해 이루어진다'[5]고 주장한다. 상이한 환경이 서로 다른 사회제도를 낳고, 서로 다른 사회제도가 그 구성원들에게 '문화적 코드'로 작용하여 개인의 의식을 형성하는 중요한 단서가 된다는 것이다.

이상을 종합적으로 고려할 때, 문화의 창출에 있어서 인간은 일면 주체로서 기능하며 또 한편 때로 객체로서 그 영향 아래 놓인다는 사실을 검토할 수 있다. 이 같은 상호성은 실제 현실적 환경에서 어떻게 작용되고 있을까? 특히, 특정한 문화적 환경을 배태하는 현장은 주−객의 도식에서 어떠한 역동성과 조합을 거쳐 형성되는 것일까? 아울러 특정한 가치관과 신념에 바탕한 궁극적 의미 추구를 그 본질로 하는 종교적 실존의 경우, 주변성과 상이성(相異性)으로서의 소위 '문화적 낯설음'들에 대하여 어떠한 관점으로 접근할 수 있을까? '문화 바라보기' 내지는 '문화 읽기'의 준거와 그 효용성은 어떠한 것일까? 이상의 질문들은 신학적(神學的) 범주의 핵심 과제 중 하나로 자리잡는다. "세상(世上)에 있지만 세상에 속하지 않는다"(요 17:15)는 성서적 가치관은 '복음−문화'의 상관성을 논하는 신학적 명제를 잘 드러내준다. 세속(世俗)적 가치관과 성서적 가치관은 때론 충돌하면서, 또한 때로는 경쟁하면서 일상의 삶을 구성한다. 역설(Paradox)적 가치를 포함하는 성서적 세계관은 합리와 이성적 가치를 대변하는 세속의 영역과 언뜻 화해할 수 없는 '다름'의 낯설음일 수 있다. 하지만 이 같은 '분리', '낯설음', '타자성'에 안주할 수 없다는 것이 성서적 세계가 그리는 또 다른 얼굴인 바, '참여', '역동성', '주체성' 등 소명(Calling)으로의 부름이 그것이다. 이제 본 고(考)에서는 이상 제기된 물음들을 중심으로 신학적 문화비평의 가능성을 논하면서 아울러 그 방법론을 모색해 보기로 한다.

I. 성서적 인간, 문화적 위임(Cultural Mandate)

성서에서 문화에 대하여 언급하고 있는 시각은 크게 두 가지로 구분된다. 먼저 문화를 하나님의 창조 행위와 그 행위의 결과로서 인간에게 부여된 '소명(Calling)' 과 관련해서 이해하는 시각이다. "생육하고 번성하여 땅에 충만하라. 땅을 정복하라. 바다의 고기와 공중의 새와 땅에 움직이는 모든 생물을 다스리라"(창1:28)는 명령은 피조세계를 관리하고 이를 가꾸는 책임자로서의 인간, 곧 문화적 위탁 명령(Cultural Mandate)에 부름받은 인간을 의미한다. 조물주가 창조하신 자연 세계를 그 창조의 목적에 합당하게 보전하고 개발하며 다스리는 것은 인간에게 위임된 본래적 사명의 영역이라고 보고 있는 것이다.

하지만 이 같은 적극적 참여의 대상으로서 문화와 그 영역은 원죄(原罪)를 유발케 했던 사건 이후 인간의 죄악성, 부패성을 대변하는 영역으로 전락되었다고 성서는 전한다. 인간이 자신과 세계를 지으신 조물주와 같이 되고자 하는 '권력에로의 의지' 가 필연적으로 '원죄적 굴레 속에서의 인간' 을 만들어 냈고 그 결과 문화의 영역도 탐욕과 교만의 산물로 얼룩진 공간으로 전락되었다. 따라서 인간 중심의 문화와 그 행태는 적극적 의미에서 신의 창조와 그 목적을 수행하는 신율적(神律的) 문화로 전환되어야 한다는 주장이 제기된다.

한편, 성서적 증언은 인간문화의 부패성 (Corruptness)과 더불어 그것의 잠정성(Temporality)을 함께 말한다. 인간의 문화가 창조주와 분리된 세계 속에서 고정된 실체로서 존재하는 것이 아닌, 종말적 완성으로서의 '하나님의 나라 (Kingdom of God)'를 향해 나아가는 과정 안에 놓여있는 가변적 형태라고 말할 수 있다. 따라서 문화의 최종 목적은 역사 안에서, 그리고 그 너머에서 하나님 나라를 건설하는 데 쓰여져야 할 매개물이라고 말할 수 있는 것이다. 이제, 그 문화와 그것의 종말적 완성은 역사 안에서 직접 자신을 계시하시는 하나님의 섭리적 사건으로 그 극적인 전환점을 맞게 된다. 성서의 하나님은 역사를 초월하여 저 멀리 계시는 피안적 존재가 아니라 역사를 뚫고 그 안에 임재하시는 '살아계시는' 하나님이시다. 성서는 하나님의 역사적 임재가 예수 그리스도 안에서 이루어지고 있다고 증언한다. 이 예수를 구세주로 믿고 그의 속죄와 사랑에 힘입어 전인적 구원을 체험하는 '존재론적 참여'가 인간에게 주어지는 새로운 갱생의 기회라는 사실을 강조한다. 새롭게 피조된 인간, 그 안에서 또한 문화 갱신의 가능성이 있다.

성서적 기독교는 이와 같이 그리스도의 대속(代贖)과 그분의 부활, 그리고 그것을 선포하는 복음에 대한 신앙과 그 신앙의 구체적 표현으로서의 복음적 삶의 실천을 강조한다. 또한 성서에 계시된 삼위일체 하나님을 믿는 신앙과 더불어, 이 신앙의 내연력(內燃力)을 문화에 외화(外化)시킴으로써 인간문화를 변혁시키는 능력을 강조하는 종교라고 말할 수 있다.[6] 기독인에게는 살아서 역사(役事)하시는 하나님을 믿음으로써, 단지 문화적 제 현상에 의해서 영향을 받는 개체적 인간 이상의 요소, 즉 문화를 변화시키는 실체로서 부름받고 있음이 강조되는 것이다.

한편, 이상의 '변혁의 주체'로서 기능하고자 소망하는 성서적 메시지와 기독인들의 삶의 행태가 실제 역사 속에서 과연 그 본래적 의도대로 현실화 되었을까라는 물음에 대한 답변에서 우리의 문제의식은 시작된다. 실제로 기독교 이후 전개된 역사는 성서와 성서적 삶을 따르고자 희망하는 이들의 노력과는 달리 오히려 기독교와 상관없는 제반 문화의 영향을 받아 끊임없는 충돌과 변형이 이루어져 왔다는 사실을 직시할 필요가 있다. 역사적 전개의 상황 아래서 기독교적 삶의 양태는 때로는 주변의 이교문화를 자(自)문화 행태로 바꾸는 데 결정적으로 기능하기도 했지만, 또 때로는 그와 정 반대의 모습으로 흘러가고 있음을 보여준다. 역사를 돌이켜 볼 때 가장 순수성을 유지해야 할 기독교 내부의 교리를 비롯한 의례와 교회 조직, 그리고 교회생활 등에서조차 소위 '이교적' 제 문화 요인들이 영향을 끼치고 있음을 볼 수 있다.

AD 313년, 콘스탄틴 황제에 의해 기독교가 공인되기 전에는 국가로부터 극심한 박해를 받아 양자가 대립하였지만, 그 이후에는 급속히 로마의 문화와 기독교의 문화는 서로 영향을 주고 받는 가운데 제 3의 문화적 결과물들을 낳았다. '기독교 국가로서의 로마'는 또한 동시에 '로마적 기독교'와 댓귀를 이루는 개념으로 존재한다. 물론 오늘날의 서구 사회는 양자가 일치된 형태로 나타나 그 구분이 어려운 상황이다. 트뢸치(E. Troeltsch)는 "기독교와 서양 문화는 너무나 불가분적으로 서로 엉키어 있기 때문에 기독교인으로서 다른 문화 아래 있는 사람에게 자기의 신앙을 제대로 말해줄 수 없으며, 다른 문화 아래 있는 사람도 그 자신이 서양세계의 구성원이 되지 않고서는 그리스도를 말할 수 없다"라고 하였다. 그러나 이같은 일치가 어느 한 쪽의 일방적 영향력의 결과라고 볼 수 없다. 세속 문화와 기독교성의 결합, 이 두 가지 요소는 서구 사회의 역사 속에 끊임없이 반복되는 중요한 주제가 되어 왔던 것이다. 한국에서 기독교의 경험은 1784년 카톨릭 전래 이후 초창기의 극심한 박해 기간을 지나와서 이제 비로소 한국의 토양 위에 나름대로의 한 축을 형성하는 뿌리를 내리는 단계라고 볼 수 있다. 이제 우리는 이 같은 사실을 염두에 두면서 한국과 같은 다종교 상황의 현실을 겪는 삶의 자리에서 효과적인 선교를 위한 신학적 전망을 살펴보기로 한다.

II. 문화, 그 인식의 다양성(多樣性)

우리의 논의를 위해서 다양한 관점에서 논의되는 문화에 대한 인식을 살펴보기로 하자. 먼저 문화를 인류학적 관점에서 정의한 타일러(E. B. Tylor)는 총체론적인 입장에 서서 "지식, 신앙, 예술, 도덕, 법률, 관습 그 밖에 인간이 사회의 구성원으로서 습득한 능력과 습관을 포함하는 복합적 전체(Complex whole)"라고 정의한다.[7] 이에 비해 구데나하(W. Goodenough)는 관념론적 입장에서 서서 "공유하고 있는 인간 학습의 소산으로서 지각, 신념, 가치관, 행동의 표준으로 되고 있는 것"으로 정의했다. 이 두 입장은 각기 설명하고자 하는 관점에 따라 견해를 달리하고 있는데 이를 종합하여 문화를 "인간이 사회 구성원으로서 습득한 생활양식과 인간 학습의 소산으로서 신념, 가치관, 행동의 표준이 되는 것"이라고 정의한다.

이상의 정의에 근거하여 최근의 문화인류학에서는 과거 기독교 중심의 소위 '진화론적 문화관'을 비판하면서 문화를 그것이 만들어진 고유하고 개별적인 토양 위에서 인식하는 소위 '문화상대주의(Cultural Relativism)' 입장을 전개한다. 이들은 "각 문화는 그 자체의 기준에서만 평가되어질 수 있다"고 주장한다.[8] 모든 문화는 그 문화권 안에서 살고 있는 사람들에게는 타당하고 자연스러우나, 타문화권에서 사는 사람들에게는 불편하고 부자연스럽게 느껴지는 것이다. 인간은 누구나 각 나라의 고유한 문화 속에서 태어나서, 그 문화 속에서 성장하고, 그 문화에 적응하도록 교육받고 훈련받기 때문에 다양한 문화 중에서 어느 문화는 우수하고 어느 문화는 열등하다고 판단해서는 안 된다고 주장한다. 지상에는 절대적이고 완전한 문화는 없으며, 한 문화가 타문화에 대하여 우월성을 내세울 수 있는 근거는 어떤 문화에도 없다는 것이다. 그러면서도 문화 상대주의는 윤리적 상대주의(Ethical Relativism)를 의미하지는 않는다고 주장한다. 문화상대주의를 용인하면서 어떻게 윤리적 상대주의는 비껴갈 수 있는지에 대한 보다 선명한 논의를 찾아보기는 쉽지 않다. 윤리적 상대주의란 윤리적 원칙, 도덕 규범을 부정하고, '상황윤리'에서 주장하는 것처럼 각 사람이 자기의 구체적인 삶 속에서 타당하다고 생각하는 윤리적 결정을 하는 것을 말하는데, 이런 주장은 종종 노예 매매, 고문, 순장, 근친 결혼 등도 각기 그 문화의 고유한 특성으로 합리화함으로써 도덕적 판단의 '보류'를 낳는다.

문화상대주의와 일정한 간격을 유지하는 기독교적 세계관에서는 문화에 대하여 첫째 삼위일체 하나님의 계시에 의존하며, 둘째 인간의 정신적 삶의 깊이에 관계하며, 셋째 사회적 삶의 총체적 영역에 관계하는 것으로서 이해되기도 한다.[9] 성서적 기독교는 하나님의 계시에 근거하여 인간 문화를 변혁할 능력을 보유한 살아있는 종교이지만, 그 속에는 자기 심판과정을 거쳐 스스로 변혁해야 할 요소들도 다분히 보유하고 있다는 것이다. 전통적인 기독교적 세계관에서는 하나님, 예수, 성경, 복음 등을 표준적, 불변적인 요소로 정의하면서 이를 텍스트(Text)라 보고, 문화는 인간, 제도, 풍습 등 상황적, 가변적인 것을 요소로 하므로 콘텍스트(Context)로 구분하는 인식이 대부분이었다. 그러나 문화의 접변(Acculturation)을 가상할 때 신언(神言) 그 자체는 불변하지만, 그것이 인간의 문화라는 형식을 입고 세상에 나올 때는 시대와 지역과 대응하는 인간에 따라 달리 나타나는 현상을 주목할 필요가 있다. 복음-문화의 상호 관련성에 대하여 기독교 전통에서는 그 강조점에 따라 다음과 같은 편차가 존재할 수 있다. 먼저 문화에 대하여 적대적인 태도를 견지하는 전통이다. 이 전통은 주바르트 계열의 복음적이고, 보수적인 기독교는 문화를 적대시한다. 세상문화는 타락한 인간의 성취물로 보고 이를 대적한다. 하나님의 나라를 이 땅에 건설하기 위해서는 바벨탑과 같은 세상문화를 적대적으로 대해야 한다고 믿는다. 둘째로 문화에 대하여 우호적인 태도를 견지하는 전통이다. 이 전통은 주로 소위 '진보주의적' 계열에서 종종 찾아 볼 수 있다. 인간 세상도 하나님이 다스리는 하나님의 통치 영역이므로, 하나님의 통치를 받는 인간에 의해 만들어진 문화에 적극적인 수용적 태도를 갖자는 것이다. 이상의 두 가지 양 극단 사이에서 중도적인 전통의 기독교 계열에서는 문화에 대해서 중립적, 또는 무관심한 태도를 취한다. 자신의 신앙생활만 열심히 하면 되는 것으로 보고 세상문화에 대해서는 별 관심이 없다.

Ⅲ. 복음-문화의 상관성에 관한 유형론적 이해

1. 리처드 니버의 '그리스도와 문화'에서 나타나는 유형론 이해

여기에서 우리는 복음과 문화의 상관관계에 대한 유형론적 접근을 시도하고 있는 몇몇 선행연구를 참조할 필요가 있겠다. 주지하는 바와 같이 리처드 니버(Richard Niebuhr)는 일찍이 그의 주저(主著) 『그리스도와 문화(Christ and Culture)』에서 그리스도와 문화와의 관계를 다섯 가지 유형으로 분석하면서 이들 각 유형을 대표할 수 있는 인물들의 실제적 예를 들고 설명하고 있다. 그가 구분하는 유형은 이미 알려진대로 1)

대립 유형, 2)일치 유형, 3)종합 유형, 4)역설 유형, 5) 변혁 유형이 그것이다. 그의 분석은 여러 지면을 통하여 그 내용이 널리 알려진 바 있다.[10]

상기의 5가지 유형으로 '복음 – 문화'의 상관관계를 규명하였던 리처드 니버는 자신을 포함하여 기독인이 어느 유형을 모범으로 선택해야 할 것인가는 전혀 개인적 결단에 속한다[11]고 선언하고 있다. 그리고 그 결정은 '신앙 정도의 상대성' 즉, 개인의 신앙 정도에 따라서 결정할 것이며, 각 개개의 기독인은 자신이 '사회적 실존'임을 깨달아 자신만을 위한 판단의 기초에서 결정할 것이 아니라, 모두를 위한 공동체적 의식의 기초 위에서 자신이 택할 모델을 결정하여야 한다고 주장한다. 이처럼 리처드 니버는 '복음-문화'의 유형을 위한 각 개인의 결정은 개인의 자유 안에서 이루어지는 것이지만, 그 자유는 이성에 의존하는 '의존적 자유'여야 한다는 것을 강조하고 있다.

이처럼 리처드 니버는 다섯 가지 유형 중 어느 것도 명백하게 지지하지 않았지만, 글 전체 속에 담긴 문맥과 강조하는 내용들을 보면 그가 개인적으로 변혁 유형을 선호하고 있다는 느낌을 강하게 받는다. '복음-문화'의 관계에서 우선 양 극단에 속하는 모델인 대립 유형과 일치 유형은 리처드 니버의 의도와는 거리가 있어 보인다. 남은 것은 종합 유형과 역설 유형인데, 역설 유형은 변혁 유형과 디테일에서는 다소 차이가 있지만 전체적인 구조와 범주 내에서는 비슷하다. 종합 유형은 인간행위 속의 근본 악을 도외시한다는 비판이 제기되고 있다. 리처드 니버가 '사회적 실존'을 강조한 점과 '그리스도에게 충성하면서 문화적 의무를 위한 노력'[12]을 강조하는 것을 보면 그는 어느 정도 '변혁 유형'을 의중에 두고 있다고 생각된다. 그는 다음과 같이 '타락한 인간', '세상의 구원자', '하나님 나라 안에 있는 문화의 세계'를 강조함으로써 이 유형에 대한 선호를 암시하고 있다.

믿음 안에서의 결단은… 그리스도가 죽은 자 가운데서 다시 살아났으며, 그가 교회의 머리이실 뿐만 아니라 세상의 구원자라는 사실에 비추어 결단하는 것을 의미한다. 문화의 세계-인간의 업적-은 은혜의 세계-하나님의 나라-안에 존재한다는 사실에 비추어 결단하는 것을 의미한다.[13]

'변혁 유형'에서의 '변혁'은 성서적이며, 기독교 신앙이 지니는 문화적 과제를 실천할 수 있는 개념이다. 변혁의 유형은 요한과 바울, 어거스틴, 그리고 칼빈의 문화관에서 그 내용을 잘 찾아 볼 수 있다. 칼빈주의적 변혁사상은 리츨적인 문화기독교주의와 달리 그리스도를 '문화(창조)의 왕'으로 이해하고 하나님의 주권과 사상을 강조한다. 그리고 그것을 바르트와 같이 구속의 역사 속에만 국한하지 않고 현실의 모든 영역(정치, 사회, 경제의 제 분야)에서 인정하는 점이 돋보인다. 실제로 개혁교회(Reformed Church)전통을 형성하는 일련의 칼빈주의자들에게서는 기독인의 정치적 참여, 경제 활동의 윤리적 투명성, 문화 창달의 주체 등에 대한 이슈에 적극적이다. '변혁 유형'에서의 문제점은 텍스트로서의 기독교 세계관은 변혁의 주체이지만, 콘텍스트인 문화는 변혁의 객체로 머물러 있다는 고정적 시각으로서의 문화이해, 혹은 복음이해에서 문제의 여지가 있다. 변혁의 주체인 (복음적) 기독교는 능동성을 가지고 적극적으로 자신의 영향력을 행사하는 데 비해서, 변혁의 객체인 문화는 수동적으로 소극적인 자세를 견지한다는 것은 문화의 전파성, 사회성 등의 속성을 과소평가한 것이다. 이미 언급한 바와 같이 (세속의) 문화도 적극적으로 기독교 세계와 그 문화에 영향을 미친다는 것은 기독교 역사가 증명하고 있다. 기독교를 박해하는 문화 속에서와 우대하는 문화 속에서의 차이는 교리, 의례, 신앙공동체 형태, 예배 장소, 선교 방법 등에서 확연히 드러난다.

2. 김경재의 '복음—문화'의 상관성에 관한 유형론적 이해

상기의 리처드 니버의 견해는 그 독창성에 있어서 괄목할 만한 이론적 배경을 제시해 주고 있다고 평가할 수 있겠지만, 그 이론을 뒷받침하는 상황은 종교적—문화적 다양성을 겪었던 동양의 문맥, 특히 한국적 사회에서 그것을 그대로 적용하는 일에 다소 어려움을 겪게 된다. 이 같은 점에서 다음으로 복음—문화의 유형론적 이해를 위해 최근 문화신학의 이론을 활발히 전개하고 있는 김경재 교수의 이론에 주목할 필요가 있다. 김경재 교수는 리처드 니버가 그리스도와 문화와의 상관관계의 유형을 서구 교회사에서 다섯 가지로 분류하듯이 복음과 한국문화와의 만남의 관계를 네 가지 모델로 유형적으로 분류하였다. 파종 모델은 한국의 소위 '보수주의적 신학', 발효 모델은 '진보주의적 신학', 접목 모델은 '자유주의 신학', 합류 모델은 '급진적인 민중신학'의 견해를 대변한다고 분류하면서 각각의 모델에 대한 나름대로의 유형론적 이해를 시도하고 있다.[14]

김경재가 구분하고 있는 네 모델의 특징들을 텍스트와 콘텍스트의 관점에서 설명해 보면 다음과 같은 요약이 가능하다. 먼저 씨앗의 중요성을 염두에 두고 있는 파종 모델은 텍스트로서의 불변하는 복음이 콘텍스트인 토양을 변혁시킨다는 점을 강조하는 유형이라고 볼 수 있다. 이 때 복음은 생명력이 있는데 비해 토양으로서의 문화, 전통은 중립적이라고 말한다. 문화라는 형식을 입고 나타난 텍스트는 시대와 지역에 따라서 유동적일 수 있다. 따라서 이 모델은 근거가 미약하다. 발효 모델은 텍스트로서의 복음은 변화의 주체이고 콘텍스트인 전통문화는 변화의 객체라는 도식을 설정한다. 단, 이 때 변화의 주체인 복음이 전통문화라고 하는 객체의 도움 없이 성공적인 발효를 할 수 없다는 점에서 파종 모델보다 상황성을 다소 긍정적으로 평가한다. 접목 모델은 텍스트로서의 복음과 콘텍스트인 한국전통 문화의 동시적 주체성을 가능케 하고 해석학적 순환논리에 따른 동시적 상호 조명과 상호 성장을 가능케 하는 모델로 묘사된다. 특히 이 모델에서 김경재는 "서구신학이 전제로 하고 있는 신학적, 문화적 우월주의"를 재고하도록 요청한다. 합류 모델은 앞의 세 모델과 달리 텍스트와 콘텍스트의 도식이 적용되지 않는다. 이 모델은 성서의 복음이 지닌 구원 능력을 전통적인 방식에서가 아닌 '약자들의 해방과 그들의 자유'를 위해 얼마나 진실하게 참여했는가로 가늠하고 있다는 점에서 '세계를 변혁하는 과정적 실천'으로서 해석학적 모델을 소개한다.

3. 리처드 니버와 김경재의 유형론적 접근에 대한 평가

이상에서 본 기독교와 문화와의 관계를 리처드 니버의 "변혁 유형"과 김경재의 "접목 모델"을 중심으로 살펴보았다. 이 유형들은 그 나라의 문화, 전통과 관련하여 창출되었다고 볼 수 있다. 리처드 니버가 살고 있었던 미국은 1620년에 청교도들이 기독교를 가지고 들어와 400년이라는 시간이 흘러갔다는 사실을 감안하여야 한다. 청교도들은 철저하게 신본주의로 그 나라의 정치, 경제, 사회 등 모든 영역에 기독교 문화를 심어갔고, 그 결과 이제는 국민의 대부분이 기독교인이고, 종교와 문화가 대체로 일치하는 기독교 국가가 되었다. 따라서 기독교는 문화와 충돌하는 일이 적다. 이러한 문화 배경 하에서 형성된 리처드 니버의 변혁 모델은 인간의 전적인 타락을 강조하고, 타락한 인간이 세운 타락한 문화를 적극적으로 기독교 문화로 변혁시키고자 한다. 완전한 하나님의 통치를 받는 기독교가 적극적으로 세상 문화를 변혁시키고자 한다. 주체는 기독교이고 객체는 문화이다. 이를 보면 텍스트인 기독교는 불변하고, 능동적인 것이나, 이에 비해 콘텍스트인 문화는 가변적, 수동적임을 알 수 있다. 세상 문화와 별로 충돌될 것이 없고, 완전한 복음을 바탕으로 하는 기독교는 문화를 변혁시킬 뿐 자신은 변화할 필요가 없다.

이에 비해 한국은 다종교사회이다. 한국기독교는 후발 종교로 먼저 뿌리박은 무교, 불교, 유교의 지대한 영향을 받고 있다. 무교의 특징을 의타성, 보수성, 현실성, 오락성으로 들 수 있고, 기독교를 수용하는 데 영향을 미친 점으로 귀신과 함께 주재신인 하나님 신앙, 주재신에 대한 기도, 의타신앙, 보수성을 들 수 있다.[15] 불교는 한국의 이상을 제시한 종교이다. 불교는 인간의 욕심으로 인한 번뇌, 보살의 이타행, 열반과 지옥 등을 통해 기독교에 영향을 미쳤다. 한국 불교의 특징으로 첫째 화합일치를 찾으려는 통합적 정신, 둘째 혼합 절충주의, 셋째 공리적 현실주의를 들 수 있다. 유교는 한국의 군자도(君子道)이다. 유교의 공과(功過)를 살펴보면, 공으로는 인륜도덕의 숭상, 청렴 절의의 존중, 군자의 존중을 들고, 때로는 모화사상, 당쟁, 가족 중심의 이기주의, 계급주의 등을 들 수 있다. 이런 것들도 기독교에 직간접적으로 영향을 미쳤다.

다종교 상황인 한국에서 만들어진 유동식의 유형 분석은 우리의 실정에 보다 근시적 통찰을 제공한다. 특히 "접목 모델"에서 텍스트인 복음과 콘텍스트인 한국의 문화, 전통이 상호 변혁을 전제하고 있는 점을 주목할 필요가 있겠다. 살아있는 유기체와 같은 복음과 문화는 두 생명체의 특성과 공헌을 통전하여 새로운 생명 현상을 산출한다. 복음과 문화는 주체와 주체의 만남이지 주체와 객체의 만남이 아니다. 파종 모델이나 발효 모델처럼 한 쪽은 살아있으나 한 쪽은 무기력한 피동적 무생명체가 아니다. 접목 모델은 복음과 복음을 받아들이는 문화공동체 집단의 만남과 대화는 "종합지양(綜合止揚)"이라는 말로 표현하는 데, 이는 저급한 절충주의나 혼합주의가 아니라, 더 높은 차원에서 순수해지고 풍성해지는 창조의 개념이다. "흑백의 대립을 종합하여 회색을 만드는 혼합주의가 아니라, 흑백의 근본인 빛을 잡게 하는 것"이다.[16]

이 모델이 관심을 가지는 것은 전통종교가 구원의 능력을 가졌느냐가 아니라, 그리스도 곧 복음의 내용을 어떻게 그들의 형식을 통해 반영하고 있는가에 있다. 타종교가 그들의 종교적 형식을 통해서지만, 자기 부정을 매개로 자유하는 새로운 존재가 되어 사랑과 정의를 실천할 때 복음적인 의미를 갖게 되는 것이다.[17] 이런 의미에서 보면, 칼 라너의 "익명적 그리스도"론이 존재론적이고 정태적인 로고스 기독론에 기울어졌다면, 유동식의 그리스도 중심적인 보편주의는 보다 기능적이고 역동적인 성령론적 기독론에 기초한다고 볼 수 있다. 이것은 바로 서구 라틴적 기독교와 한국적 기독교의 특징적 차이이기도 하다.

- 우리의 선택, 어떻게?

종교와 문화는 구분되는 용어이지만 불가분리적 관계 속에 있다. 폴 틸리히는 "종교는 문화의 실체요, 문화는 종교의 형식이다"라고 양자의 관계를 설명한다고 살핀 바 있다. 양자는 실체와 형식의 관계를 갖는다. 실체가 본질적인 것이라면, 형식은 방법적인 것이다.[18] 종교는 문화의 핵심 내용으로서 문화의 이념, 정신, 방향을 지배하는 것이라면, 문화는 종교라는 내용을 담는 그릇, 형식이다. 또한 도슨은 종교를 전 문화 영역을 지배하는 원동력으로 본다. 그의 저서 『Understanding Europe』에서 "인간의 정신적 활동의 창조적 힘은 종교가 활력소로서 제공해 주며 종교가 지니는 고유한 생명에 이상이 발생하면 문화 창조의 기능이 정지 내지 마비된다"[19]고 말한다. 문화는 인간 생명의 자기 창조적 운동과 관계된다면, 종교는 인간 생명의 자기 초월적 운동과 관계되며, 문화 행위가 수평적 차원이라면, 종교 행위는 수직적 차원이다.[20]

기독교와 문화는 밀접한 관계를 맺고 있다. 리처드 니버는 이것을 다섯 가지 모델로 설명했는데 그 중 가장 선호한 것은 타락한 문화를 기독교가 변혁시키는 "변혁 유형"이다. 이 때 텍스트인 기독교는 불변하고 적극적이지만, 콘텍스트인 세상문화는 가변적이고, 소극적이다. 이는 기독교가 문화와 충돌하는 것이 적은 미국의 상황을 반영하기 때문이다. 그러나 다종교 상황인 한국에서는 상기의 '변혁 모델'에 관하여 미국적 상황을 그대로 답습할 수는 없을 것이다. 기독교와 전통 종교는 자체 심판을 통하여 "상호 변혁", "상호 발전"을 가져올 수 있다. 이를 통해 오늘날의 한국 상황에 맞는 "맞춤복"을 새로 입을 수 있다. 대화는 자기의 정체성을 버린 것이 아니라 살리면서 상대편을 수용하는 것이다. 서구 사상을 입고 들어온 기독교의 진리가 한국에서 산 진리가 되기 위해서는 한국적 전통과의 대화를 통하여 한국인의 삶과 한국인의 마음 속으로 들어와야 한다. 한국의 마음과 한국의 터전에 토착화되어 민중을 구원하는 열매를 맺어야 한다. 이를 위해 다음 장에서는 종교와 문화의 상관성에 관한 신학적 논의를 시도해 보기로 하자.

주주

1) 본 장은 2003년도 한국정신문화연구원의 개인연구과제로 수행한 결과임을 밝힌다.

2) 원래 영어의 Culture(문화)는 라틴어의 colere, cultus, cultra에서 유래한다. colere는 '양육한다', '경작한다'의 뜻을 가지며, cultus는 '신에 대한 예배'의 의미를 함축하고, cultura는 '마음의 배양' 또는 '교육'을 함축한다. 이같은 어원의 의미를 종합하면 배양, 양육, 경작 등의 의미를 창출할 수 있다. 자연에 대한 인위(人爲)의 제 행위들이 통칭 '문화'를 형성한다.

3) Louis L. Luzbetak, *The Church and the Culture*, Techny. III: Divine Word Publication, 1970, pp. 59-63.

4) 이원설, 『기독교 세계관과 역사발전』, 혜선출판사, 1990, p.22에서 중용.

5) 한스 큉, 줄리아 칭, 상게서, p. 22.

6) 김영한, 『한국기독교문화신학』, 성광문화사, 1995, p.19.

7) 한상복, 이문웅, 김광억, 『문화인류학』, 서울: 서울대출판부, 1982, pp.59-60.

8) 김영한, 『한국기독교문화신학』, 성광문화사, 1995, p.29.

9) 김영한, 『한국기독교문화신학』, 성광문화사, 1995, p.20.

10) 중복의 우려가 있지만 리처드 니버의 '복음과 문화' 이론을 다시금 요약해 보기로 하자.

① 대립 유형에서는 기독교와 문화와의 관계를 배타적으로 본다. 니버는 "이 세상이나 세상에 있는 것들을 사랑치 말라. 누구든지 세상을 사랑하면 아버지의 사랑이 그 속에 있지 아니하니 이는 세상에 있는 모든 것이 육신의 정욕과 안목의 정욕과 이생의 자랑이니"(요일2:15-16)를 인용한다. 여기서 '세상'이란 악의 세력 아래 점령되어 있는 영역이며 암흑의 지역이어서, 빛의 나라의 시민들이 들어가서는 안 되는 곳이다.¹⁾ 생명으로 인도하는 기로가 사망으로 인도하는 두 길 중에서 생명으로 인도하는 길이 곧 기독교인의 길이라는 것이다. 일례로 초대 교회

의 교부였던 터툴리안(Tertullian)은 반문화사상의 전개로 잘 알려져 있다. 북 아 프리카의 위대한 신학자 터툴리안은 죄가 가장 많이 있는 곳이 문화의 영역으로 보았다. 그는 "그리스도인이 배격해야 할 세상은 특별히 이교(異敎)사회와 그 종 교-다신론적인 우상숭배, 그 신조와 의식, 그 정욕적인 것과 상업화된 것"이라고 말한다. 그는 신자들을 향해 이교신앙으로 부패해 있는 여러 사회적 회합 또는 직 장에서 사직하라고 권면한다. 왜냐하면 그것이 그리스도의 정신과 율법에 반대되 는 생활양식을 요구하고 있기 때문이다. 톨스토이 (L. Tolstoy) 역시 문화를 배척 한다. 그에게는 문화의 모든 국면이 비난의 대상이 된다. 국가와 교회와 재산제도 가 다 악의 소굴임은 물론이지만 철학, 과학, 예술 등도 역시 정죄의 대상이다. 국 가는 권력욕과 폭력행사의 근거 위에 서 있으며, 교회는 국가의 종이며 폭력과 특 권의 통치를 옹호하는 자이며 불평등과 재산소유를 변호하며 복음을 위조하거나 애매하게 하는 기관이라고 하였으며, 재산권은 강탈을 기초로 하고 폭력으로 유 지해 가는 것이라고 혹평한다. 이와 같은 대립 유형에서의 문제점은 종종 종교의 사회적 책임을 도외시한다는 점이다. "너희는 세상의 빛이요, 소금이다"라는 예 수의 가르침과, "권세는 하나님께로 나지 않음이 없나니 모든 권세는 다 하나님 의 정하신 바라"(롬13:1)는 성서의 권면과 "너희는 이 세대를 본받지 말라… 악에 게 지지 말고 선으로 악을 이기라"(롬12:2, 21)는 당부는 기독인이 비록 세속의 세 상에서 살 수밖에 없지만 이러한 악에 물들지 않고 빛과 소금의 사명을 적극적으 로 감당하라는 요청으로 정리될 수 있다.

② 일치 유형에서는 그리스도를 통하여 문화를 해석하는 견해를 유지한다. 즉 문 화 안에 있는 가장 중요한 요소들은 그리스도의 사업과 인격에 일치되는 것으로 본다. 이들 전통에는 주후 2세기경의 시몬 마그누스, 바실리데스, 발렌티누스 등 기독교 영지주의자들의 제 경향을 대표적으로 꼽을 수 있다. 이들은 그리스도를 온전히 문화적 용어로 해석하고, 그와 사회적 전통과 관습 사이에 어떠한 긴장도 인정하지 않았다. 그들은 예수는 육체를 입을 수 없다고 주장하고, 그리스도의 출 현을 가현설로 설명한다. 예수는 인간 문화사에서 위대한 영웅의 한 사람으로 인 정한다. 슐라이에르 마허와 리츨과 같은 19세기 신학자들도 '문화기독교주의자'

들로 분류될 수 있겠다. 전자는 그리스도를 신약성서의 의미보다 유한과 무한 사이에 있는 중보적 원리로 파악하며, 문화 속에 있는 것으로 파악하는 경향을 가진다. 후자는 "하나님 나라"를 강조하여 이것은 인류의 연합을 의미한다고 하였다. 그리고 이를 완성하는 일에 있어서 예수는 인간적 지도자요, 윤리적 당위로서 이해하였다. 전체적으로 볼 때 일치 유형 주장자들은 기독교를 철학적 생활 개선의 윤리로 환원시키는 경향을 가지고 있으며, 예수를 역사적이며 신앙의 대상으로 보다는 이념적 모델을 제공하는 인물로 보고 있으며, 인간의 근본 악을 간과한다고 하는 점에서 비판의 대상이 된다.

③ 다음으로 종합 유형의 경우를 살펴보자. 영지주의자들은 예수 그리스도를 타계적 존재로 보았고, 문화기독교주의자들은 그 반대의 현세적 존재로 파악하였다면 종합주의자들은 그리스도와 문화의 이원성을 인정하면서도 양자택일이 아니라, 양자를 동시에 종합적으로 긍정하는 전통을 유지한다. 진실로 그리스도는 문화의 그리스도인 동시에 문화 위에 있는 그리스도라는 것이다. 이 전통에 속해있는 초대 교부 알렉산드리아의 클레멘트(Clement)는 기독교인은 무엇보다 먼저 선한 문화의 표준에 맞는 사람이어야 하며, 그리고 더 나아가 도덕 생활을 넘어서는 더 완전한 것을 그리스도를 본받아 행해야 한다고 주장한다. 기독인은 자기 수양과 지적 훈련에 증진하여 더 이상 세상문화에 염려할 필요가 없는 생활을 연마할 것을 강조하고 있는 것이다. 중세의 토마스 아퀴나스는 인간의 이성으로서 어느 정도 하나님께 나아가는 길을 발견할 수 있다고 긍정하면서도 궁극적 삶의 목적, 완전한 신의 인식과 온전한 행복은 위로부터 오는 은총, 곧 교회의 성례전에서 베풀어지는 신의 임재와 그 능력에 의한 "비약적 참여"를 통해서만 가능하다고 보았다. 종합 유형의 비판 내용은 인간 행위 안에 내포된 근본 악에 진지하게 맞서지 않고 신의 은혜에 독립하여 그 자체의 이성적 신 인식과 윤리성을 인정하는 점을 꼽을 수 있겠다.

④ 역설 유형에서는 그리스도와 문화의 이중적, 불가피적인 권위를 인정하고, 또한 양자의 상반성을 긍정하는 관점을 유지한다. 기독인은 평생 동안 서로 합의되지 않는 두 권위에 동시에 복종하지 않을 수 없는 사실로부터 오는 긴장성, 양극

성을 가진다는 것이다. 그리스도의 주장을 세속사회의 주장에 적응시키려는 일치 유형과 종합 유형에는 반대하나, 하나님에 대한 복종은 사회제도에 대한 복종을 전제하므로 사회와 그리스도 양자 모두에 충성할 것을 요구한다. 이 역설적 이원론에 속하는 자는 루터와 키에르케고르, 트뢸치를 꼽을 수 있다. 루터의 "죄인인 동시에 의인"이라는 명제는 자기 자신은 불의하지만 하나님께서 의인으로 인정해 주심으로 의로운 삶을 살 수 있다는 것이다. 이는 그리스도인 실존의 역설적 구조를 나타낸다. 그는 이웃 사랑과 봉사를 강조하지만, 농민 폭동에 대해서는 칼을 강조한다. 키에르케고르는 기독자의 생활을 이중적 국면에서 이해하고 있는데, 하나는 영원과의 긴밀한 내적관계의 국면이고 또 하나는 타인과 사물에 대한 외적관계이다. 영적인 인간은 고독을 견딜 수 있는 존재이나, 보통의 인간은 고독한 개체임을 강조한다. 그는 19세기의 문화화, 세속화된 기독교에 대항하여 그리스도와 문화와의 긴장과 역설을 강조하고 있다. 트뢸치는 그리스도와 문화의 관계를 이중적 딜레마로 경험하였다. 그는 인간의 윤리적 의식 속에 있는 양심 외에 또 하나의 역사적인 도덕을 인정하는 데 그것은 문화적 가치이다. 이 양심과 문화적 가치의 대립과 긴장을 강조한다. "양자는 서로 달라지기 위하여 만나는 것이다. 양심은 초역사적이며 죽음을 비웃으나, 문화적 가치는 역사적이며 사라질 사물의 보존에 미련이 있다"고 한다. 역설 유형은 기독교인을 반율법주의로 인도할 위험성을 내포하고 있다. 도덕적으로 경건한 자든 방탕한 자든 간에 다를 것이 없다는 주장을 내세우므로 경건한 삶의 무가치성을 인정할 우려가 있다는 것이다. 그리고 문화적 보수주의를 초래케 한다. 루터에게서 보는 것처럼 문화적 개혁보다는 종교적 제도와 관습만의 개혁에 치중하고, 노예제도 등의 사회적 이슈에서는 보수적인 입장을 견지하는 양면성의 딜레마를 안고 있다.

⑤ 변혁 유형에서는 그리스도에 의한 문화의 변혁을 주장한다. 대립 유형 및 역설 유형과 비슷하지만, 차이점도 있다. 인간 본성은 타락하고 비틀어져 있어 그것이 문화면에 나타날 뿐만 아니라 문화를 통해 전승한다는 것에서 대립 유형 및 역설 유형과 비슷하다. 그렇지만 전자와 달리 타락된 세상에서 분리하지 않는 점에서 차이가 있으며, 후자와는 초역사적 구원을 바라고 인내하지만 않고 적극적으로

개혁한다는 점에서 차이가 있다. 그리스도는 문화를 개변시킬 뿐만 아니라, 사회 안에 있는 인간을 개변시키는 분이시다. 이 유형에 속하는 자들은 사도 요한, 바울, 어거스틴, 칼빈 등이다. 요한은 "하나님이 세상을 이처럼 사랑하사 독생자를 주셨으니…"(요3:16)에서 처럼 '세상을 구원하기 위하여 자신의 본체인 예수를 내어 주신 하나님의 사랑'을 강조한다. 이 때의 '세상'은 온 인류인 동시에 하나님을 거스리는 죄악된 인간 사회이다. 이 죄악된 인간 세상을 포기하지 않으시고 구원하시고 새롭게 변화되기 원하신다. 또한 요한은 유대교를 반기독교적인 것으로 제시하는 데,[2] 이는 "신령과 진정한 예배"(요4:23)를 강조한 데서 알 수 있다. 형식적이고, 지역에 구애받는 유대교를 개혁해서 영적이고 자율적인 새 유대교를 원한다. 바울에 있어서 모든 문화적 업적은 모두 죄 속에 있어서 하나님의 진노 가운데 있다. 그러나 동시에 모든 인간의 활동과 제도는 그리스도의 대속 행위에 의해서 구속되었음을 강조한다. 그는 반문화주의자(대립 유형)들처럼 새 기독교적 율법을 지니고 문화 세계에서 이탈하여 구원받은 자의 격리된 공동체로 퇴각할 수 없었다. 그는 기독교인들에게 윤리를 가르쳐서 구원을 통해 죄와 죽음에서 승리한 후, 적극적으로 육신의 유혹, 이혼, 분쟁, 간음 등과 투쟁할 것을 강조한다. 세상 악을 대적하고 무슨 일을 하든지 마음을 다하여 주께 하듯 하라고 명령한다. 어거스틴은 인간의 부패는 하나님의 창조에서 온 것이 아니라 인간의 불순종에서 왔다고 했으며, 그리스도는 전도된 본성과 부패한 문화를 개혁하기 위하여 오셨다고 주장한다. 그러나 그는 바울처럼 이 역사 안에서 이상적 문화의 변혁이 완성되는 것으로 보지 않고, 종말론적 희망 안에서 완전한 문화변혁의 성취를 인정하였다. 지상의 나라와 하나님의 나라는 역사의 두 질서이며, 종국에는 지상의 나라가 하나님의 나라에 합병할 것을 역설한다. 칼빈은 인간의 전적 타락을 강조하면서 인간 삶의 목적은 하나님께 영광 돌리는 것임을 강조한다. 이 목적을 성취하기 위하여 소명감을 가지고 자신이 속한 직업에 최선을 다할 것을 주장한다. 각자의 직업 활동에서 그의 믿음과 사랑을 표현하여 하나님의 영광을 드러내야 한다.

1) 리처드 니버, 김재준 역, 『그리스도와 문화』, 서울: 대한기독교서회, 1996,

p.55.

2) 위의 책, p.201.

11) 위의 책, pp.229-233.

12) 위의 책, p.230.

13) 위의 책, pp.254-255.

14) 김경재 교수의 복음- 문화 상관성의 유형론적 이해는 다음의 내용으로 요약할 수 있다.

① 파종 모델 : 이 모델은 씨앗과 토양의 관계를 유비로 한다. 씨뿌리기는 비유(막 4:1-32)가 이 모델의 근거이며, 핵심은 씨앗의 절대적 생명력이 강조되면서 상대적으로 토양의 중립성, 피동성, 무생명성 등이 강조된다.[1] 생명을 지닌 씨앗에 해당되는 것은 원리적으로는 복음이지만, 실제는 특정한 시대에 형성된 신학체계가 되는 데 문제가 있다. 한국에 있어서 파종모델의 씨앗은 20세기 미국에서 형성된 근본주의 신학사조의 맥을 잇는 청교도적 개혁파 보수주의 신학체계였고, 땅은 전통적 한국의 종교, 문화적 유산 즉 전통종교이다. 보수주의 신학자들은 씨앗과 흙 사이에 아무런 적극적 관계도 없고, 땅은 씨를 받아들이듯이 피선교국은 선교사가 전해준 정통신학을 수용하는 것이 올바른 태도라고 말한다. 이 주장을 펴는 신학자는 박형룡을 필두로 김의환, 이종성, 전경연, 박아론, 김영한 등이며 예수교 장로회 중 특히 합동측이 이를 주장한다. 그러나 선교사가 전해준 신학이 복음 그 자체이거나 성경적 진리일 때는 이 주장이 타당할 수 있지만, 그렇지 않을 때는 한국 실정에 맞는 재해석 작업이 필요하다고 본다.

② 발효 모델 : 이 모델은 효모와 밀가루 반죽(마13:33, 눅13:20-21)의 관계를 유비로 한다. 복음은 밀가루 반죽 속에 섞이어 보이지 않게 들어간 효모이며, 밀가루 반죽은 문화사회적 삶의 현실이다. 이의 특징은 효모가 밀가루 반죽에 작용하는 강력한 변화의 현상에 있다. 이 때 효모는 교회사에서 형성된 어떤 신학체계가 아니라 예수라는 새로운 피조물, 참 사람이자 참 하나님인 그 분의 생명 안에서 계시된 "새로운 존재의 능력"이다. 그리고 밀가루 반죽은 하나님의 피조세계 전체이며, 자연과 역사를 포함한 현실세계의 총체성이며, 좁게 말하면 피선교국의

문화-사회적 현실이며 전통문화와 인간의 상황이다. 이 모델은 유물론적인 자연주의나, 보수적 정통기독교의 초자연주의나, 자연/초자연의 이원론적 분리주의를 모두 거절한다. 시간과 역사와 자연의 피조세계를 부정하고, 영적 세계를 추구하는 영지주의적 구원론을 부정하고, 하늘과 땅이 하나로 융합하고 하나님의 창조적 역사 안에서 함께 변화하고 완성되는 불가분리적인 天地의 새로워짐을 추구한다. 발효 모델은 파종 모델보다 훨씬 사고의 탄력성을 지니고, 성령의 역사 안에서 새로운 이해의 지평을 넓혀갈 수 있는 열려진 모델이다. 예수의 생애와 삶, 십자가의 죽음과 부활 안에서 계시된 새로운 생명과 진리의 능력을 고정된 교리체계에 유폐시키지 않는다. 그러나 이 모델은 전통문화 유산을 변혁의 대상이며, 불완전한 상태에서 완전한 상태로 완성시켜야 할 대상으로 보는 데 문제가 있다. 다른 종교의 구원체험의 의미지평이 기독교의 그것과 만나면서 "지평융합"을 이루는 개방된 여지는 없다. 이의 대표적인 신학자는 김재준이다.

③ 접목 모델 : 이 모델은 식물의 일부분을 모체로부터 잘라내어 다른 식물체 위에 접착시켜 새로운 개체로 만들어내는 接木을 유비로 한다. 사도 바울이 로마서에서 말한 "돌감람나무와 참 감람나무"의 접목 비유가 성서적 전거가 된다(롬 11:16-18). 이 모델의 특징은 살아있는 두 생명체 간의 유기체적 결합과 접촉을 통하여, 두 생명체가 지닌 일정한 특성과 공헌을 통전하여 새로운 생명현상을 산출하는 데 있다.[2] 주체와 주체의 만남으로, 살아있는 것과 살아있는 것과의 만남이다. 파종 모델이나 발효 모델의 경우처럼 한 쪽은 살아있으나 한 쪽은 죽은 것이 아니다. 접목 모델에서 '接筍'은 복음 또는 그리스도지만, '臺木'은 피선교국의 전통문화 및 문화공동체의 역사적 현실이다. 접순이 가지고 있는 새로운 품종의 우수한 유전적 특징들이 앞으로 피어날 열매의 품질을 개량해 가는 힘을 지니지만, 그 결과를 가능케 하는 생명의 힘은 대목에 있다. 대목의 능동적인 생명활동이 없고서는 접순의 새로운 유전적 특성의 발휘는 불가능하다. 따라서 토착문화, 전통문화, 전통종교의 유산은 정복, 멸절, 파괴되어서는 아니되고, 도리어 적극적으로 복음을 수용하는 대목으로서의 주체적 기능을 감당해야 하는 것이다. 이 모델의 주창자는 유동식으로 그는 "구원은 오로지 그리스도의 복음에만 있는

것이나, 이 복음은 결코 역사적 기독교의 한 종교 형태도 아니고, 특정 교과 신학의 특정 교의학 이론체계가 아니다"라고 말한다. 이 모델의 문제점은 종교체험의 유형이 다른 종교간의 지평융합 또는 접목이 가능할 것인가이다. 김경재는 네 모델 중에서 접목 모델을 새로운 시대에 적합한 선교 신학 모델로 보았다.

④ 합류 모델: 서남동은 "한국 민중신학의 과제는 기독교는 민중전통과 한국의 민중전통이 현재 한국 교회의 '하나님의 선교' 활동에서 합류되고 있는 것을 증언하는 것이다"라고 말한다. 이 모델의 성서적 전거는 간접적인데 최후의 심판에서 양과 염소의 비유이다(마25:32-46). 주인이신 임금은 영원한 천국잔치에 참여할 수 있는 자격요건으로 그가 어느 민족인지 어느 종교에 귀의하고 있는지 묻지 아니한다. 오로지 그가 "지극히 작은 자"들의 자유, 해방, 인간다운 삶을 위해 얼마나 진실한 마음으로 참여했는가를 묻는다. 이 모델은 앞의 세 모델과 달리 복음이 지닌 인식론적, 구원론적 우월성 및 규범성을 부정한다는 점이 특색이다. 이 모델의 문제점은 예수 그리스도의 십자가와 부활사건이 지니고 있는 궁극성과 유일성을 충분히 담보할 수 없다는 것이다. 성경에 분명히 제시한 "믿음으로 구원받는다"는 이신칭의 (以信稱義)의 교리와 어긋나는 것이다.

① 김경재, "해석학과 종교신학", 한국신학연구소, 1997, pp.188-189.

② 위의 책, p.209.

15) 유동식, 『한국종교와 기독교』, 대한기독교서회, 1979, pp.33-39.

16) 유동식, 『풍류도와 한국신학』, 전망사, 1992, p.11.

17) 위의 책, p.14.

18) 한국문화신학회 편, 『한국종교문화와 그리스도』, 한들, 1996, p. 112.

19) 김영한, 『한국기독교 문화신학』, 성광문화사, 1995, p. 99.

20) 김경재, 『문화신학담론』, 대한기독교서회, 1998 p. 26.

제 3 장
종교와 문화의 상관성에 관한 신학적 시론

- 종교와 문화, 함께 엮기

　종교는 한 개인의 세계관을 구성하는 제반 요인 중 가장 핵심적인 부분을 차지하고 있다. 종교적 관심의 표출은 종종 '궁극적 존재' 혹은 '궁극성'을 그 사유의 목표로 하고 있기 때문에 한 개인의 삶에서 존재의 저편, 혹은 존재 너머에까지 연관을 갖는 인격의 본질을 구성하는 가장 핵심적 요소라 할 수 있다. 신학자 폴 틸리히는 이것을 '궁극적 관심' 혹은

'궁극성의 탐구' 라는 용어로 정리하고 있다. 궁극적 성격으로서의 종교는 한 인간의 세계관과 역사관 그리고 삶의 방향을 결정하는 핵심적 요소로 자리잡고 있기에 이는 종종 자신의 관심에 대한 표현 양식이라는 자연스러운 모습으로 우리의 사회, 역사, 그리고 세계 속에 투영되어 예전, 예술, 각종 예식의 형태로 표출되어 왔다. 이러한 표현의 역사는 인류의 역사, 특히 동서고금을 아우르면서 가장 찬란한 문화의 꽃을 피웠던 각양의 문화 단위 속에서 어렵지 않게 찾아 볼 수 있다. 이러한 점에서 '神의 역사'에서 이야기하듯, 인류의 역사와 문화는 어쩌면 종교의 역사와 문화라 해도 과언이 아닐 정도로 문화의 핵심 부분을 형성하면서 이어져 내려오고 있다.

그런데, 문화의 핵심 구성 요소로서의 종교가 개인의 세계관과 가치관의 영역을 넘어서서 하나의 존재 양식으로 예전, 예식, 그리고 예술적 표현 양식으로 인류사회 속에 자리 잡을 때, 그것의 표현 양식은 같은 종교라 할지라도 지역과 시대, 그리고 그것을 수용하는 주체의 삶의 자리의 차이로 인해 다양한 양식을 견지해 오고 있다는 사실을 주목할 필요가 있다. 이러한 사례는 우리로 하여금 종교가 문화를 구성하는 핵심 요소인 동시에, 문화는 종종 종교의 표현 양식을 구현하는 일에 있어서 결정적 영향을 제공하는 상호 연관관계에 놓여 있다는 사실을 상기하게 한다.

우리의 관심을 주변의 문화 현상에 돌려도 이 같은 가설의 연속성은 어렵지 않게 유지될 수 있다. 한국사회는 주지하는 바와 같이 종교적 다양성, 즉 종교 다원화의 사회이다. 어느 특정한 종교의 단독 형태가 아닌 다양한 종교의 한바탕 어우러짐으로 복합성을 유지하고 있다. 이들 다양한 종교들은 때로는 협력의 관계에서 또 때로는 갈등의 관계에서 서로 만나고 있다. 종교의 다양성은 문화 일반의 다양성에도 나타나고 있으며, 아울러 이러한 문화 일반의 다양함은 종교간에 서로 영향을 주고받는 역동적 관계를 형성하고 있다. 개신교와 천주교, 불교와 유교, 그리고 각종 신흥종교에 이르는 다양성 속에서 문화적 습합의 관계, 문화와 종교의 상호 영향, 그리고 그 결과 나타나는 제 3의 형태로서의 종교문화에 대한 나름대로의 추적이 필요한 까닭이 바로 이 때문이다.

한국의 다양한 종교들 중에서 기독교는 비교적 후발 주자로 이 땅에 전래되었지만, 비교적 성공적 전교(傳敎)로 말미암아 빠른 시일 내에 한국 굴지의 종교로 성장하였다. 또한 한국 사회의 문화 현상에 기여한 점이 적지 않다. 그러나 작금, 한국기독교는 소위 '정체성의 위기'의 측면에 놓여 있다. 위기의 상황은 거꾸로 교회가 일반 사회, 문화의 제 영역에 의해 영향을 받은 결과라고 볼 수 있다. 물론 사회 속의 고급문화의 영향을 받은 점에 대하여 무시할 수 없지만, 종종 소위 저급문화에 영향을 받은 기독교는 그 정체성의 상실 위기를 논하지 않을 수 없는 수준에 놓여 있다. 물질주의, 쾌락주의, 그리고 열광주의 등의 하위적 문화 유산 앞에서 한국기독교가 내놓을 수 있는 대안이 있다면 그것은 무엇이어야 하는가? 복음과 문화의 상관성에 관한 리처드 니버의 이론 중에서 '문화의 복음' 혹은 '문화의 변혁자로서의 복음'의 패턴이 오늘날 한국사회에 의미하는 바는 무엇인가? 이에 대한 진지한 고찰이 요구되는 것이다.

이상의 문제들에 대하여 본 고에서는 주로 종교와 문화의 개별적 특성과 아울러 상호 연관성에 관한 논의를 전개하고자 한다. 그리고 기독교의 케리그마와 그것이 일반 문화 속에서 차지하는 비중과 상관관계를 함께 모색해 보기로 한다.

I. 종교의 형성과 그 행태

1. 종교적 인간의 특성

엘리아데(M. Eliade)는 인간의 특질을 '종교적 인간(Homo Religiosus)'에서 찾고 있다. 르네상스 이후 근대의 시발이 되었던 데카르트적 인간 이해 즉 '나는 생각한다. 고로 존재한다 (cogito, ergo sum)'는 명제는 중세적 권위의 행태, 특히 신(神)적 권위에 대한 반발로 인간의 독립과 자존을 선언하는 계기를 마련한 것이었다. 이후, 인류의 세계사에 있어서 근대와 그 이후의 역사는 인간의 삶과 실존에서 신적개입을 최소한으로 돌리는 카르테시안(Cartesian)적 패러다임 아래 놓여 있는 듯이 보인다. 실제로 근대와 그 이후의 시대가 지향했던 인간은 '이성(理性)'의 권위 아래 자유와 자존을 구가하는 실체로서 독립된 개체로 존재하는 '성숙한(Come of an age)' 인간이었다. 합리적 이성의 기치 아래 펼쳐지는 과학의 진보와 그 결과로서 대두되는 낙관적 미래에 대한 청사진 또한 눈부시다. 인간의 삶과 실존에 신적 개입은 더 이상 용인될 수 없는 미신과 비과학의 영역으로 간주되기 일쑤였다.

그러나, 이 같은 신적 영역의 계시나 영적 경험의 세계를 인간 자신의 내재적 경험과 이성적 권위의 범주 아래 놓고자 시도하는 '세속화(Secularization)'의 물결과 관계없이, 아니 그 같은 합리적 이성의 추구가 심화될수록 다른 한편에는 더욱 개개인의 심성과 삶 속에서 소위 '종교를 향한 기본적 욕구'가 되살아나고 있다. 미국의 종교사회학자 피터 버거(Peter Berger)는 '천사들의 소문(A Rumor of Angels)' 제하의 저술에서 현대인의 일상 의식 가운데 있는 다섯 가지의 '초월의 표징들 (Signals of Transcendence)'을 열거하고 있다.[1] 그가 이야기하고 있는 초월의 표징들이란 "우리가 살고 있는 자연적 실재의 영역 안에서 발견되는 현상이지만 그 실재 너머를 가리키는 것처럼 보이는 현상들"[2]을 의미한다. 피터 버거는 현대인들의 일상의 삶들에서 나타나는 초월의 표징들은 근대와 근대정신이 지향하는 '합리적 이성' 의 군주 성과는 상관없이 인간의 삶에 여전히 종교적 모티프들이 짙게 드리워 있음을 논증한다. 보스톤대학의 로버트 네빌 (Robert Cummings Neville)은 근대 이후의 세속화 세계가 기존의 종교적 영성과 상징들을 침식시키며 이들의 영역에 어떻게 침투해 들어오는지를 규명하고 있는데, 이 같은 세속화의 시도는 일부분에서는 성공한 것처럼 보이지만 여전히 우리들의 삶에서 종교는 살아남을 것이라는 예견을 들려주고 있다.[3]

종교가 과학을 신봉하는 오늘의 시대에도 여전히 그 시효성을 잃지 않는 가장 중요한 이유를 우리는 어떻게 설명하여야 할까? 실제로 계몽주의적 근대 이성의 대두 이래로 자연과학은 눈부신 발전을 이루어왔다. 자연과학이 지식사회학의 대상이 된 것은 최근의 일로 마르크스, 뒤르켐, 만하임으로 대표되는 고전 지식사회학에서는 그 연구대상에서도 빠져 있다.[4] 그 이유는 과학을 세계에 대한 보편타당한 객관적 지식을 산출해 내는, 인간의 주관적 의식은 말할 것도 없고 사회적 맥락이나 역사, 문화의 영향을 받지 않는 자기 완결적이고 충족적인 지식체계로 여겼기 때문이다. 과학의 대상은 이미 독립적으로 존재하고 있는 자연세계의 객관적 실재이고, 따라서 과학적 지식은 물리적 자연세계의 실제적인 특징으로 결정되는 것, 한마디로 객관적 지식이기 때문에 사회학적 분석 대상이 될 수 없다고 보았다. 그러나 최근의 현대 과학철학의 논지를 따르면 대상과 이론간의 명확한 분리를 주장하는 소박한 경험주의적 과학은 더 이상 설자리를 찾지 못하고 있다. 라카토스(Imre Lakatos)에 의하면 "고전 경험론자들이 지닌 올바른 정신이란 이론의 모든 편견에서 자유로운, 어느 한쪽을 지향하는 내용을 갖고 있지 않은 텅빈 백지"이고, 이 때 과학의 객관성이 확보된다고 보았다. 그러나 라카토스는 '기대감에 의해 형성되지 않은 감각이란 존재하지 않는다'고 주장하면서, 어떠한 순수한 과학이론도 일종의 편견을 지닐 수밖에 없다고 보며, 과학 철학자 칼 포퍼(K. Popper)도 "순수한 관찰의 지식은 무의미하다"고 말한다.[5] 라카토스의 '기대감' 그리고 칼 포퍼의 '의미로서의 과학'은 오늘날 인간의 삶에서 과학의 영역마저도 나름대로 그 너머에 존재하는 가치와 의미를 규정해 주는 '의미체계'를 향하여 열려 있다는 점을 보여주고 있다. 이같은 '의미체계'의 핵심을 종교는 그 물음과 인식의 대상으로 삼아 왔다.

인류학자들은 인간의 삶에 있어서 종교가 가지는 역할에 대하여 다방면의 연구를 진행하여 왔다. 기어츠(C. Geertz)는 "종교는 한 인간에게 의미를 확립시켜 주는 역할을 한다. 이 때 '의미'란 삶의 경험을 설명함으로써 자신의 존재에 대한 이해를 가능하도록 할 뿐만 아니라 동시에 개개인의 행동에 방향을 정해주는 역할을 한다"고 정의하고 있다. 과학의 시대에도 인간은 여전히 자신의 '삶의 의미'를 묻고 있다. 그리고 이러한 의미에 대한 추구는 자신이 경험하는 삶의 포괄적 성격을 설명하는 '코드'로서 작용한다. 이 같은 설명은 곧 자신의 '존재에의 이해'를 열어젖히는 시발점이 된다. 그리고 '존재에의 이해'는 곧 자신의 행위와 결정, 그리고 의지적 선택의 방향을 가늠하는 근원적 동기가 되고 있다. 근원적 동기로서의 '궁극성'을 종교는 지향하고 있는 것이다. 기어츠에게 있어서 종교란 " (1) 작용하는 상징체계로, (2) 인간에게 강력하고, 널리 미치며, 오래 지속되는 분위기와 동기를 성립시키고, (3) 일반적인 존재의 질서 개념을 형성하며, (4) 그러한 개념에 사실성의 층을 씌워, (5) 분위기와 동기가 특이하게 현실적인 것으로 보이게 하는 것"[6]이다. 기어츠는 '상징과 제의, 질서와 사실 그리고 그것에 대한 현실화' 등의 모티프들이 바로 종교가 구성하는 제 영역이라는 점을 강조하고 있다. 인간의 삶 속에 필연적으로 함께하는 언어의 상징적 의미 이외에도 도상(圖象), 조각, 음악, 의례, 자연물 등은 그것이 나타내고자 하는 메시지의 여하에 따라 특별한 의미를 전달하는 상징의 체계가 되기도 한다. 이러한 의미로서의 상징체계들은 보다 정교한 제의 등의 형태로 보다 강력하고 널리 미치는 영향력으로 성장한다. 그리고 종교적 제의는 한 사회와 그 구성원의 생활과 삶을 규제하는 존재의 질서 개념으로 자리잡는다. 이제 의미와 그 상징으로 표현되는 종교적 함의는 사실성의 차원으로 개개인과 그 개인이 몸담고 있는 공동체에 다가온다. 그리고 이는 특이한 하나의 '문화적' 분위기와 그 안에서의 현실적 동기를 유발시키며 삶의 방향을 규정하는 '종교(Religion)' 형태로 나타나는 것이다.

멀치아 엘리아데(Mircea Eliade)에게 있어서 종교적 동기를 구성하는 '성(聖)'의 추구는 인류의 아득한 신화시대로부터 미개사회와 고대사회 및 전근대사회에 이르기까지 인류의 생존 전체에 걸쳐 현현한 가치이며 이 같은 가치는 근대사회 이후 심각한 변절의 양상을 띄고 있다.[7] 그에게 있어서 성(聖)스러운 공간이나, 인간의 주거를 제의적으로 건립하는 일, 시간에 관한 다양한 종교적 체험, 종교적 인간의 자연 및 도구의 세계에 대한 관계, 인간 생명 자체의 정화(淨化), 인간에게 중요한 생활 기능(음식, 성생활, 노동 등)이 획득할 수 있는 신성성(神聖性)은 모두 종교적 경험과 세속적 경험의 차이를 명백하게 나타내 주는 제 요인들이다. 예컨대, 근대인의 의식에 있어서 식사라든가 성(性)생활 등의 생리적 행위는 단지 유기적 현상일 뿐이지만 고대인들에게 있어서 그 같은 행위는 성스러운 것과의 결합을 의미하는 일종의 성례전(聖禮典)이었다는 것이다. 이와 같이 '성(聖)과 속(俗)은 세계 속에 있는 존재의 두 가지 양식, 인간이 그의 역사 과정 속에서 상징하여 온 두 가지의 생존 상황을 이루는

것'이다. 존재의 양태에 대한 이같은 '성(聖)'과 '속(俗)'의 이원적 구분
은 인간으로 하여금 필연적으로 '종교적 실존' 앞에 서게 하는 바, 인간
은 '종교적 인간(Homo Religiosus)'으로 자리 매김하게 되는 것이다. 세
속의 장(場, Locus)에 처해 있는 근대 이후의 인간들에게도 여전히 종교
적 인간으로서의 심원한 향수(鄕愁)는 '신적인 세계'에 보다 가까이 살려
는 것으로 나타나며 이것은 자신의 집을 사원이나 성전에 표현된 신들의
집과 닮게 하려는 욕망의 표출 등에서 그 예를 찾아 볼 수 있다고 엘리아
데는 지적한다.

2. 종교 혹은 그 너머로서의 신학적 범주

신학적 범주에서 나타나는 표상들 중에 종교로서의 체계와 연속선 상
에 있는 제 개념들에 대한 이해를 도모하는 일은 가능한 것일까? 가능하
다면 어떠한 측면에서 가능한 것인가? 기독교가 표방하는 상징체계들에
대한 종교로서의 의의는 무엇일까? 이 같은 질문에 답하기 위하여 우리
는 상기의 엘리아데가 자신의 사유체계 형성에 영향을 받았다고 고백하
는 루돌프 오토(Rudolf Otto)의 '성(聖)'의 개념으로부터 논의를 풀어 나
갈 필요가 있다. 오토는 그의 주저(主著) '성(聖, Das Heilige)'에서 종교
적 표상으로서의 '성(聖)' 개념이 기독교의 신학적 범주 안에서의 '성
(聖)' 혹은 '신성(神聖, Godhead)' 개념과 어떠한 관련이 있는지를 논의
하고 있다. 오토에 의하면 전통기독교에서 이해하는 신성(神聖)의 깊이
에는 이성적, 논리적, 합리적 설명으로서는 모두 해명이 안되는 초합리
적(Supra-rational) 또는 비합리적 (Non-rational) 요소가 있다는 점을
지적한다. 오토는 "(주로 근대 서구 전통 안에서) 기독교가 특히 신의 본
질과 속성을 말함에 있어서 인간 본성이 갖추고 있는 이성과 인격성의

개념을 유비로써 하여 신성의 모든 것을 인간 정신의 어떤 개념, 즉 정신적, 이성적, 인격적, 그리고 목적의지 지향적으로 설명하는 것이 가능하다고 믿고 있는 일련의 전통을 형성하고 있다"[8]고 지적하고, 이러한 일련의 전통을 논박하면서 "주로 종교 현상학적 접근 방법을 구사하여 '성(聖)'의 불가해한 측면, 특히 합리적 지성의 틀과 개념 규정을 뛰어넘는 종교적 실재의 고유한 특성을 포착"하려는 시도를 모색하고 있다. 오토는 "종교 경험의 핵심 속에 살아 있는 종교 안의 비합리적 요소를 멀리하는 한 (정통)기독교는 분명히 종교의 가치를 인지하는 데 실패하고 있으며, 이 실패 때문에 신 관념에다가 일방적인 주지주의적, 합리주의적 해석을 가하고 있다"[9]라고 지적한다.

이상의 오토의 '거룩' 개념은 일반적 휴머니즘의 측면에서 '거룩, 혹은 누미노스'의 체험을 강조하고 있는 범주를 넘어서고 있다. 즉, 엘리아데의 '종교체험'이 황홀감, 신비로움, 이적에 대한 두려움 등을 포괄하고 있는 것에 비해 오토의 '성(聖)'은 진리, 순결, 공의 등의 신적 속성에 대한 참여와 이 같은 경험을 통한 '내적 경외'의 측면을 강조하고 있다. '외경'과 '떨림'의 경험은 필연적으로 인간의 내면에서 자신의 부도덕성을 발견하고 이를 토로하는 '회심'의 경험으로 나아가는 동기를 포함하고 있다는 것이다. 오토의 '종교체험'은 오로지 신성에게만 속하는(가까이 가지 못하는 빛에 거하는 거룩한 누미노스를 동반하는) 존귀한 경외의 속성이다. 이 속성을 휴머니즘적 이해에서는 인간의 도덕적 덕목의 차원으로 변질시키고 있다는 것이다.

한편, 폴 틸리히(P. Tillich)에게 있어서 거룩은 인간으로 하여금 궁극적 관심을 갖게 하는 어떤 질(Quality)이다. 그는 "거룩한 것만이 인간에게 궁극적 관심을 줄 수 있고 인간에게 궁극적 관심을 줄 수 있는 것만이 거룩의 질(質)이 된다"[10]고 지적하고 있다. 오토와 같이 틸리히에게 있어서도 '거룩' 의 질(質)은 문제가 되고 있다. '거룩' 의 참된 질(質)은 필연적으로 인간으로 하여금 '궁극적 관심' 곧, 모든 피조물의 '심연' 이며 '깊이' 이면서 동시에 '존재에로의 힘' 혹은 '존재의 지반' 에 대한 관심으로 인도한다는 것이다. 이 같은 '존재의 지반' 은 초월적이면서 내재적이고 또한 계시적이면서 동시에 존재적인 신의 속성에서 찾을 수 있다. 따라서 인간은 존재의 지반이 되는 실체로부터 계시적 사건을 통해서 자신의 참다운 '존재의 근거와 심연' 을 경험한다고 보았다.

엘리아데와 오토 그리고 틸리히 간의 '성(聖)' 개념의 차이의 핵심은 '본래적 인간의 종교성' 에 대한 '종교의 유형화 시도' 사이의 차이라고 볼 수 있다. 엘리아데에게서도 오토와 마찬가지로 성스러움의 초월적 측면이 무시되고 있지 않다는 전제하에[11], 단지 오토가 종교사의 전개과정에서 이른바 '원시종교' 에서 '고등종교' 로의 발전단계를 암시하고 있는 국면에 대하여 엘리아데는 이 같은 발전적 모델을 거부하고 인간은 원래부터 종교적 인간이었다는 사실에 착안을 하고 있다고 정리할 수 있다. 엘리아데에게는 종교적 인간으로서 인간은 원시시대로부터 오늘에 이르기까지 어떤 특정한 질적인 차이를 발견할 수 없다. 오토와 틸리히에게는 '거룩' 은 궁극경험으로 이어지는 '떨림(Mysterium Tremendum)' 과 '매혹(Mysterium Fascinosum)' 의 질(質)적 경험이다. 양자의 경우 공통적인 요소는 떨림과 매혹의 체험으로 인해 인간은 자기 고양의 승화와 황홀 감정으로 나아간다는 점이다. 모세가 타지 않는 떨기나무의 불꽃에서 경험하였던 인격적 '전적 타자(The Wholly Other)' 와의 궁극적 만남의 경험은 나무를 넘어서는 떨림과 매혹의 체험이었으며 이를 통한 자기 고양으로 인한 모세의 새로운 자각과 자기 이해는 종교적이며 동시에 신학적 범주의 틀 속에서 포착되는 체험의 유형을 제시하고 있는 좋은 사례라고 할 수 있겠다.

3. 신앙의 행태와 종교 체험의 인식론적 구조

여기에서 우리는 개인의 종교체험이 과연 어떠한 과정을 거쳐서 이루어지고 있는지에 대한 관심을 갖게 된다. 한 개인의 종교체험이란 것이 순수하게 그 사회적 맥락과 문화적 배경과 별개로 개별적, 독립적으로 경험하게 되는 것인가? 세계적으로 지역적 분할의 형태로 형성되어 있는 특정 종교와 그 신앙의 행태는 어떠한 과정을 통해 형성되는 것인가? 궁극적 관심으로서의 절대적 의미에 대한 개개인의 체험은 과연 전달될 수 있는 집합적, 객관적 요소를 가지고 있는 것인가? 한 개인의 종교체험과 그 결과로 나타나는 신앙의 행태도 역사적, 문화적 콘텍스트에서 영향을 받은 결과물은 아닌가?

이상의 질문들에 관한 답변을 시도할 때 우리는 먼저 스티븐 카츠 (Steven T. Katz)의 이론을 떠올리게 된다.[12] 카츠는 한 개인이 겪는 종교 체험과 그 해석의 관계를 이해하는 데 있어서 전통적으로 크게 세 가지 방법이 고려되어 왔다고 분석하고 있다.[13] 첫째 입장은 모든 종교적 궁극체험은 동일하며 이러한 체험에 관한 서술도 문화적, 종교적 다양성을 초월하여 그 본질에 있어서 유사성을 지니고 있다는 견해. 둘째 입장은 모든 종교체험은 동일하지만 그들의 체험에 관한 체험자의 보고 (자신의 궁극경험 등에 대한 서술 등)는 문화적으로 제약을 받는다. 그러므로 종교적 인간의 종교체험 그 자체는 동일하지만 그들의 체험을 서술하기 위하여 개개인은 그들의 문화–종교적 환경 (Cultural-Religious milieu)의 상징들을 사용하게 된다는 견해. 마지막으로 모든 종교체험은 동일하지 않으며 해석만이 아니라 체험 자체가 '상황 내적 (Contextual) 환경'의 영향을 받는다는 견해이다. 이 때 종교체험을 포함한 모든 인간 경험은 '해석적 틀(Interpretative Framework)'이 없는 경험 자체가 불가능하므로 종교체험가의 문화적, 역사적 실존의 자기해석의 틀은 종교체험 그 자체의 성격과 체험 내용에 대한 선별이나 서술에도 영향을 끼친다고 보는 것이다.

이상의 카츠 이론에 의한 분류의 형태 중 첫 번째 입장은 한 개인의 종교체험이 개인의 차원에서 순수하게 이루어지는 것이며, 또한 동시에 이같은 순수한 종교체험에 대한 외적 표현의 양식도 주변의 문화—종교적 환경에 거의 영향을 받지 않는, 어떻게 보면 세계종교의 외견상의 상이성과 다양성에 그다지 무게를 두지 않는 이론이라고 할 수 있다. 그런데 이 같은 경우, 개인의 종교체험의 독자성과 순수성을 인정할 수 있다 하더라도, 적어도 그것이 외적으로 나타나는 표상의 차이가 별로 진지하게 고려되지 않기 때문에 각 시대와 장소 그리고 문화적 배경에서 달리 나타나는 종교의 양태를 설명할 적절한 합리적 이론을 제시하지 못하고 있다. 그렇기 때문에 우리에게 문제가 되는 경우는 카츠 이론의 두 번째와 세 번째의 카테고리라고 좁혀서 말할 수 있겠다.

카츠 이론의 두 번째 분류의 형태는 한 개인의 종교체험과 또한 그것의 인식 과정에서 어떠한 외적 요인에 지배됨이 없이 순수하게, 그리고 독립적으로 이루어질 수 있으나 그것이 종교적 표상의 형태로 외적으로 나타날 때 각 시대와 지역적 문화—종교적 배경의 영향을 받아 독특한 집단적 형태로 종교의 외형을 갖추게 된다는 이론으로 요약할 수 있다. 이 경우 적어도 종교 체험의 순수성과 독자성은 확보되기에 종교가 문화의 영역으로부터 어느 정도 거리를 두고 포착될 수 있는 가능성을 내포하고 있다. 이러한 이론을 지지하는 학자로는 니난 스마트(Ninan Smart)를 꼽을 수 있다. 스마트에 의하면 신비체험을 포함하는 종교 경험은 기본적으로 '내적 경험(Introvertive Experience)'이기 때문에 인간의 오관을 통한 감각경험에 기초한 어휘나, 정신이 일상생활 속에서 체득한 각종 개념과 이미지들로서는 개인의 종교체험 그 자체가 표현, 서술될 수 없다고 하면서 '말로 표현할 수 없는(Ineffable)' 극히 사적인 신비형태의 체험이 종교체험의 기본 형태라고 주장하고 있다.[14] 이 같은 신비의 경험은 일단 언어의 형태로 표현되면 그 본래의 원의를 상실하기에 결국 신비의 영역은 언제나 신비의 영역으로 남는, 그래서 종교의 형태는 종교의 차원으로만 이해할 수밖에 없다는 '신앙의 유비(Analogia Fidei)'적 초월성을 포함한다. 다만, 이 같은 독자적 종교의 체험이 일정한 신앙의 형태로 표출될 수밖에 없는 것은 독자적 특수 경험의 영역을 객관적 문화의 틀 속에 담고자 할 때 필연적으로 외부의 문화단위가 기(既) 소유하고 있는 언어와 상징, 그리고 표상의 선(先) 인식적 구조의 영향을 받을 수밖에 없기에 종종 개별적 특수성을 넘어서는 문화적 보편성의 틀을 나타내고 있다고 설명할 수 있다. 또한 이 같은 경우에 있어서도 문화적 단위로서의 공동체적 신앙의 양태에 따라 개인의 순수한 종교체험이 그대로 답습 혹은 영향을 받는 형태로 나타나는 일방성의 관계가 아니라, 이미 존재하는 신앙의 양태에 대하여 끊임없는 새롭고 독창적인 종교체험의 국면이 전이되기에, 기존 문화의 양식을 보다 적극적으로 새롭게 규정해 나갈 수 있는 형성적(Formative) 실체(Entity)를 잃어버리지 않고 있는 경우가 성립된다.

　　마지막 분류의 형태는 카츠 자신이 지지하는 이론으로서 특정한 개인의 종교체험은 개인의 자아를 구성하는 성격의 독특함에도 불구하고 이미 문화적−종교적 맥락 안에서 인식론적 전(前)이해를 구성하는 언어와 상징, 그리고 의식적 혹은 무의식적 전조(前兆)들의 지대한 영향 아래 놓여 있다는 이해라고 요약할 수 있다. 개인의 독립적이며 '순수한 종교 체험'이란 것은 체험의 발생, 과정 그리고 해석의 전 영역에 어떤 형태로든 특정한 종교 유형을 갖춘 종교 문화적 체험과 삶의 틀의 영향을 피할 수 없다는 점을 강조한다. 카츠에 의하면 소위 말하는 정신의 '순수의식(Pure Consciousness)' 곧 '매개되지 않은 체험(Unmediated Experience)'은 존재하지 않는다는 것이다. 개인적 차원의 정신은 어떠한 형태로든, 즉 그것이 문화적 상황(Cultural Context)으로부터의 영향이든지 아니면 칼 융(Karl Jung)이 이야기하는 '집단무의식(Collective Unconsciousness)'의 영향이든지 모종의 인식론적 전제들의 통제하에 자신도 의식하지 못한 채 이미 '체험'의 과정에서부터 영향을 받고 있다고 보는 것이다. 이 같은 입장에서 종교와 문화의 관계성을 고려한다면, 다분히 개인적 체험의 차원에서부터 시작하여 그것들의 집합체의 형태인 보다 객관적 신앙의 양태를 갖추는 데까지 나아가는 특정 종교의 행태는 사회적 단위에서 이미 형성되어 있는 문화적 제 요인에 의해 그 형성을 강제받고 있는 점을 간과할 수 없게 된다. 이러한 점에서 우리는 보다 면밀하게 문화의 특성과 또한 문화를 구성하는 제 요인들, 그리고 문화의 형성 과정 등에 관한 '문화에 관한 담론'을 진행할 필요를 느끼게 된다.

II. 문화 담론과 해석학적 지평

1. 문화, 그것의 인식소(認識素)

문화를 이해하려는 시도는 그 접근 양상의 편차에 따라 매우 다양하게 펼쳐져 왔다. 일반적으로 문화는 그 자체가 포함하고 있는 어의(語義)를 규명하는 작업에서부터 간단치 않은 다양한 편차를 포함하고 있다.[15] 그러한 이유로 우리는 문화에 관한 담론을 진행하고자 할 때 논의의 주제와 관련된 범위 안에서 보다 집중적으로 그 개념을 정립할 필요를 느낀다. 따라서 본 단원에서는 주로 종교의 형성과 관련된 문화의 정의들을 함께 음미해 보기로 한다. 먼저, 인류학의 제 1세대를 열었던 에드워드 타일러(Edward B. Tyler)는 '문화 또는 문명이란 지식, 신앙, 예술, 법률, 도덕, 풍속 등 사회의 일원으로서 인간이 획득한 능력과 습관의 총체'로서 문화를 정의하고 있다. 여기에서 눈에 띄는 부분은 먼저 '문화'와 '문명'의 개념을 상호 교호 가능한 개념으로 이해하고 있는 점과 문화는 인간의 자기 형성에 깊은 영향을 끼치는 지대한 '영향력'으로 규정하고 있는 점이다. 물론 사전적 의미에서의 문화와 문명의 개념은 분명한 차이가 있다. 문화에 관한 사전적 의미는 주로 '가치와 진리를 구하고 끊임없이 진보, 향상을 꾀하는 인간의 정신적 활동과 또한 그로 인하여 얻어지는 물질적, 정신적 소산의 총체'[16]라고 요약한다면 문명에 대한 개념은 '일정한 역사적 시기에 사람의 지적 활동의 소산으로 얻어지는 사회 발전과 문화의 총체'[17]라는 개념으로 요약할 수 있다. 그런데 타일러에게 있어서 이 같은 문화와 문명의 사전적 의미의 차이는 그리 큰 문제가 되고 있지 않다. 특정한 시대의 문명은 그 시대의 문화가 일구어 놓은 총체로서 기능한다. 따라서 타일러의 문화관은 문명을 배태하는 핵심적 요소이기에 그 상호간의 구별은 그리 큰 문제가 되지 않는다. 또한 타일러는 주로 문화 창조의 주체로서의 인간에 관한 측면에서보다 '문화를 통해 형성되어 가는 인간의 자기 정체'의 모습에 더 무게를 싣고 있다. 타일러가 이해하는 인간은 무엇보다 '사회적 인간'이다. 그는 사회라는 공동체의 일원으로서 그 속에서 일정한 그 사회가 담고 있는 언어와 예술, 그리고 다양한 인간 활동의 영향 아래 자신의 삶과 정체성을 형성하고 있다. 이 점에서 타일러의 인간 이해는 '문화 속의 인간(Man in Culture)'이라고 요약할 수 있겠다.

　타일러의 정의와 다소 강조점을 달리하면서 종교문화학자 폴 히버트

(Paul Hiebert)는 "문화는 인간이 생각하고 느끼고 행동하는 바를 조직하고 체계화하는 일단의 사람에 의하여 공유된 사상, 감정, 가치, 그리고 행동에 연관된 유형과 사물의 통합된 크고 작은 체계"로서 정의한다.[18] '인간의 생각과 느낌 그리고 행동에 연관된 유형' 그리고 이 같은 제 요소들과 연관되는 '사물의 통합된 체계' 라는 점에서 히버트는 '문화의 창조와 발생학적 원인 행위자' 로서 인간의 실존을 논의하고 있다는 점에서 '문화의 발생적 국면과 그 원인 행위' 에 보다 역점을 두고 문화의 개념을 정리하고 있다. 이 때 인간은 '문화의 인간(Man of Culture)' 으로서 자리 매김할 수 있다.

타일러의 '문화 속의 인간' 과 히버트의 '문화의 인간' 의 절충적 위치에서 로버트 슈라이트는 문화를 '의미체계' 라고 정의하면서 이는 '하나의 거대한 의사소통의 그물망으로서, 그 속에서 서로 영향을 주고 받으며 얽혀져 있는 길을 통하여 언어적, 비 언어적 소식을 전달하는 행위' 라는 뜻으로 설명하고 있다. 타일러에게서 '인간이 획득한 능력과 습관의 총체' 라는 면이, 히버트에게서 '인간의 사고와 행위 그리고 이에 대한 전달의 통합체계' 라는 관점이 부각된다고 한다면 슈라이트에게 있어서는 '상호 영향 아래 놓여 있는 의미와 그것의 전달 체계' 라는 관점이 돋보인다. 이 때 인간은 '문화와 함께하는 인간 (Man with Culture)' 이다. 인간은 문화 속에 거하면서 그 문화와 상호 관계를 형성한다. 따라서 때로는 인간은 문화의 수혜자가 되는 반면 또한 때로는 문화의 창출자가 되기도 한다. 이 같은 상호 관계는 문화와 함께하는 인간의 형편을 병행론적 구도 속에서 이해하고 있다.

이상의 문화에 대한 개념의 정의에서 각기 강조점을 달리하곤 있지만, 역시 인간이 본질적으로 문화적 존재라는 사실은 모두 함께 공감하는 부분이다. 그런데, 이 같은 문화에 대한 이해의 폭을 넓게 하기 위하여 문화의 외적 표현의 수단으로서 종종 등장하는 '상징(Symbol)'에 대한 개념 이해를 함께 모색할 필요가 있다. 레슬리 화이트(Leslie White)는 '상징이란 사용하는 사람에 의해 가치 또는 의미가 부여된 사물'[19]이라고 정의한다. 이 말은 사람에 의해 의미가 부여되지 않은 사물은 일단 문화의 개념에서 비껴간 '자연'의 상황이다. 그러나 일단 가치와 의미가 부여된 사물은 이제 '문화'의 옷을 입는다. 이 때 상징은 '실재의 여러 차원을 열어 보이고 실재의 양태와 세계의 구조틀(The modality of the real or a structure of the world)을 계시하는 기능'[20]을 담당한다. 그런데, 이러한 외계(外界)로서의 '실재의 양태'를 계시하는 상징의 기능이 그 한 몫이라면 또 다른 하나의 몫은 내계(內界)로서 '인간 영혼의 내면'을 계시하는 또 다른 기능을 포함한다. 틸리히는 이것을 "실재의 제 차원을 열어 보이기 위해서는 다른 무엇이 열려지지 않으면 안된다. 즉 영혼의 제 차원 혹은 우리 인간의 내면적 실재의 제 차원이 열려져야 한다. 그러므로 모든 상징은 양면적이다. 상징은 한편으론 실재를 열어보이고 또 다른 한편으로는 영혼을 열어 보인다"[21]고 설명하고 있다. 문화와 그것이 표현되는 양식으로서의 상징은 이처럼 세계의 구조틀을 조심스럽게 지향하고 있는 한편, 또 다른 면으로서는 인간 영혼의 내면을 향하여 있다. 세계의 구조틀을 통하여 실재는 그 존재의 양태를 더욱 분명히 제 모습을 드러내 주고 있으며 또한 인간 영혼의 내면의 계시를 통하여 우리는 문화 속에 내재되어 있는 인간의 '정신성과 그 심연'을 들여다 볼 수 있게 되는 것이다.

한편, 이러한 정신적 유산으로서의 문화는 고정, 불변하는 것이 아니라 반 퍼슨(C.A. Van Peursen)의 용어처럼 '급변하는 흐름' 속에 존재한다. 반 퍼슨에 의하면 인간은 주어진 본능이나 주어진 상황(자연) 속에 갇혀 있는 존재가 아니라 자연을 변형하여 문화를 만들고 문화를 통해 자신의 본성(자연)을 만들어 가는 존재라고 할 수 있다. 그에게 있어서 문화는 고정 불변의 명사가 아니고 늘 살아서 움직이고 역동하는 동사로 묘사된다. '인간이 행하고 생각하는 것, 그 자신이 스스로 형성한 것, 즉 문화는 인간 본질이다.' [22] 문화는 인간 행위의 산물이기도 하지만 동시에 문화는 인간의 본질의 국면에 속한다. 인간은 자신의 본성적 형질 안에서 문화 행위로 나아가려는 경향성을 가진다. 이 때 인간이 만드는 문화는 다시금 자신의 본성을 만들어가는 순환론적 기능을 발휘한다. 이것은 문화와 인간 본성의 변증법적 구도를 형성하면서 '해석의 지평'의 차원으로 나아가는 모습을 띄고 있는 것이다.

2. 문화 형성의 변증법적 구도

이상의 '문화' 개념에 대한 실체론적 접근과 관련하여 먼저 '문화'의 측면에서 인간 본성과 사고를 규정하는 쪽에 무게를 싣고 있는 주장은 소위 '문화 구속론' 혹은 '문화상대주의'의 입장으로 대변되고 있다. '문화 구속론' 혹은 '문화상대주의'를 주장하는 견해는 '인간의 본성적 사고와 행위에 대한 문화의 우선성'을 주장한다. 허스코비츠(M. Herskovits)는 누구나 자신이 속한 문화적 공간에 자신의 사고와 행위가 자유로울 수 없다는 생각에서 '사람의 판단은 각각 자신이 한 경험에 기초하고, 경험은 각 개인이 어릴 때부터 받은 교육(Enculturation)'에 의해 해석된다'고 주장한다. [23] 이 같은 주장이 함축하는 의미는 어렵지 않게 이해될 수 있다. 개개인의 가치관과 세계관을 형성하는 인간 사고와 판단의 핵심적 요소는 자신이 속해 있는 사회와 문화 단위의 영향 아래서 형성되는 것이기 때문에 결정적인 모든 판단은 문화 의존적이라는 말이다. 이렇듯 '문화에 의해 (In terms of enculturation)' 경험을 해석한다는 것은 누구나 문화적 조건에 종속되어 있다는 의미로 해석될 수 있다.

　허스코비츠의 문화론은 주로 과거 소위 '서양 중심주의'의 시각으로 문화를 해석해 왔던 문화적 우월의식에 대한 반성으로부터 그 논지를 전개하고 있다. 문화에 대한 이해를 주로 '자기와 자문화 중심'으로 바라보았던 시각은 종종 특정 문화에 대한 또 다른 특정문화의 우열의식과 쉽게 연결되곤 한다. 이 같은 문화의 우열론은 개개인의 사고와 판단의 핵심이 '문화'에 의해 결정된다는 문화구속론적 배경에 대한 이해의 결핍에서 유래한다. 여기에서 허스코비츠는 문화적제제국주의의 틀을 깨고 '문화 상대주의'의 기치를 높이려 한다. 문화상대주의는 타문화에 대하여 보다 관용적이며 포용적이다. 그리하여 마침내 모든 문화가 서로 평화롭게 공존하는 '상대주의적 구조틀'을 마련하고자 노력한다. 그런데, 이 같은 문화 상대주의는 그 성격의 '민주성'에도 불구하고 문화의 결정론적 성격을 지나치게 확대 강조하는 경향이 없지 않다. 모든 문화는 서로의 영향에 둔감한 채 언제나 동일한 모습으로 유지된다는 전제가 없이 문화구속론은 전통과 기존의 문화틀을 너무 낙관적으로 그리는 경향이 있다. 문화는 늘 일정한 불변의 상태로 정지되어 있는 것이 아닌 '변화'의 한가운데 있는 형식을 취하고 있다. 문화를 정신의 객관적 산물로 해석하는 틀의 빈곤으로 말미암아 문화에 대한 인간의 창의적 형성 능력에 대하여 소극적이다.

　이상의 문화상대주의와는 정반대로 인간의 문화에 대한 형성적(Formative) 능력을 우선적으로 생각해야 한다는 '문화 초월주의'의 주장은 어떠한 논리적 근거를 가지고 있을까? 문화 초월주의적 입장에서 월레스(A.F.C Wallace)는 개개인의 신념의 차이는 실제로 너무나 커서 개인적인 세계관을 문화적인 세계관 보다 우선해야 한다고 주장한다. 월레스는 세계관을 정의하면서 '개개인이 실재에 대하여 갖는 기본적인 인식' 이라고 말하고 있다. 한 문화의 신념과 행동 배후에 놓인 실재에 대한 기본적인 인식을 함께 뭉쳐 세계관이라고 할 때, 세계관은 다음의 몇 가지 기능을 지닌다고 지적한다. 먼저 인식적 기초(Cognitive Foundation)를 마련하고, 다음으로는 감정적 안정(Emotional Security)을 제공하고, 또한 문화적인 개념을 공고히 한다(To validate our deepest cultural forms). 따라서 개인의 세계관은 문화를 통합(To integrate our culture)하며 문화의 변화를 감시한다(To monitor culture change). 이러한 기능을 수행하는 세계관은 때때로 그 자체의 내적 모순이 있기 때문에 세계관 자체의 변화를 겪게 된다. 그러는 동안 자신도 모르게 점차적인 세계관의 변형(Transformation)을 겪게 된다는 것이다.24)

월레스의 문화적 세계관에 대한 개인적 세계관의 우선성 이론은 일반 과학에서의 '모형' 혹은 '패러다임' 의 변화를 추적하는 과학사적 지식에서도 적용될 수 있다. 토마스 쿤(Thomas Kuhn)은 패러다임의 변화들은 (과)학자들로 하여금 그들의 연구 활동의 세계를 다르게 보도록 만드는 새로운 인식의 기초를 만들어 (정상)과학의 전통이 변화하는 혁명의 시기에는 (과)학자 자신의 환경에 대한 지각 작용이 새롭게 변화된다고 이야기하고 있다.25) 쿤의 설명 중에서 주목할 만한 부분은 패러다임과 같은 그 무엇이 지각 작용 자체의 우선 조건이라는 느낌이 든다는 사실을 지적하고 있는 부분이다. 그는 사람이 무엇을 보게 되는가는 그가 바라보는 대상에도 달려 있지만, 이전의 시각-개념상의 경험(Visual-Conceptual experience)이 그에게 무엇을 보도록 가르쳤는가에도 달려 있다는 점을 지적하고 있다.26) 즉, 이것은 자신의 기존의 세계- '패러다임' 혹은 '문화일반' -의 시각을 전제로 하여 정서적, 감정적 안정성을 구축하는 일련의 과정을 통하여 '문화' 혹은 '패러다임' 을 공고히 하는 과정을 거친다. 어쩌면 한 개인의 인식과 이를 통해 세계관을 형성하는 지평 다분히 '선재적' 혹은 '경험적' 성격을 가지고 있는 일단의 '전제'에 의해 선별적, 타율적, 무의식적 기능 수행을 통해 얻어지는 결과이기도 하다. 이러한 우여 곡절을 겪으면서 생성되는 개인의 세계관은 기본적으로 '문화' 혹은 '패러다임'을 통합하는 임무를 수행하기도 한다. 그러나 이처럼 '통합'의 임무가 '문화' 혹은 '패러다임'의 변화를 저항하는 수구의 입장에 서는 것만은 아니다. 아니, 오히려 '문화 통합'으로서의 세계관은 보다 적극적으로 '문화의 변혁' 혹은 '위기 상황의 발발' 등에 대하여 감지하게 된다. 그리고 변화의 과정에서 기존의 '세계관' 혹은 '(정상)과학'의 패러다임은 '궁극적으로 이상 현상들(정상과학으로서 설명되지 않는 수수께끼들)'의 인지 그리고 위기로 그들을 인도한다. "여기에서 과학의 발전은 이 이상현상들의 인지와 위기에 대해서 새로운 패러다임의 등장으로 과학 혁명이 일어나고 이러한 새로운 시도가 변화하지 않는 세계를 변화된 세계로 보는 눈을 가져다 준다."[27] 이러한 점에서 세계가 패러다임의 변화와 더불어 변화하지는 않지만, 그 이후의 과학자들은 이전과는 다른 세계에서 연구 활동을 하게 되는 것처럼, 문화와 그 속에 처해 있는 개인은 내적 모순의 자기 경험을 통하여 자체적으로 자신도 모르는 사이에 이같은 '세계관의 변형(Transformation)'의 변형을 함께 경험하는 것이다.

반 퍼슨에게 있어서 문화 형성의 변증법적 구도는 인간의 삶 자체에서 끊임없이 지속되는 '내재'와 '초월'의 긴장 국면에서 파악될 수 있다. 인간의 삶은 문화와 마찬가지로 커다란 새의 흐름 속에 진행되지만(내재성), 단순한 자연의 순환 과정을 벗어나 자신의 본성을 평가하고 그것을 변형할 수 있다(초월성). 인간은 자연의 충동을 따르기도 하지만 때로는 양심의 소리에 순종한다. 이러한 긴장 속에서 인간은 문화에 대하여도

늘 무엇이 '어떻게 존재하는가?' 라는 질문 뿐 아니라 '어떻게 존재해야 하는가?' 를 묻는다. 이 속에서 문화는 끊임없는 긴장 속에 존재한다. 그러므로 '인간의 역사가 발전되어 오는 가운데 도덕적 판단의 새로운 차원과 문화 변혁, 혁신에 대한 충동이 표현된 것은 우연이 아니다.' 문화는 정체된 것이 아니라 지속적으로 변화, 발전되고 있는 것이다.[28]

이상의 논의에서 문화적 세계관과 개인적 세계관은 그 상관관계를 논함에 있어서 '절대 무변' 의 고정적 위치에 있는 것이 아닌, 상호관련성을 통해 변증법적 변형의 제반 과정을 거치는 것임을 논하였다. 그런데 이 같은 변형의 과정은 실제로는 보다 정교한 상관성을 유지하고 있는 바, 이에 대한 보다 미시적인 관찰은 소위 '지평융합' 의 특성을 갖는 '본문(Text)' 과 '상황(Context)' 의 상호연관성 속에서 탐구해야 할 것이다.

3. 해석학적 논의를 통해 본 문화의 특성

가다머(H.G. Gadamer)의 '지평융합' 으로서의 이해에 대한 정의는 전통의 형성적 힘과 해석자의 유한한 자유로운 창조성 둘 다에 대한 인식으로부터 나왔다.[29] '지평' 이란 사고가 그 속에 묶여 있는 유한한 결정성의 방식을 나타내며, 동시에 전망의 시계(視界)가 점차적으로 확장되어지는 방식을 성격 짓는다. 해석학의 과제는 그것(과거의 지평)으로부터 전통 안의 텍스트가 말하는 과거의 지평을 탐구하되, 완결적인 자기 지식에 닫혀 있는(닫혀 있다고 여겨지는) 동시대적인 지평을 향하여 텍스트가 무엇인가 참된 것을 말한다는 주장을 부인하지 않고 탐구하는 것이다. 이 때 해석학의 과제는 고정된 문자로 소외되어 있는 텍스트에 대화의 생동력을 불어넣는 일이며, 이를 근원적으로 수행할 수 있는 것은 물음과 대답이다.[30] 우리는 궁극적으로 전통을 객관화시킬 수 없기 때문에 그것을 객관화하려고 해서는 안된다. 닫혀져 있는 지평 안에서 로빈슨 크루소와 같은 역사적 계몽주의의 꿈은 불가능하다. 우리의 인식은 여타의 모든 가능한 대답들을 반드시 포괄하는 물음지평을 획득하는 한에서만 텍스트의 의미를 이해할 수 있다.

가다머에게 있어서 과거의 지평은 언제나 움직이며 역사적 의식 안에서 자신을 인식하게 된다. "우리의 역사적 의식이 향하는 우리 자신의 과거와 다른 사람의 과거는 이 움직이는 지평…, 언제나 그 지평으로부터 인간의 삶이 존재하며 유산과 전통으로서 인간의 삶을 규정하는 지평을 형성하는 것을 돕는다."[31] 우리의 현재 지평은 우리가 우리의 '편견'을 검증함에 따라 지속적으로 형성되는 과정 안에 있다. 가다머는 편견에 대한 계몽주의의 태도 자체가 편견이라고 본다.[32] 우리는 우리의 어느 현재에 있어서 과거로부터 부여받은 선 판단들인 태도,가치, 그리고 위임없이 단순히 우리의 현재적 지평을 형성할 수 없다. 그러나 또한 현대의 역사적 의식은 우리가 우리의 편견을 검증함으로써 우리 자신을 우리의 과거로부터 구별하게 해 주며 우리로 하여금 우리의 과거를 초월하도록 허용한다. 따라서 어느 현재의 역사적 영향을 받은 의식인 〈영향사 의식〉 안에서 우리가 도달하는 이해는 '과거와 현재의 지평융합'이라고 표현되어질 수 있다.[33]

가다머는 하이데거의 후기 사상에서 이해란 더 이상 인간의 행위나 작용이 아니라 인간에게서 일어나는 생기(生起)라고 보았던 주장에서 어느 정도 일탈하고 있다. 가다머가 보는 하이데거적 인식의 위험성은 인간이 언어와 전통의 흐름 속에 있는 하나의 수동적인 점으로만 간주되는 경향이다. 물론 가다머는 인간의 주관성을 이해에 관한 모든 사고의 출발점으로 간주하려는 또 다른 극단으로 나아가지는 않는다. 가다머의 인식으로 나아가는 길에 대하여 다음과 같이 이야기한다. "오늘날의 많은 철학자들은 자신들의 수렴적인 작업을 통하여 지금까지 철학을 이끌어 온 용어들의 순서를 전도시키고 의식의 자율적 활동을 부정하고 있다. 나는 생각하는 것이 아니라 '나는 생각된다', 나는 말하는 것이 아니라 '나는 말해진다', 나는 무언가를 다루는 것이 아니라 '나는 다루어진다' 처럼 모든 것이 생겨나는 곳은 언어이며 모든 것이 되돌아가게 되는 곳도 언어이다. 그 자신의 내부로부터 파악된 체계는 인간에 대한 지배를 선포한다… 이 체계, 즉 냉정하고 비 인격적이며 모든 주관성- 그것이 개인적이건 주관성이건 집합적 주관성이건간에-을 지양하는 사고는 결국 표현과 독립적 행위를 할 수 있는 주관의 가능성 자체를 부정한다."[34] 이처럼 인간을 설명의 중심에서 빼 버린 순수한 체계의 객관성은 나름의 제한성을 가지고 있다고 보았다.

이상의 가다머의 '지평융합적 이해' 는 인간 사고의 외형으로서 표출되는 '언어' 의 형태에 대한 이해를 통해서 보다 더 풍부해진다. 자크 라캉은 인간의 의식의 표출로서의 언어가 만들어지는 모든 과정은 '선구조적 법칙' 과 또한 인간 자신의 '창조력' 과의 변증법적 만남의 결과라고 이해한다. "언어가 만들어지는 모든 과정은 마치 화자가 사고 내용 속에 일관된 법칙체계를 가지고 있는 것처럼 이루어진다. 여기서 일관된 법칙체계란 여러 형태의 무수한 문장들을 발화하고 해석하는 생성코드를 의미한다. 화자가 자신의 언어에 들어 있는 생성문법을 마음대로 다룰 수 있는 것처럼 모든 것이 이루어진다. 그런 법칙 체계에 의해서 인간은 자신의 창조력을 자유롭게 구사할 수 있어야 한다. 언어에서 고정된 것은 문장을 만들어 낼 때 기초가 되는 법칙들이기 때문이다. 거꾸로 이 체계에 의해서 언어의 가장 특이한 현상이 설명될 수 있다."[35] 이처럼 언어의 형태는 외부로부터 주체에게 부과된 '기계적인' 것이 아니다. 그것은 내부로부터 발전되어서 점차적으로 잠재성을 완전히 발현하는 내재된 씨와 같은 '유기적인' 것이다.

가다머에게 있어서 전통 법칙성과 해석자의 창의성과의 관계, 그리고 라캉에게 있어서 언어의 문법적 체계와 이에 대한 화자의 창조력 등은 이처럼 상호변증법적 관계를 유지하면서 '닫혀 있는 체계'가 아닌 '열려 있는' 상호 관계를 형성한다고 볼 수 있다.

Ⅲ. 신학적 관점으로 읽는 종교와 문화

1. 초월적 지평으로서의 신적 당위성

문화에 대한 신학적 지평을 이야기할 때, 무엇보다도 문화에 대한 신적 당위성의 국면이 고려되어야 할 것이다. 신의 인간 창조행위는 본래적으로 '생육하고 번성하여 땅에 충만하라, 땅을 정복하라, 바다의 고기와 공중의 새와 땅에 움직이는 모든 생물을 다스리라(창 1:28)'는 '문화명령'의 부여와 함께 시작된다. '생육, 번성, 충만, 정복, 다스림'에 관한 역동성은 '신의 형상(Imago Dei)'에로 지음받은 인간을 전제로 할 때 그 의미가 완결된다. 인간의 본질이 '신의 형상'에 닿아 있다고 할 때 우리는 이것에 대하여 다음의 몇 가지 측면을 생각할 수 있다.[36] 먼저, 인간의 시작은 '남과 여' 즉, 본질상 공동체적 성격을 띠고 있다는 점이다. '함께', '더불어' 공동체를 이루는 인간의 본성적 특질은 곧 이를 통한 '문화의 창출'로 이어진다. 인간은 생득적으로 자신의 가족, 종족, 사회 속에 거하도록 운명 지워진다. 이 점에서 '나'만이 아닌 '우리'의 이야기가 펼쳐진다. 인간은 본질상 사회적 동물이다. 둘째로 '신의 형상'으로서의 인간은 본래적으로 이성(Ratio), 언어(Oratio) 그리고 행위(Operatio)의 존재라는 사실을 의미한다. 인간 사유의 형식은 언어를 통해 표출된다. 그리고 이들 언어는 인간의 행위를 규제한다. 인간은 행위하기 전에 사유하며 또한 언어로 그것을 표상한다. 그리고 사유와 언어, 행위는 공동체적 인간을 문화적 구조 속으로 인도하는 직접적 매개물이 된다. 셋째로 '신의 형상' 으로서의 인간은 '신적 질서' 아래 존재하도록 제한되어 있음을 의미한다. 인간은 '존재와 인식' 의 한계를 수용하도록 규정되었다. 이것은 자신의 본질 속에 신의 존재를 늘 '의식' 하도록 지어졌다는 것을 의미한다. 그리고 이러한 한계는 한편으로는 진정한 선,악의 판단 기준이 '초월적 지평' 으로서의 신적 실존으로부터 비로소 찾아올 수 있다는 '선악과' 의 실존적 한계이면서, 또한 동시에 삶과 죽음의 생명에 대한 주관은 '생명나무' 의 실존적 상징성이 의미하는 바와 같이 오직 '신' 에게 있음을 의미하는 한계라고 말할 수 있다.

이상의 인간 이해를 바탕으로 바르트(K. Barth)는 문화의 신적 근거를 신의 형상으로 지음받은 인간이 마땅히 되어야 할 것에 대한 약속(Verheissung)' 이며 '신의 요구(Eine forderung Gottes)' 로 이해한다. 언어와 종교, 질서와 선(善), 그리고 진(眞), 미(美) 또한 규범과 역사 등 전 인간의 역사적 현실로서의 문화는 곧 '신형상적(Theomorph)' 인 신적 현실을 증거한다. 이 같은 '신형상적' 인 신적 현실에 대하여 '자기 중심' 적 교만(Pride)으로 인한 자전(自轉)적, 자긍(自矜)적, 자존(自存)적 현실 인식에 머무르는 인간의 '불신앙' 에 대하여 신은 적극적으로 역사 속에 개입하신다. 역사 속의 신적 개입으로서의 '원계시' 는 종국에는 그리스도를 통한 '복음' 의 형식으로 마무리된다. 그리고 이 신의 자기 증언으로서의 원계시는 소극적으로는 복음에 대한 인간의 불신앙을 죄로 규정하고, 적극적으로는 복음에 대한 신앙을 성취로서 규정한다. 바르트는 신의 일을 하는 예수 그리스도(요 4:34, 5:17, 5:36, 9:4, 17:4)에서 그리스도인의 문화활동의 모범과 패턴을 찾고, 하나님의 창조사역(Ergon)을 본받는 우리의 문화창조 사역(Par-ergon)이 곧 하나님의 일(Ergon tou theou)이며 주의 일(Ergon Kyriou)이라고 그 의의를 평가하고 있다. 즉 문화에 대한 신적 당위성이 인간 문화활동의 기초가 되어야 한다는 점에서 '초월적 지평'을 문화 개념에 끌어들이고 있는 것이다.

폴 틸리히(Paul Tillich) 또한 '종교는 인간의 궁극적 관심에 대답하고 그 근거를 제시한다'고 보았다. 따라서 '궁극적 관심으로서의 종교는 문화에 의미를 부여하는 실체(The meaning-giving substance of culture)'인 것이다.[37] 그런데 현대 문화는 과거 문화에 핵심 개념이었던 종교를 제외시켜 버렸기 때문에, 사람들은 종종 문화의 의미를 발견하지 못하고 무의미에서 방황을 하게 된다. 이러한 현상을 문화의 세속화(Seculariz ation of Culture)라고 말할 수 있다. 일반적으로 세속화란 비종교화를 의미하기 때문이다. 폴 틸리히에 의하면 신은 부정되거나 도피할 수 있는 어떤 한 존재가 아니다. 신은 곧 개인의 '존재의 지반'이며 '의미의 근거', '생명의 구조', '생동력과 그 형식,' 그리고 '자유와 숙명'이기에 신의 부정은 곧 자신의 존재 부정으로 이어진다. 틸리히에게 있어서 '문화'의 존재적 당위성은 세상 만물의 존재 기반이 되시는 신에 의하여 '무로부터 창조(Creatio ex Nihilo)'되었다는 사실에 있다. 신의 창조행위는 '존재의 지반'으로서의 본성적 특질 가운데에서 이루어진 적극적인 행위이다. 신의 선택은 '있음'이었고 이 '있음'은 신적 본질에 동참함으로써 지속적으로 자신의 존재 이유를 발견한다. 따라서 틸리히에게는 창조의 신은 또한 섭리의 신이기도 하다. 창조의 행위를 엄격한 의미에서는 '일으키는 창조(Originating Creation)', '지탱하는 창조(Sustaining Creation)', 그리고 '이끄시는 창조(Directing Creation)'로 나누어 설명할 수 있다.[38] '일으키는 창조' 안에서 존재의 지반으로서 신적 본성을 이야기할 수 있다면, '지탱하는 창조'와 '이끄시는 창조' 안에서 섭리의 내재적 활동을 계속하고 계시는 신의 '역사 내적 행위'를 만나볼 수 있다. 바로 여기에 문화에 대한 신적 당위성이 존재한다. 신의 역사 개입은 소극적으로는 당신의 창조 질서에 대하여 지속적으로 '지탱하는 힘'으로 나타나며 또한 적극적으로는 방향을 상실하여 자신의 존재 지반과 더 나아가 문화에 대한 신적 당위성을 상실한 '세속화'된 문화에 대하여 자신을 돌아보아 올바른 방향으로 나아가게 하는 '이끄시는 창조'를 계속하고 있는 것이다.

판넨베르그(Wolfhart Pannenberg)에게 있어서 신은 '만사를 규정하는 현실성(Die alles bestimmende wirklichkeit)'이다. 따라서 계시는 철저하게 세상과 역사의 현실 (문화의 현실) 안에서 이해되고 있다.[39] 판넨베르그는 기독교가 이 세상의 보편성을 초월하여 자신의 진리성을 선포할 수 없으며 이 보편성이야말로 초대 교회가 예수 그리스도의 아버지의 보편적 신성을 위한 근거로서 헬라 철학을 수용하게 된 배경이었다고 주장한다. 그는 근본적으로 기독교의 진리는 특별한 사람들에게만 이해될 수 있는 일종의 마술적 신비가 아니라 모든 이들에게 이해될 수 있는 보편적 역사의 현실로서 증거되어야만 한다고 생각하기 때문에 역사만이 그러한 조건을 충족시킬 수 있는 개념이라고 여긴다. 그러나 그 역사가 실증적 역사는 아니며 계시 이해의 자기권위적 한계를 극복하기 위한 개념화 작업의 신학적 실행이다. 역사 안의 개별 사건이 사건 과정의 전체에서 비로소 그 의미를 가진다면, 역사의 의미는 미래, 즉 역사의 종말에야 비로소 드러난다. 이것은 곧 과거와 현재의 사건들을 포괄하는 어떤 역사 개념도 완결된 것으로 파악될 수 없고, 단지 그것은 미래를 향해 열려 있어야만 하며 동시에 매 현재의 문제에 대하여 개시(開示)하는 힘을 항상 새롭게 검증해야만 한다는 것을 의미한다.[40] 그런데, 이와 같은

'역사로서의 계시' 개념 속에는 역사의 우연성과 개방성이 전제되어야 하고 또한 그러한 전제가 어떻게 '통일성'과 '계시성'을 담보할 수 있을까? 일반 역사를 계시적 차원으로 이해하기 위한 전제는 어디에서 발견할 수 있을까? 판넨베르그는 이 문제를 '신의 사고(Gottesgedanke)' 개념 안에서 수렴한다. 신의 사고는 모든 역사가의 노력에 대하여 본래적으로 필수불가결하다. 따라서 다음과 같은 신학적 명제가 주장된다. '그의 자유의 초월성을 통해서 세계 속에서 우연한 것의 근원이 되는 신은 우연한 것의 통일도 역시 역사로서 정초한다. 그래서 그 속에서 연결되는 사건들의 우연성이 배제되지 않는다.' 이처럼 '역사의 통일은 초월적으로 정초된다'고 보고 있다.[41] 판넨베르그의 이러한 보편역사로서의 계시개념을 증명하는 주요한 명제는 그리스도가 역사의 종말이라는 '세계사건의 기독론적으로 정초된 개관의 원리'라고 말할 수 있다. 그리스도 안에서 역사의 통일성과 우연성 사이의 진퇴유곡이 가장 예리하게 첨예화되면서 해결되고 있다. 즉 그리스도 안에서 역사의 종국이 먼저 일어났다는 사실을 통해서 역사 전체의 이해는 가능하게 된다. 역사 속에서 이루어지는 '문화의 세속화'는 초월의 표징으로서, '만사를 규정하는 현실성'으로서 절대적인 기반을 상실했기 때문에 장기적으로는 사회질서의 정당성 상실, 전통적 윤리와 법 의식의 붕괴, 그리고 인간관계에서 헌신의 의미를 상실하게 하여 인간공동체의 존속을 근본적으로 위협하게 된다고 분석하고 있다.[42]

이상의 바르트, 틸리히, 판넨베르그는 모두 인간의 문화에 대한 초월적 지평으로서의 신적당위성을 이야기하고 있다는 점에서 함께 공통점을 가지고 있다. 다만 바르트에게 있어서는 '신 인식'을 위한 노력을 포함하여 인간의 모든 노력을 부정적으로 평가하고 있는 점을 그 특성으로 꼽을 수 있다. 바르트는 인간과 그 인간의 문화나 의식의 어떤 측면에도 신의 참된 현실성이 놓여 있을 수 없는 것이며 기독교와 세상의 문화를 일치시키려는 시도는 항상 인간의 자기 합리화 내지는 교만에 불과한 것이라고 생각하고 있다. 그는 모든 확실성의 근거를 인간의 주관적 사고에 근거하지 않고 신언의 객관적 현실에 놓고 있다. 따라서 '자연적 인간에게서 신이 무엇이 되든지 또 그가 신을 무엇이라 하든지, 그가 인식하는 것은 우상'이라고 부를 수 있다.[43] 결과적으로 바르트의 변증법적 신학은 신언과 그의 신성을 재발견하려고 했으나 신의 행위가 그 창조한 자연과 역사 그리고 문화 속에 실제적으로 작용하지 않게 될 때 성서적 신과 계시에 대한 다른 형태의 왜곡을 야기시키는 결과가 되었다고 지적할 수 있다.

틸리히는 성서적 신앙의 인격주의와 인간 실존 상황과의 역설적 통일을 지향하고 있다. 틸리히에게 있어서 성서적 신앙의 영역과 철학적 사유와 존재의 궁극적 실재의 탐구는 서로 대치되는, 그래서 어느 하나를 선택하고 다른 하나를 포기해야 하는 양자택일의 현실이 아니다. 인간의 실존 상황에 의해 해석되어 받아지고 응답되지 않은 계시는 참다운 '신언(神言)'일 수 없다. 따라서 틸리히에게 있어서 '존재와 인격성'은 상호 충돌되지 않는다. 역사 내적 존재로서의 인간은 역사를 통해 문화를 창출한다. 인간이 초월자의 계시를 조작하거나 임의로 만들어 낼 수는 없지만 역사적(문화)사건에 직, 간접적으로 참여하고 이를 통해 '초월자'의 계시에 동참하고 계시 사건의 구성인자가 된다. 그렇다고, 인간의 모든 실존적 행위가 인간의 자의성을 무한정으로 보장해 주는 장(場)이 될 수는 없다. 신은 여전히 인간의 실존과 마주하는 초월적 존재로서 '존재의 의미'와 '능력의 지반'이 되기 때문에 인간의 역사와 그가 창출하는 문화는 그 의미와 능력의 빛 아래에서 늘 '판단'을 받아야 하는 국면을 지울 수 없다.

판넨베르그에게 와서는 종래의 초월적, 성서적, 인격적 장르의 특수성의 범주에 머물렀던 계시의 이해가 한층 더 넓은 보편성을 향하여 나아간다. 인격적 신의 특수한 계시는 성서적 울타리 안에만 갇혀 있는 특수한 코드로 둘러싸여 있는 것이 아니다. 아니, 인간의 전 역사는 그것이 있게 하는 신의 '현실성(Wirklichkeit)'으로 말미암아 더 이상 '은폐(Absconditus)'되어 장막 속에 머무르는 것이 아니다. 그것은 인간의 보편사의 널려진 지평에서 인간의 문화행위 속에서 보편적으로 '드러나는(Revelatus)' 것이다. 따라서 계시는 인간의 역사(문화)를 잘 읽으면 그 속에서 어느 정도 읽을 수 있는 자연인 모두에게 열려져 있는 그 무엇이다. 단, 이 역사의 계시성은 이 역사의 한복판에 우뚝 선 그리스도 사건을 중심으로 그 종말의 선취성을 감안하여 모든 미래의 우연성을 가늠할 수 있는 통전적, 초월적 규범을 제공받을 수 있다.

상기의 문화에 대한 초월적 지평으로서의 신적 당위성에 대한 공감에도 불구하고 구체적 문화의 현장 속에서 계시(복음)의 사건이 어떠한 역할을 감당하고 있는지에 대하여서는 신학사의 흐름 안에서 편차를 보이고 있는 것이 현실이다.

2. 미토스(Mythos) vs. 로고스(Logos)

역사적 실존 상황 안에서 계시(복음)는 사(史)적 편린에 따라 문화에 대한 다양한 입장을 표방해 왔다. 리처드 니버의 고전적 저술 「그리스도와 문화」는 '그리스도(복음, 계시)' 국면이 '문화(일반문화, 세속문화)' 국면과 어떠한 관계를 유지해 왔는지에 대한 체계적 서술을 독자들에게 제시해 주고 있다. '문화에 대립하는 그리스도(대립 유형)', '문화의 그리스도(일치 유형)', '문화 위에 있는 그리스도(종합 유형)', '역설적인 관계를 가진 그리스도와 문화(역설 유형),' 그리고 '문화의 변혁자 그리스도 (변혁 유형)'으로의 구분은 이제 어쩌면 이 방면의 이론에 관한 한 일종의 정초(定礎)가 되는 이론으로 자리잡은 듯 하다.[44] 그런데, 리처드 니버 자신이 상기 저서의 집필동기를 밝히고 서문에서 자신의 입장이 주로 트뢸치의 선구적 연구에 힘입은 바 크다는 고백을 하면서 자신의 학문적 노력은 단지 트뢸치의 업적의 보족(補足)에 불과하다고 겸사(謙辭)를 적고 있다.[45] 리처드 니버는 트뢸치로부터 '역사적 객체들 뿐 아니라 역사적 주체 즉, 역사의 관찰자 또는 해석자가 더 많이 상대성을 가지고 있다는 사실을 가르쳐 주었다'는 점을 인정하고 있는 것이다. 그러면서도 리처드 니버는 이 글에서 미토스(신화) 안에서 로고스(말씀)를, 역사 안에서 이성(理性)을, 존재 안에서 본질을 찾으려 했던 트뢸치의 노력에 대하여 '유한한 것을 절대화하려는 것은 신앙에서 탈선된 것일 뿐 아니라 이성에서도 탈선된 것'이라는 비판을 잊지 않고 있다. 무한과 유한, 절대와 상대, 그리고 계시(복음)와 문화의 접점을 어떠한 형태로라도 규명하려는 이들의 노력은 때로는 리처드 니버의 표현과 같이 '신앙과 이성으로부터의 타락'의 굴레를 면할 수 없다. 그러나 동시에 역사적 주체, 즉 역사의 관찰자 혹은 해석자의 절대성을 주장하는 '정복적, 변혁적' 문화 십자군주의적 노력 또한 그 자신의 정체성에 대한 혼란을 피할 수 없다는 필연적 형편을 간과할 수 없다는 점을 지적해야 할 것이다. 이것은 오늘날 클라스 스킬더(Klass Schilder)가 기독교인과 비기독교인은 공존(Sun-ousia)할 뿐 진정으로 교제(Koinonia)할 수 없다고 주장하고 상호 문화적 교제나 공동적 문화활동이 불가능하며, 둘 사이에는 '문화적 투쟁'이 있을 뿐이라는 반정립(Anthithesis)이론[46]을 제시하면서 해석자의 상대성을 간과하고 있는 혼란을 겪고 있는 점이나, 혹은 아브라함 카이퍼(Abraham Kuyper)가 창시한 신칼빈주의에서처럼 긍정적이고 포괄적인 문화운동을 출범시킴으로써 기독교인과 비기독교인에게 공통적으로 주어지는 하나님의 일반은총(Com mon grace) 이론을 통해 인간의 범죄와 타락에도 불구하고 인류를 향한 신의 사랑은 보편적인 은총의 대상이 된다는 이 일반은총론[47] 속에서 '유한과 무한' 그리고 '절대와 상대' 의 긴장을 해소함으로써 트뢸치의 '역사 상대주의' 에 버금가는 또 다른 형태의 '문화—상대주의' 를 배태하는 결과를 낳는 현실을 반복하고 있다고 보여지는 것이다.

상기한 리처드 니버의「그리스도와 문화」이론에서 리처드 니버 자신은 어떠한 문화이론에 무게를 싣고 있는 것일까? 그는 이 점에 대하여 문화이론의 어느 유형을 택할 것인가는 전혀 개인적 결단에 속한다는 것을 '결정적인 결론' 이라고 못 박고 있다.[48] 그리고 그 결정은 '신앙의 상대성' 즉 개인의 신앙 행태에 따라서 결정할 것이며, '사회적 실존' 임을 깨달아 나를 위한 진리의 기초에서 결정하는 것이 아니라, 우리 모두를 위한 진리의 기초에서 결정되어야 한다고 주장하면서 그 결정은 개인의 자유 안에서 이루어지는데 그 자유는 이성에 의존하는 '의존적 자유' 여야 한다는 것을 강조하였다. 이렇게 리처드 니버는 다섯 가지 유형 중 어느 것도 명백하게 지지하지 않고 있다. 하지만 글 전체 속에 담긴 문맥과 강조하는 내용들을 보면 그가 마지막의 '변혁 유형' 을 어느 정도 심정적으로 지지하고 있는 것이 아닌가라는 느낌을 받게 된다. 그가 기독인의 '사회적 실존' 을 강조하는 점이라든가 '그리스도에게 충성하면서 문화적 의무를 위한 노력을 기울일 것'[49]을 강조하는 점 등에서 그 같은 암시를 받게 된다.

그러나, 이상의 분석에서 복음(종교, 기독교)을 변혁의 주체로서 이해하고 문화를 변혁의 객체로서만 이해하고 있다는 결정적 단서를 제기하기에는 어쩐지 미흡한 느낌을 지울 수 없다. 그의 신앙고백적 결론, 즉 '

믿음 안에서의 결단은… 그리스도가 죽은 자 가운데서 다시 살아났으며, 그가 교회의 머리이실 뿐만 아니라 세상의 구원자라는 사실에 비추어 결단하는 것을 의미한다. 문화의 세계(인간의 업적)는 은혜의 세계(하나님의 나라)안에 존재한다는 사실에 비추어 결단하는 것을 의미한다…. 그리하여 이 유한한 인간과 그 활동의 상대적인 역사의 전부가 절대적인 '하나님의 통치하에 있다는 것을 믿는'[50] 믿음을 이야기하고 있는 점에 대한 올바른 해석은 어떤 국면에서 찾아야 할까? 이에 대하여 도이에베르트(Herman Dooyeveerd)는 '일반 은총은 반정립을 약화시키거나 제거하지 않으며 사실상 일반 은총은 반정립의 기초 위에서만 이해될 수 있다'[51]는 설명으로 리처드 니버의 입장을 해석하는 단초를 제시하고 있다. 클라스 스킬더에게서 찾을 수 있는 '문화투쟁'을 통한 반정립적 국면이나, 카이퍼에게서 찾을 수 있는 일반은총적 문화상대주의를 넘어서서 소위 '일반은총'은 여전히 '특별은총'을 전제로 하여 성립될 수 있고, 또 그렇게 하고 있기 때문이라는 그의 지적은 '이것-저것(Either-Or)'의 패턴에서가 아닌 상호 연관을 모색하는, 그리고 또한 상호 변혁의 여지를 남기는, 복음(계시)과 문화, 텍스트(Text)로서의 종교(기독교)와 콘텍스트(Context)로서의 문화에 대한 어떤 일방적 관계가 아닌 상호 상보를 통한 자기 변혁적 '모두-함께(Both-And)'적 통합유형의 문화관을 제시하는 모델로 이해될 수 있다.

3. 복음-문화 관계의 새 패턴 읽기

종래 전통적 서구 신학의 패턴 속에서는 구원에 있어서의 무조건적 은총과 이에 대한 반정립으로서 인간의 자유의지, 계시의 특수성과 선택성을 중심으로 하는 계시신학과 일반성과 확장성을 강조하는 자연신학, 그리고 시간의 끝으로서의 종말과 창조의 보존으로서의 지속성에 관한 긴장성이 그 첨예한 대립의 양태로 유지되어 왔다. 그 같은 상황 속에서 때때로 '복음'과 '문화'는 강조의 축이 어디에 있는가에 따라 각각 '계시'의 우선성, 혹은 '자연'의 우선성으로 양분되는 경향이 없지 않았다. 그러나, 최근 이 같은 양립되는 긴장성에 대하여 '관계론적' 상호성에 관한 통전적 이해의 신학적 요청이 꾸준히 제기되어 오고 있는 것이 사실이다. 위르겐 몰트만은 1964년 '희망의 신학'을 통해 사신신학의 에피소드를 제거하고 기독교 신학의 종말론적 희망을 다시 신학의 무대로 올려놓았다고 할 수 있다. 몰트만은 희망의 신학에서 변증법 신학 이후로 표류하던 신학의 흐름을 형이상학적 지평으로부터 역사적 지평으로 변경시킴으로써, 종말론을 대우주 파괴의 끝이 아니라 새로운 '시작'이라는 희망으로 해석하였다.[52] 그러나 몰트만의 진정한 의도는 역사의 진보, 혹은 역사의 파국과 같은 역사 자체의 문제를 해석하고 증언하려는 것이 아니며, 종말론적인 하나님 나라의 미래를 향하여 오늘의 인간의 삶이 변혁, 갱신, 혁명으로 나아가야 한다는 점을 신학적으로 변증하는 것이다. 그에게 있어서 무엇보다도 중요한 것은 '기독교 신학은 하나님에 대하여 역사적으로 말하는 것'이며 '종말론은 기독교의 희망론을 의미한다'고 피력하고 있듯이 하나님을 통한 역사의 종말론적 희망이라고 할 수 있다. 그에게 신학적 사유의 동기를 제공한 블로흐(E. Bloch)가 '실재의 기원은 시작에 있지 않고 그 종국에 있다'고 말한 것처럼 몰트만은 철저하게 종말론적 희망을 가치혼돈과 하나님에 대한 진술의 혼미 가운데 있던 그 시대인들을 향하여 던졌던 것이다. 이처럼 몰트만은 계시 이해를 통해서 역사의 미래를 희망 개념을 통해 신학적 동기로 삼고 있지만 역사 자체가 계시는 아니며, 하나님의 계시가 역사적으로 밝혀지는 것이라는 주장을 펼치고 있다.

세계교회협의회(WCC)가 채택한 문화와 그리스도에 관한 헌장에서는 '어떤 특정 문화도 다른 문화보다 예수 그리스도에게 더 가깝지 않다 (No culture is closer to Jesus Christ than any other culture)'고 선 언하는 내용을 포함한다. 이 말은 종래의 제1세계 중심의 '문화우월주 의'에 대한 과거 행태에 대한 비판을 선언하는 동시에 또한 역설적으로 어떠한 특정 문화도 모두 예수 그리스도에게 가까워질 수 있다는 문화적 개방성을 내포하고 있는 언설이라고 평가할 수 있다. 전통적으로 서구의 기독교세계, 그리고 비서구의 비기독교세계의 분리와 이를 통해 문화적 우열을 가늠하고 비서구세계의 소위 비기독교문화를 서구세계의 기독교 문화와 유사하게 확대하는 행위를 '선교'의 개념으로 생각하던 개념이 전환되는 중요한 계기가 되었음은 주지의 사실이다. 이제 과거 서구의 틀 속에서 신의 존재적 측면을 강조하고 신과 세계를 대조, 대립시키는 일방적 구조에 대한 신학적 반성이 대두되는 현실은 주목할 만하다. 이 정용은 그의 '역의 신학'에서 신의 '존재의 구조적 측면'보다 '생성의 역 동적 행동'에 주목하면서 신은 '존재 자체'보다 '생성 자체'로 표현하는 것이 더 적합하며 또한 '생성 자체'보다는 '변화 자체'로서 표현하는 것 이 더 적합하다는 제안을 하고 있다.[53] 이 속에서 끝과 시작은 음양의 관 계와 같이 나눌 수 없는 것이며 본래적인 시간은 과거인 동시에 미래이 므로 조알은 시간의 궁극적 차원이 될 수 없다는 몰트만적 해석에 힘을 더하고 있다.

– 복음의 자기순화, 그 열린 가능성

도슨(C. Dawson)은 종교를 전 문화 영역을 지배하는 원동력으로 보았 다. 그는 '인간의 정신적 활동의 창조적 힘은 종교가 활력소로서 제공해 주며 종교가 지니는 고유한 생명에 이상이 발생하면 문화 창조의 기능이 정지 내지 마비된다'고 말하고 있다. 문화가 인간 생명의 자기 창조적 운동과 관계된다면 종교는 인간 생명의 자기 초월적 운동과 관계되며, 문화 행위가 수평적 차원이라면, 종교 행위는 수직적 차원이다. 따라서 '종교는 문화의 실체요, 문화는 종교의 형식이다'는 틸리히의 언설은 그 적합성을 가진다.

이 같은 종교와 문화의 상관관계는 기독교 복음과 문화의 만남이라는 주제와 함께 더욱 구체적, 미크로코즘적 분석의 틀을 입는다. 때로는 텍스트(복음, 계시)의 입장에서 콘텍스트(문화)의 변혁적 기능을 강조하는 일방성을 노정하기도 하였으며 또한 콘텍스트의 입장에서 텍스트의 가변성을 강조하기도 하였다. 그런데, 이제 복음은 문화의 부패성과 죄성을 노출시킬 뿐 아니라 갱신되어야 할 방향과 내용을 규정하게 되지만 또 한편으로는 복음이 해석자의 문화에 조건적으로 이해된다는 사실도 알게 되었다. 문화를 새롭게 갱신하고 창조할 복음의 기준과 규범은 특정한 문화와의 만남에서 자기 문화적 한계를 넘어서 정화되어 간다. 이 같은 역동성을 포함하지 못하는 종교는 진정한 의미의 종교로서 기능할 수 없다. 복음의 지평은 닫혀진, 정체된 것이 아닌 새로운 다양한 문화와 그 해석의 요청에 열려 있다. '지평의 융합'은 성령의 역동성 속에서 복음의 자기 순화를 포함하는 창조력을 지닌다.

주주

1) 인간의 의식 가운데 있는 이 같은 초월의 표징들에 대하여 피터 버거(Peter Berger)는 먼저 '질서를 향한 인간의 성향'을 꼽고 있다. 이 땅에서 살아가는 인간의 활동 가운데 가장 근본적인 정신활동은 보고 듣고 느끼는 모든 사건들과 사물들에 어떠한 질서를 부여하는 일이라는 것이다. 여기서의 질서란 사회 규율이나 개인의 생활규범으로 표현되는 외적 질서만이 아니라, 한 사건을 어떻게 받아들이고 한 사물을 어떻게 이해하며 어떤 가치를 부여하는가를 결정하는 정신적인 작업까지 포함하여 일컫는 말이다. 인간은 끊임없이 자신에게 다가오는 사건들과 사물들에 대한 이해와 가치를 가늠하며 살아간다. 이러한 의미와 가치에 대한 부과는 인간 내면에 깊이 잠재하는 질서를 향한 욕구를 통해서 발현되는 초월의 표징으로 자리매김할 수 있다. 인간들의 질서를 추구하는 성향은 곧 모든 실재에는 질서가 있다는 믿음, 즉 모든 실재는 궁극적으로 '질서 가운데 있으며', '모든 것이 잘 되리라는 믿음'으로 나타났다고 피터 버거는 설명한다. 인간의 삶 속에 있는 초월의 표징의 두 번째 영역을 피터 버거는 '놀이에 탐닉하는 인간의 모습'에서 찾고 있다. 놀이의 특성은 재미와 쾌락에 있다. 놀이하는 자가 놀이에 몰입하여 이 재미나 또는 쾌락을 만끽하게 될 때, 놀이의 시간 구조는 아주 독특한 성질을 띠게 되는데 곧 '영원'이 되는 것이다. 의식의 한가운데 떨칠 수 없는 유한(Finite)하고 임시적인(Temporal) 존재로서의 인간은 그 너머 무한(Infinite)과 영원(Eternity)을 도모하는 욕구를 가지고 있다. 이 같은 욕구의 발로로서 종종 인간은 '놀이'가 주는 자기 초월의 영역에 심취되고자 한다는 것이다. 놀이를 통하여 사람들은 세속의 시간에서 놀이의 시간으로 들어가는 것만이 아니라 시간 그 자체에서 벗어나 영원으로 들어간다고 할 수 있는 것이다. 피터 버거에게 있어서 세 번째 초월의 표징은 인간에게 있어서 뗄 수 없는 부분인 '희망'이다. 인간은 인식을 통하여 그리고 행동을 통하여 그의 존재를 끊임없이 미래로 확장하면서 존재한다. 인간 존재의 이 미래 지향적 측면을 가장 잘 나타내 주고 있는 것이 '희망'

이다. 이 같은 인간 본성으로서의 희망은 궁극적으로 인간 세계 저 너머에 있는 '초자연적 완성'을 가리킨다는 말이다. 초월의 표징의 네 번째 면모는 '저주를 통한 논증(Argument from Damnation)' 이다. 이것은 희망을 통한 초월의 논증과 반대되는 것으로 희망이 인간 삶에 있는 긍정적인 면을 표현하는 것이라면 저주는 부정적인 측면을 통한 초월의 논증이라고 할 수 있다. 악에 대한 저주는 인과 응보적인 인간 사고에 바탕을 둔 것으로 인간이 용납할 수 없는 악과 그 악을 저지른 자는 비록 인간의 심판은 면할 수 있을지는 몰라도 인간을 초월하는 초자연적 차원의 심판은 이 세상에서가 아니면 저 세상에서라도 반드시 받게 된다는 것이다. 마지막 초월의 표징은 인간 삶 속에 있는 '유머' 이다. 유머는 근본적으로 인간의 삶 속에 있는 불일치나 또는 모순이 만들어 내는 희극적 요소의 표출이다. 모순된 인간의 삶 속에서 유머는 근본적으로 이 세상의 권력자들이나 혹은 절대를 표방하는 것들과 또한 그들이 누리고 있는 특권들을 하찮은 것으로 비웃어 버리도록 함으로써 그것들이 결국 절대적인 것이 아닌 상대적인 것이라고 보아 넘기도록 유도하고 있다. 이 때의 유머는 바로 이 비극적이고 모순된 상황이 절대적인 것이 아니라 덧없이 지나가는 것이라는 인식에서 나오는 데, 이 인식은 모순적인 인간 저 너머에는 이런 비극이 없는, 모순이 없는 초월적 실재가 존재한다는 믿음에서 유래한다는 주장이다. Peter L. Berger, *A Rumor of Angels*, Garden City: Anchor Books, 1970에서의 중심 논지.

2) Peter Berger, 상게서, p 53.

3) 로버트 네빌(Robert Cummings Neville)은 세속주의의 도전으로 인해 기존의 종교 영역이 침식되는 과정에 대하여 다음과 같이 설명하고 있다. 첫째: 개인과 공동체를 변화시키는 전통적인 상징과 예전들의 권위에 대한 침식, 둘째: 종교들 상호간의 갈등과 대화를 부추기는 전략으로 인한 침식, 셋째: 세계의 주요 종교들에서는 정작 침묵하고 있는 '종교적 가치'를 운위하면서 이를 통한 급격한 세계화를 모색하는 전략. 첫 번째 영역에서 네빌은 전통적인 종교가 상징하던 상징성들이 근대 과학적 개념으로 대치되면서 종교적 신비의 영역 대신에 합리적 사유의 패턴이 자리잡게 되었다고 설명한다. 예컨대, 과거의 '하늘' 과 '땅' 이 가지는 종교적

상징성, 즉 하늘이 의미하는 선, 초월자, 희망 등의 상징과 땅이 가지는 악, 심판자, 공의 등의 이미지는 오늘 '우주와 그 너머의 공간' 개념과 '맨틀을 이루고 있는 광합성 물질'의 개념으로 각각 변환되고 있다. 두 번째 영역에서는 과거 한 종교의 신앙 체계와 믿음에 헌신하고 있던 신앙 패턴에 대하여 빈번하고 다양한 차원에서의 의사소통이 이루어지면서 한 개인이 자신의 종교에만 깊이 헌신하며 그 속에 충성심을 보이는 행위를 마치 '독선적'인, 그리고 더 나아가 '미신적'인 근본주의자들로 여기는 경향들을 보이고 있다는 점이다. 세 번째 영역에서는 소위 '지구촌화', '국제화', '세계화'에 대한 이슈들에 있어서 기존의 핵심 종교들이 그 앞선 분위기를 미처 좇지 못하고 있는 점들에서 발생하는 침식이다. 예컨대 오늘날 '생태' 문제는 인류의 미래를 가늠하는 결정적 지구촌의 이슈로 등장하고 있다. 세속주의의 관심은 '생태' 문제에 대한 보다 보편적이며 합리적인 대안을 추구하는 다양한 노력을 보여주고 있다. 이들에게 있어서 '생태' 문제는 더 이상 구호나 선언적인 의미에 그치는 한가한 이슈가 아니다. 이들은 전략과 행동, 그리고 그 결과까지도 염두에 두는 세심한 배려를 보이고 있다. 그러나 기존의 종교들은 오직 암묵적인 방법으로써만 이들의 문제에 접근할 뿐이다. 이 같은 암묵적인 방법은 때로는 치명적인 오해로 해석되기도 한다. 기독교에서 '이 땅을 정복하고 다스리라'는 가르침은 종종 환경과 자원에 대한 무한정의 수탈을 의미하는 것으로도 해석되어 왔다. 불교에서 지각이 없는 사물들에 대하여 '지각과 생명'을 동시에 가지고 있는 존재들의 우선성을 강조하는 가르침은 종종 환경에 대한 2차적 관심으로 오인되는 해석을 낳기도 하였다는 것이다. 네빌에 의하면 이상의 세속주의 도전들은 현대인들의 종교적 영역을 침식하는 동기가 되고 있는데 이 같은 이슈들에 대하여 기독교와 그 동맹을 이루는 여타 종교들은 첫째: 최근세의 문화와 그것이 야기하는 문제점들에 대해 대처하는 공동 전선을 구축할 것, 둘째: 현재의 상황들에 대하여 보다 살아 있는 의식을 간직하면서 보다 공격적 포교의 라인을 구축할 것 등에 대하여 조언하고 있다. 이 같은 전략은 '위기'를 '기회'로 만들 수 있는 전략이라고 제안하고 있다. 로버트 네빌, 『종교와 영성』, 서울: 한들, 1998, pp. 211-228.

4) 이용범, 「종교와 과학은 적대적인가」, 『종교다시읽기』, 서울: 청년사, 1999, p.199.

5) 김균진, 『기독교조직신학 1』, 서울: 연세대학교출판부, 1991, p. 10에서 재인용.

6) 클리퍼드 기어츠, 문옥표 역, 『문화의 해석』, 서울: 까치, 1998, p.115.

7) Mircea Eliade, Das Heilige und das Profane, Vom Wesen des Religiosen, Hamburg: Rowohlts, 1957에서 개진하고 있는 '성(聖)'과 '속(俗)'의 개념은 루돌프 오토의 '성(聖)스러움'에 대한 반향으로 출간되었다. 엘리아데는 오토가 '성(聖)스러움'을 주로 '종교경험의 본질, 즉 합리적, 사변적 측면을 배제한 비합리적인 것, 성스러운 것, 두려운 신비, 매혹적 신비에 대한 피조물적 감정'이라고 정의하는 데 반해서 "성스러움이라는 현상을 단지 그 비합리적인 측면에서만 파악하지 않고, 그 전체적 복합성 가운데 해명하려고 한다. 우리의 관심은 단지 종교가 가진 합리적 요소와 비합리적 요소의 관계가 아니라, 성(聖)스러운 것 전체이다. 성(聖)스러운 것에 대한 최초의 가능한 정의는 그것이 세속적(世俗的)인 것과 대조를 이룬다는 것"이라고 정의하면서 종교의 본질로서의 '성(聖)'의 개념을 소개하고 있다. 엘리아데에 의하면 인간이 성(聖)스러운 것을 알 수 있는 것은, 그것이 스스로를 현현 (顯現)하기 때문인데, 우리는 이 성(聖)스러운 것의 현현(顯現)을 신성현현(神聖顯現)이라고 부를 수 있으며, 이에는 가장 원초적인 신성현현(돌이나 나무와 같은 것에 성스러운 것이 현현한다고 부르는 정물숭배)으로부터 신이 육신을 입고 이 땅에 오셨다는 최고의 신성현현(예수에게 있어서의 성육신(成肉身))에 이르기까지 일관된 연속성이 존재한다.

8) 계몽주의 이후 기독교는 근대주의의 영향을 받아 급격히 '세속화(Secularization)'의 흐름에 합류한다. 기독교의 케리그마에서 전통적으로 이해되어 오던 바울적– 어거스틴적 '신(神)–인(人)'의 질적 차이는 '정도의 차이', '양적 차이'라는 점에서 이해되고, 또한 '신학은 곧 인간학'이라는 포이에르바하식의 구도를 배태한다. 이 같은 일련의 흐름은 '유한은 무한을 포촉한다(Finitum capax infinitum)'는 신학의 전제를 낳았고, "인간의 이성 능력과 지성과 감성, 그리고 의지의 위대성은 다만 유한하다는 의미에서 제한과 제약성 아래 있을 뿐이며 신성(神聖, Godhead)은 정도에 있어서 무한하고 절대적이라는 점이 다를 뿐"이라는 신학적 주장이 힘을 얻게 된다.

9) Rudolf Otto, *The idea of the Holy*, trans. John W. Harvey, Oxford: Oxford University Press, 1973, p.3.

10) Paul Tillich, *Systemetic Theology*, vol. 1, Chicago: University of Chicago Press, 1951, p. 215.

11) 엘리아데는 '자연의 신성과 우주적 종교'의 개념에서 '종교적 인간에 있어서 초자연적인 것은 자연적인 것과 불가분하게 결부되어 있고, 자연은 항상 그것을 초월하는 무엇인가를 표현하고 있다'고 인식한다. 이를테면 하늘은 '무한, 초월'을, 물은 '죄씻음과 정화 혹은 재생'을, 땅은 '출산과 어머니 대지로서의 여성'을, 그리고 나무는 '생명의 창조와 부활' 등의 초자연적, 초월적 표상을 포함한다고 분석한다. Mircea Eliade, 상게서, 제 3장의 핵심논지.

12) 김경재, 『폴 틸리히 신학연구』, 서울: 대한기독교출판사, 1987, pp.223-244 에서 김경재는 카츠의 이론을 자세히 설명하면서 '신앙의 형태론과 종교체험의 인식론적 전(前)구조'를 논하고 있다.

13) Steven T. Katz, Language, Epistemology, and Mysticism, in *Mysticism and Philosophical Analysi*, New York: Oxford University Press, 1978, pp. 23-24.

14) Ninian Smart, Understanding Religious Experience, *in Mysticism and Philosophical Analysis*, New York: Oxford University Press, 1978, pp. 10-21.

15) 이 점에 있어서 박영은은 '문화'가 가지는 어의를 다음의 다섯 가지 개념으로 나누어 설명하고 있다. "먼저 '문화'라는 말은 동서양을 불문하고 '농경(農耕)'의 인간 활동과 직결되어 있는 점, 즉 '땅을 다듬는다'라는 말의 뜻을 가지면서 이 말을 사람에게 적용하면 '개화된 사람', '교양 있는 사람'의 뜻으로 전환되어 사용할 수 있다. 두 번째, 문화의 개념은 종종 '문명(文明, Civilization)'이라는 말과 중복되는 경우가 있다. 이러한 역사적 맥락은 서구에서 정착되었고 또한 기술적 우위성이 부각되면서 타인종 보다는 백인의 우수함이 암시되어 있고 향토민보다는 도시민이 선전된다…. 세 번째, 가치 중립성으로서의 문화의 개념이다. 이 때의 중

립성은 '문화는 서구에만 있다'라는 시각을 극복하고 모든 인간 사회에는 그 나름대로의 문화가 존재한다는 개념이다. 이러한 문화개념에 따르면 일반적인 행동양식, 가치체계 등에 대하여 가치평가를 내리지 않고 문화라는 말에 따라 그 자체가 상대적으로 완결된, 폐쇄된 것으로 본다…. 네 번째, 위와 같은 '편견 없는' 태도나 상대주의적 입장이 과연 '객관적'인가 하는 질문이 제기되고 이에 대하여 '새로운 가치 평가적 문화개념'이 등장한다. 이 때 문화는 하나의 척도가 된다. 그 척도는 '편안함' 또는 '당연함'이 아니라, 오히려 '발전 가능성'을 제시하는 것이 된다…. 마지막으로 문화는 인간집단의 정체성을 형성하는 방식과 관련 있다. 문화를 단지 정체성 형성을 위한 작용 효과 또는 그러한 결과로서 간주하는 것이 아니라 그러한 결과를 낳게 하는 요인으로 보는 것이다." 박영은, 「문화담론과 연구방법론-문화이론의 쟁점과 한국사회」, 『한국의 사회와 문화』, 제 23집 '서울: 한국정신문화연구원, 1995, pp. 6-8.

16) 국어사전, 금성판 1991년 '문화' 항목 참조

17) 상게서, '문명' 항목 참조

18) 폴 히버트, 채은수 역, 『문화속의 선교』, 서울: 총신대 출판부, 1987, p. 34.

19) L.A.White, Der Begriff Kultur, in *Kultur*, *C.A.Schmitz*, Frankfurt:Akad. Verlaggemeinschaft, 1963, p.363.

20) Mircea Eliade, Methodological Remarks on the Study of Religious Symbolism, *The History of Religions*, ed by M. Eliade and J. M. Kitagawa, Chicago & London: The University of Chicago Press, 1959, p. 98.

21) Paul Tillich, The Nature of Religious Language, in *Theology of Culture*, New York: Oxford University Press. 1959 p.57.

22) C.A. 반퍼슨, 강영안 역, 『급변하는 흐름 속의 문화』, 서울: 서광사, 1997, p.35.

23) M. Herskovits, *Man and His Works*, New York: Knopf, 1967, p. 63.

24) A.F.C Wallace, *Revitalization Movements*, American Anthropologist 58, 264-281.

25) 토마스 쿤, 김명자 역, 『과학혁명의 구조』, 서울: 정음사, 1981 p. 175.

26) 상게서, p.175.

27) 상게서, p. 191.

28) 반 퍼슨은 문화 발전의 모형을 신화적 단계, 존재론적 단계, 기능적 단계로 각각
나누어 생각해 보고 있다. 먼저 "신화적 단계란 주변의 신비로운 힘에 인간이 사
로 잡혀 있는 것으로 생각하는 태도를 가리킨다. 신화나 천재지변 등의 힘에 의해
서 인간은 수동적으로 주변의 정황과 문화 상황에 반응할 뿐이다…. 두 번째 단계
로 볼 수 있는 존재론적 단계는 신화적 힘의 압도에 더 이상 사로잡히지 않고 인
간이 자립적으로 사태을 연구하는 태도를 가리킨다. 인간은 예전에 사로 잡혔던
모든 것으로부터 이제 거리를 두게 된다. 인간은 존재하는 것 일반에 관한 이론
(존재론)과 개별적인 모든 존재에 관한 이론(과학)을 세운다…. 세 번째 단계인 기
능적 사고는 현대인들이 점점 취하기 시작하는 사고 태도를 일컫는다. 이러한 태
도는 신화적 태도처럼 인간을 에워싼 주변의 힘에 압도되지도 않고, 존재론적 태
도처럼 모든 것에 거리를 두고 사실적으로 탐구하지도 않는다. 이제 인간은 자신
을 에워싼 모든 것에 대해 새로운 관계를 발견하려고 애쓰게 된 것이다." C.A. 반
퍼슨, 강영안 역, 『급변하는 흐름 속의 문화』, 서울: 서광사, 1994, pp. 28-29.

29) Hans-Georg Gadamer, Afterword, *Truth and Method*, 2nd rev. ed, New
York: Crossroad, 1989, p. 579.

30) 한스 가다머, 이한우 역, 『해석학이란 무엇인가』, 서울: 문예출판사, 1995, p.291
에서 중용.

31) Hans-Georg Gadamer, Afterword, p. 304.

32) 상게서, p. 270.

33) 상게서, pp.306-307.

34) H.G. Gadamer, Le Systeme et la personne, *Esprit*, 1967년 5월, pp.772-
773, 리차드 .E. 팔머, 『해석학이란 무엇인가』, pp.313-314에서 중용.

35) 아니카 르케르, 이미선 역, 『자크 라캉』, 서울: 문예출판사, 1994, p.62.

36) 오인탁, 「교육의 주제로서의 삶과 일」, 『교육교회』 1991년 1월호 pp.11-12.

37) Paul Tillich, *Theology of Culture*, New York: Oxford University Press,

1959, p.42.

38) Paul Tillich, *Systemetic Theology*, Vol 1. p. 253.

39) W. Pannenberg, *Offenbarung als Geschichte*, (Goettingen: Vandenhoeck & Ruprecht, 1982), p. 20.

40) W. Pannenberg, Hermeneutik und Universalgeschichte, in *Grundfragen systematischer Theologie* (Goettingen: Vandenhoeck und Ruprecht, 1980), p.119.

41) W. Pannenberg, 상게서, p. 73.

42) Wholfhart Pannenberg, *Christianity in a Secularized World*, (London:SCM Press, 1988), pp. 33-38.

43) K. Barth, *Church Dogmatics*, Edinburgh: T&T Clark, 1957, p.94.

44) 리처드 니버(Richard Niebuhr)의 분류는 다음과 같다: ① '문화에 대립하는 그리스도' 는 기독교인에 대한 그리스도의 전적인 권위를 단호히 긍정하면서도 나머지 문화에 대한 충성의 요구를 단호히 거부하는 것이다. 이러한 자세는 재림의 예수의 임박성을 고대하던 초대 교회의 일부 신앙 행태, 근세의 베네딕트 수도원 운동, 메노나이트파 운동, 퀘이커교도의 유형, 그리고 중년 이후의 톨스토이 등에서 나타난다. 사회가 평가하는 모든 가치들에 대하여 무가치함을 느끼고 전적으로 일반 문화를 배척하는 태도로 살아가는 모습이다. ② '문화의 그리스도' 는 결코 문화를 편들어 그리스도를 배척하는 이들, 즉 기독교 신앙을 무시하는 문화인은 아니다. 그러면서도 이들은 문화적 공동체 안에서 아무런 생소함을 느끼지 않는다. 즉, 이들은 문화 안에 있는 가장 중요한 요소들은 그리스도의 사역과 인격에 가장 일치되는 것이라고 설명한다. 이러한 '문화-프로테스탄티즘' 유형은 바실리데스, 발렌티누스 등의 헬라문화 속에서 존재하는 기독교적 영지주의자들, 중세의 피터 아벨라드, 근대의 알브레히트 리츨 같은 이들을 꼽을 수 있다. ③ '문화 위에 있는 그리스도' 는 그리스도와 문화와의 관계를 '이것이냐, 저것이냐' 가 아니라 '이것도, 저것도' 의 관계로 보았다. 이들이 보는 그리스도는 문화의 그리스도인 동시에 모든 문화 위에 있는 그리스도이다. 이를테면 초대 교부 중 알렉산

드리아의 클레멘트에게 있어서 철학은 '히브리인을 그리스도에게 인도한 율법과 같이 헬라인을 그리스도에게 이끌어 온 선생'이었다. ④ '역설적 관계를 가진 그리스도와 문화'의 패턴에서 보는 문화는 전체적으로 균열이 생겼고 심각하게 부패되어 있다. 만일 하나님께서 그의 은혜로 이 죄악 중에 있는 세상을 붙들어 주시지 않는다면 이 세상은 일 분 동안이라도 존속할 수 없다. 그러나 이들은 그 자신도 그 문화에 속해 있는 자로서 도저히 거기에서 벗어날 수 없다는 것을 잘 알고 있다. 이들은 타락의 현실을 강조한 나머지 창조의 적극성을 간과하는 보수적 경향성을 띄고 있다. 이 역설적 이원론에 속하는 이들은 루터, 키에르케고르, 트뢸치 등이 있다. ⑤ '문화의 변혁자'의 입장에서 생각하는 문화의 문제는 개혁 혹은 개변의 문제이지 재창조 혹은 새로운 창조로 대치할 문제는 아니라고 보는 태도이다. 이들은 역사란 근본적으로 인간이 만들어 내는 사건의 과정이 아니라 언제나 신과 인간의 극적인 상호 행동에서 생겨나는 것이므로 역사 안에서 신은 어떤 일이든지 하실 수 있다는 역사관을 제시한다. 이 유형에 속하는 이들로서 사도 요한, 바울, 어거스틴, 칼빈 등을 꼽을 수 있다. 리처드 니버, 김재준 역, 『그리스도와 문화』, 서울: 대한기독교서회, 1992참조.

45) 리처드 니버는 그와 트뢸치(Ernst Troeltsch)의 관계를 설명하면서 "내가 가장 많이 신세졌다고 생각하는 분은, 평생을 두고 교회와 문화의 문제에 전념한 신학자요 역사가인 에른스트 트뢸치일 것이다. 나의 이 책은 그의 저서인 '그리스도 교회의 사회적 교훈'이라는 책의 보족(補足) 또는 부분적인 정정(訂正)을 시도한 데 불과한 것이다. 트뢸치는 그리스도교 역사 안에서 인간과 그 활동의 다양성과 개별성의 연구가 얼마나 중요하다는 것을 나에게 가르쳐 준 분이다. 그는 이 풍부한 다양성을 미리 설정된 관념 속에 강제로 맞추려는 것을 싫어하면서도 미토스(신화)에서 로고스(말씀)를 찾으며 역사 안에서 이성(理性)을 존재 안에서 본질을 찾으려고 추구하였다. 그는 나에게 역사적 객체들 뿐 아니라 역사적 주체 즉, 역사의 관찰자 또는 해석자가 더 많이 상대성을 가지고 있다는 것을 가르쳐 주었다. 교회와 세상과의 대결에 관한 트뢸치의 해명을 내가 이 논문에서 정정하려고 노력한 점이 있다면 그것은 주로 내가 그의 역사적 상대주의를 신학적, 그리고 신중

심적 상대주의의 빛 가운데서 이해하려고 시도한 그것이다. 유한한 것을 절대화하려는 것은 신앙에서 탈선된 것일 뿐 아니라, 이성에서도 탈선된 것이라는 것을 나도 믿고 있다. 그러나 이 유한한 인간과 그 활동의 상대적인 역사의 전부가 절대인 하나님의 통치하에 있다는 것을 믿어야 하겠다"라는 심정을 토로한다. 리처드 니버, 상게서, p. 6.

46) Klass Schilder, *Christ and Culture* , Winnipeg: Premier, 1977, passim.

47) 여기에서 일반은총은 다음 일곱가지 근거에 기인한다. ① 만물을 통치하고 보존하는 하나님의 보편적 섭리, ② 하나님의 속성적 자비와 사랑, ③ 일반 계시를 통한 진리의 빛, ④ 가정을 비롯한 창조질서, ⑤ 하나님의 형상대로 창조된 인간성, ⑥ 그리스도의 대속과 그로 인한 세계의 구속, ⑦ 세상의 빛과 소금으로서의 언약 공동체의 존재. H. Henry Meeter, *Calvinism: An Interpretation of Its 'Basic Idea*, Grand Rapids; Zondervan, n.d., p.89.

48) 리처드 니버, 상게서, pp.229-233.

49) 상게서, p. 230.

50) 상게서, pp. 254-255.

51) 헤르만 도예베르트, 문석호 역, 『서양문화의 뿌리』, 서울:크리스챤다이제스트, 1994, p. 66.

52) 위르겐 몰트만, 전경연, 박봉랑 역, 『희망의 신학』, 서울: 현대사상사, 1973, pp. 268-300.

53) 이정용, 이세형 역, 『역의 신학』, 서울: 대한기독교서회, 1998, passim.

제 2 부

종교 다양성과 그 해석

제 4 장
종교 갈등 시대의 삶과 해석

- '참여와 관찰' 의 과제

문화신학적 방법론의 긴장성을 끝까지 유지하려고 노력했던 폴 틸리히(Paul Tillich)는 그의 말년, 1961년 가을 콜롬비아 대학의 초청으로 이루어진 뱀프톤(Bampton) 강연에서 "오늘날 살아 있는 종교 상호간의 만남 및 그 모든 종교들과 세속적인 유사 종교의 여러 상이한 유형과의 만남에 대한 증가하는 관심"에 특별히 주목한 후 "신학자의 입장에서 '관찰하는 참여자'로서 세계적인 종교 상황"을 다루는 일련의 연설을 시도한 바 있다.[1] '텍스트'와 '콘텍스트,' '복음'과 '문화'의 양국면에 대한 대화와 그 상호간의 접점이 주는 '만남'의 의미를 중요한 신학적 과제로 인식했던 틸리히가 말년에 이르러 소위 '제1세계'안에서의 '전통'을 넘어서는 '세계적 상황', 그 중에서도 특히 종교적 다양성에 익숙한 동아시아 세계에 주목한 후,[2] 이를 통한 또 다른 차원의 '전통'의 구축을 시도하고 있는 국면은 이후 후학들에게 진지한 신학적 영감을 제시하고 있다는 점에서 그 의의가 적지 않다고 사료된다. 그러나 이 같은 의의에도 불구하고 틸리히의 인식이 다분히 '선언적 차원'에 머무르고 있는 나머지 보다 실존적 참여의 치열함이 결여되어 있다는 점, 아울러 그 주제의 심각성을 인식함에도 불구하고 개개 종교의 다양성과 그것을 가능하게 했던 문화의 토양에 대한 미시적 관찰이 결여되었다는 점 등은 아쉬움으로 남는다는 비판도 함께 감수하여야 했다.

이후 약 반세기 가까운 세월의 흐름은 실제로 '종교신학의 르네상스'라고 말할 수 있을 정도로 다양한 배경으로 다양한 관심들이 개진되었다. 특히 상기(上記)의 '참여의 치열함'과 '관찰의 진지함'을 바탕으로 전개되는 '종교간의 대화'혹 '기독교와 타종교의 만남'등의 주제는 이후 '신학함'에 있어서 빼 놓을 수 없는 핵심적인 사안(事案)으로 자리잡기에 이르렀다. 이 논의들 모두를 이 곳에서 열거하는 것이 쉬운 작업은 아닐 것이나 본고에서는 지금까지 주제와 연관된 논의의 대략을 먼저 간단히 정리해 보고자 한다. 이를 통해 작금의 점증하는 '다종교적 상황과 그 안에서의 신학적-실존적 이해'의 관심에 대하여 집중적으로 논의하고 아울러 당면한 현안에 대한 해석학적 논의의 방향을 모색해 보고자 한다.

I. 종교신학의 대두

먼저 '종교신학의 대두'라고 평가할 수 있는 칼 라너는 '익명의 그리스도인 개념(The theory of anonymous Christian)'을 사용하고 있다. 라너에 의하면 타종교 속에 포함되어 있는 구원에 이르는 지혜들로 무장한 이들은 그들이 그것을 의식하는지의 여부와 상관없이 이미 익명의 그리스도인으로 인정될 수 있다는 생각이다. 이러한 개념을 사용함으로써 라너는 종래의 기독교가 보여주는 독존적 배타주의에서 탈피할 수 있는 길을 열어 놓았다고 주장한다. 라너는 종교다원주의에 대한 다음의 네 가지 테제를 설정한다. 1) 기독교는 만인을 위한 절대적 종교(The absolute religion)라고 자신을 이해하는 신학적 해석을 견지한다. 2) 역사적 종교로서의 기독교 출현 이전이나 이후에 있는 모든 세계 고등종교에도 또한 하나님에 대한 자연 지식이 내포되어 있을 뿐만 아니라, 그리스도 예수로 말미암은 온전한 은총에 접촉하기 이전에도 그리스도로 말미암는 초자연적 요소를 또한 함축한다. 3) 위의 것이 옳다면 그리스도교는 타종교의 신앙인들을 단순한 비기독교인으로 만나는 것이 아니라 이미 익명의 그리스도인(The Anonymous Christian)이라고 생각할 수 있고 또 마땅히 그렇게 생각해야 한다. 4) 역사적 종교 공동체, 사회 공동체의 형태로 존재하는 역사적 기독교 그 자체는 아직 감추어져 있는 구원의 실재를 시공 속에서 앞당겨 증언하는 은총의 공동체로, 아방가르드로서 현존할 뿐이다.[3]

존 힉(J. Hick)은 칸트의 인식론의 근본 전제라 할 수 있는 '물자체 (Ding an sich)'와 '표상(Die vorstellung)', 또는 '본질(The noumena)'과 '현상(The phenomena)'의 이분법을 자신의 신 이해에 적용시키면서 모든 위대한 종교 전통은 공통적으로 '그 또는 그녀나 그것 자체 내의 실재 자체 (The real an sich)와 인간에 의해 경험되고 사고되는 실재 사이의 구별'을 시도한다고 주장한다.[4] 예를 들어서 기독교는 신의 무한하고 영원한 자존적 존재와 창조자로서 인간과 관련된 존재를 구분하며, 힌두교는 궁극자 자체인 '니르구나 브라만(Nirguna Brahman)'과 인격적 신성인 '이스바라(Isvara)'로 알려진 궁극자 '사구나 브라만(Saguna Brahman)'을 구별하고, 대승불교는 영원한 우주적 불성(佛性)인 '법신 (Dharmakaya)'과 천상적 불타로서 '보신(Sambhogakaya)' 및 지상적 불타로 현현된 '화신 (Nirmanakaya)'을 구별한다. 그러나 존 힉에 의하면 이 같은 종교 체험의 다양성에도 불구하고 궁극적 실재는 '하나의 신적 본질(The one divine noumenon)'일 뿐이다.[5] '예수를 그리스도'라고 고백하는 기독교인에게 있어서 '예수 경험'은 그것을 넘어서는 '신적 본질'로 향하게 하는 하나의 표상이며 이 같은 표상은 불교도에게 있어서 그들이 '화신'의 경험을 통해 우주적 불성과 연결되는 이치와 같다는 사실을 주장하고 있다.

폴 니터(Paul F. Knitter)는 『오직 예수 이름으로만(No other Name)?』이라는 저술을 통하여 기독교 신앙의 특수성과 보편성의 다양한 문제를 제기함으로써 이에 대한 응답을 시도하고 있다. 그는 종교의 다원성에 관한 문제에 대하여 먼저 일반사와 교회사 속에서 시도해 왔던 여러 유형들을 구별하여 정리하고 있다. 먼저 일반 역사 속에서의 태도를 트뢸치(Ernst Troeltsch)의 '모든 종교는 서로 상대적이다(All are Relative)'라는 상대주의적 원리, 그리고 토인비(Toynbee)의 '모든 종교는 근본적으로 동일하다(All are Essentially the Same)'라는 동일주의 원리, 그리고 칼 융(Carl Jung)의 '종교는 공통의 심리적 기원을 함께 소유한다(Common Psychic Origin)'는 동일 심리 기원의 원리 등으로 분리하고 있다. 그리고 또한 종교다원주의에 대한 기독교인의 태도를 '오직 하나의 참된 종교만이 존재한다'는 보수적- 복음주의적 모델, '그리스도 안에서만이 구원이 있다'는 정통 개신교적 모델, '많은 길이 있지만 오직 하나의 참된 규범이 있다'는 로마 카톨릭적 모델, 그리고 '중심을 향하는 많은 길'을 주장하는 '신중심적 모델'로 구분하면서 최근 기독교 신학은 "교회와 하나님의 나라를 동일시하지 않으며 교회적 신앙이 구원을 위해서 꼭 필요한 것은 아니라는 생각의 성장을 주목할 필요가 있다. 또한 이와 같이 예수 그리스도는 신비적으로, 우주적으로, 그리고 익명으로 다른 모든 종교에 함께 내재해 있다는 '코페르니쿠스적 인식의 전환'을 유념해야 한다"고 주장한다.[6]

파니카(Raimundo Panikkar)는 자신의 출생, 즉 카톨릭 기독교 신앙과 힌두교 신앙을 가지고 있는 양친 사이에서 태어난 배경을 업고 소위 '지평융합'적 종교적 대화를 주창하고 있다. 그는 기존의 종교간의 대화들이 자신의 입장들을 고수한 채 소위 타종교에 대한 '탐색' 내지는 '이해'의 범주를 벗어나지 못하는 실상을 지적하면서 종교간의 대화는 각 종교의 특별한, 그리고 일반적인 교리적 주장을 통해 자신의 입장을 고수한 채 단단한 벽을 가지고 있는 방식의 대화를 넘어 상대방의 종교로 서로 '개종'될 수 있는 가능성을 직면하면서 이를 통한 종교적 성숙을 모색하여야 한다고 주장하고 있다. 이 같은 종교간의 대화는 '믿음, 소망, 사랑' 안에서 서로의 진지한 만남으로 이어지는 서로의 인간적, 영적 성숙을 지향하는 방향으로 나아갈 수 있다는 가능성을 진지하게 논의하고 있다.[7] 그는 '신앙(Faith)'과 '믿음(Beliefs)'의 개념을 구분하고 있다. 신앙은 초월적 존재와 개인의 만남을 통해 얻어지는 궁극경험으로서 이것은 단순하게 어떠한 특정한 언어로 묘사되기 어려운 개인의 특별한 종교 체험이다. 개인이 경험하는 궁극적 체험을 언어로 묘사하는 것은 한계가 있다. 그럼에도 불구하고 각 시대별, 지역별 개인의 궁극체험은 언어로 묘사되어 일반화되는 과정을 겪는 바, 이것이 '믿음' 인 것이다. 이 '믿음' 은 자신의 종교 전통이 어느 곳에 속해 있는가에 따라 각각 그 성격이 규정된다. 기독교인이 '나는 성부, 성자, 성령 하나님을 믿는다' 라고 말할 때 실제로 그는 "기독교의 교리적 체계에 매인 신(Deus ex machina ad usum christianorum)"을 믿는 것이 아닌 어느 곳에나 존재하는 진리의 실체, 그리고 심지어 그의 경험의 틀을 넘어서 존재하는 그 어떤 실재를 믿는다"는 말이다.[8] 특정한 종교의 교리는 이 같은 궁극적 경험에 대한 최소한의 언어적 표현양식이기에 이 같은 양식을 통해 나타나는 소위 '믿음' 체계는 개별 종교의 특성을 담고 있지만 궁극적으로는 그것을 뛰어넘는 초월적 존재와의 만남을 지향하고 있는 바, 이러한 초월적 궁극 존재는 모든 특별한 종교를 넘어 함께 공유할 수 있는 '지평융합' 을 이룩할 수 있다.

윌프레드 스미스(Wilfred Cantwell Smith)는 종교사(History of Religion)적 관점에서 그의 '세계신학' 을 지향한다. 그는 신학의 미래가 모든 종교가 유사하다는 가정에 근거하고 있는 것이 아니라 모든 종교들이 공동의 종교적 역사를 공유하고 있다는 가설을 주장한다. 그는 과거의 역사를 통해 어떻게 서로 영향을 주어왔으며 또한 영향을 주고 있고 또한 영향을 줄 것인지에 대하여 주목한다. 인류 종교의 역사에 있어서 그들이 그것을 인지하든 못 하든, 또는 그것을 직시할 의지가 있든 없든 상관없이 '통일성' 을 발견하는 것은 그리 어렵지 않다. 이슬람적 형태를 통해 수세기 동안 신은 이슬람 교도들의 삶에 함께 동참해 왔다. 또한 불교도들의 삶의 양식을 통해, 힌두교도들의 생활 속에, 그리고 유대인들의 삶 속에, 그리고 또한 기독교인들의 삶 속에 또한 그렇게 동참해 왔다. 그러한 신은 이제 또한 우리의 시대에 새로운 형태의 모습으로 존재하기를 원하신다. '교회 밖에는(Extra Ecclesiam) 구원이 없다' 는 전통적 기독교적 명제는 이제 더 이상 의미를 지니고 있지 않다. '샬롬(Sha lom)'의 세계는 단지 '유대적-기독교적(Judeo-Christian)' 틀에 더 이상 머물러서는 안된다. 세계사 속의 종교들은 이제 자신의 벽을 넘어 한 울타리 안에서 함께 논의될 수 있는 '세계 신학'을 소유하여야 한다.[9] 이 같은 완성된 종교가 아닌 '되어져가는 종교(Religion in the Process)'에 대한 스미스의 사상은 화이트 헤드의 과정 철학에 힘입은 바 있다. 화이트 헤드는 신의 양극적 본성(Dipolarity)을 제시함으로써 고전적 유신론자들의 실체론적 한계를 극복하려 하고 있다. 즉 신의 '원초적 본성(Primordial nature)'에 의하면 신은 그 어떤 다른 존재에도 의존하지 않는 존재의 절대성을 갖지만, 신은 그의 '귀결적 본성(Consequent nature)'에 의해 다른 모든 존재에 대하여 상대적인 현실성을 갖는다고 주장한다. 이로 인해 종래의 유신론의 '단극적(Monopolar)' 견해가 낳는 신의 절대 타자성, 불변성, 자존성, 전능성, 무감정성을 넘어서 인간의 행위에 의해 실제로 영향을 받는 신에 대한 이해를 소유하고 있다. 이 같은 귀결적 본성으로서의 신의 현현이 각 시대와 각 지역에서 그들이 체험하는 고유한 형태의 신적, 종교적 형태를 이룩하였다. 그러나 이 같은 종교형태는 단극적인 것이 아닌 보다 넓은 원초적 본성의 신을 향하는 한에서 지금도 계속해서(In the process) 제 3의 형태로 나아가는 과정에 있다고 볼 수 있다고 주장한다.

한편, 한국에서의 종교다원주의를 대변하는 변선환은 무엇보다도 한국개신교가 타종교와의 대화의 과제의 중요성을 실감할 만큼 '성숙성'을 보이지 못하고 있다고 비판한다. 그는 이러한 경향성을 '프로테스탄트 병(病)'이라고 명명하면서 개신교의 현실을 진단하되 '오직 기독교진리만이 참 진리라고 배타적으로 보고 있는 보수주의 목회자는 81.2%, 평신도는 약간 낮아져서 62.9%'라는 수치적 통계를 인용하고 있다.[10] 그러면서 "우리 교회는 너무 오랫동안 십자가를 전통종교와 문화에 대한 아나테마(咀呪)와 정복의 상징으로만 십자군(十字軍) 맨탈리티를 가지고 해석하여 온 문화적 고아, 아니 문화 파괴자의 몫을 담당해 왔다"고 성토한다.[11] 이같이 오늘의 한국 신학의 풍토는 주로 서구신학의 제국주의적 신학풍토, 즉 타종교를 '악마' 라고 보는 배타주의적 신앙의 한계를 극복하지 못한 채 이를 앵무새처럼 답습하는 수준에 머무르고 있다고 진단한다. 이러한 비판적 안목으로 바라볼 때 "타종교는 서구 신학의 관점에서 보는 신학의 수단이 아니라 오히려 목적이며, 신학의 객체가 아니라 주체"이다. 또한 이같이 주체와 객체의 뒤바뀜은 '타종교와 신학' 이 아니라 '타종교의 신학' 이라는 새로운 주제를 배태할 수 있다고 보았다. 한국의 기독교인에게는 아시아의 타종교들이 이방적인 것이 아니라 오히려 기독교가 이방적이다. 그러므로 '이방적인 복음이 우리 마음의 고향인 아시아 종교와 문화와 합류되고 편입되는 참된 토착화' 를 기대하여야 한다. 또한 기독교인을 포함한 모든 사람이 신 앞에서는 이방인인 것이다. 그러므로 우리는 타종교인과 함께 이러한 이방성(소외)을 극복함으로써 세계를 인간화시키는 선교적 책임이 있음을 깨달아야 한다. 따라서 "그리스도인이나 비그리스도인이 다 함께 선교의 주체가 되고 상호 객체가 되는 열려진 대화의 길을 밝혀 나아가는 길"[12] 속에 종교의 신학이 존재한다. 우리의 정체성을 찾기 위해 철저하게 이러한 타종교의 신학을 밀고 나아가야 한다고 주장한다. "그러기 위하여 한국 신학은 대담하게 다음 세 가지를 포기해야 한다. 종교에 대한 서구적 편견과 교회중심주의와 그리스도론의 배타적 절대성의 주장이 바로 한국교회가 포기하고 타파해야 할 우상들이다"라는 것이다.

변선환에 의하면 지금까지의 소위 '한국적신학' 의 양 방향, 즉 '토착화신학' 과 '민중신학' 은 모두 나름대로의 한계를 노출하고 있다. '토착화신학'은 민중의 한을 알지 못했으며 이와 반대로 '민중신학'은 인간의, 특히 아시아인들의 종교성을 경시하였다.[13] 그러나 '종교신학'의 양상은 이 같은 한계를 극복하는 면모를 보이고 있다고 주장한다. 변선환은 앞으로 전개되는 종교신학의 방향으로서 '첫째: 그리스도 계시의 유일회적 배타성에 대한 서구신학자들의 전통적인 주장에서 벗어나서 비그리스도교적인 아시아의 구원론에 성실한 신학, 아시아 종교의 신학을 세울 것.[14] 둘째: 서구의 기독교가 유대, 희랍, 로마, 게르만의 여러 요소에서 섭취하여 스스로를 풍요하게 한 종합체이듯이, 동양종교의 도전을 받고 있는 오늘날 기독교는 동양적 사유 방법을 받아들이고 정화하여 스스로를 풍부케 하면서 동과 서의 철학과 신학의 새로운 종합체를 형성하며 문자 그대로 에큐메니칼한 세계신학을 형성시켜 나가야 할 것.[15] 셋째: 특히 한국적 상황에서 기독교가 타종교를 정복하려는 편견과 폐쇄성을 깨치고 교리와 이론의 차원을 넘어서 보다 근원적인 실존적 존재론적 체험과 실천적 윤리의 차원에서 서로 대화하고 협력하여야 할 것. 왜냐하면 위대한 승리는 어느 종교가 더 적극적으로 사랑을 실천하고 어느 종교가 초월자 체험, 즉 '궁극적 관심'을 잘 나타내고 있는가로 평가되기 때문임[16]'을 제시하고 있다.

　이러한 변선환의 주장은 홍정수, 김경재를 거치면서 그 논조가 이어지고 있다. 홍정수와 김경재는 종교다원주의에 관한 이론들을 분석하여 그 유형을 나누고 있다. 그 같은 유형은 1) 칼 라너 등이 중심이 되고 있는 '그리스도 중심적 포용주의'가 그것이고 2) 존 힉과 윌프레드 스미스 등이 보여주고 있는 '신중심적 보편주의' 이론이 그것이다. 그런데, 칼 라너 등의 첫 번째 종교다원주의 이론은 엄격한 의미에서 종교다원주의라기 보다는, 그리스도 중심의 구원관에 대한 또 다른 포장일 뿐이라고 비판한다. 이 같은 '그리스도 중심적 포용주의'는 여전히 기독교를 중심으로 하는 '종교제국주의적 배타주의'를 완전히 탈피한 것이 아니라는 것이다. 김경재에 따르면 이 같은 포용주의는 종교다원주의가 아니며 그것은 일종의 종교우월주의 또는 뜨거운 선교의 열광적 광신주의의 이면이다. 진정한 종교다원주의는 우월감이 숨어 있는 포용주의적 차원을 넘어서 동등한 위치에서 선교의 차원이 아닌 대화의 차원을 유지하여야 한다고 주장한다.

II. 전통적 기독론의 폐지, 과연 대안인가?

이상의 논점들의 전개는 각 저자의 개별적 경험의 차이에 있어서 그 각론의 독특성을 보이고 있으나 일반적으로 논의할 때 여전히 핵심 주제를 형성하고 있는 점은 계시와 역사의 독특한 경험으로서의 기독교 케리그마가 문화와 상황에 접목되면서 어떻게 이해(해석)되어야 하는지에 대한 관심이라고 요약할 수 있다. 특히 기독론(Christology) 중심의 배타적 구원관에 저항하는 논지들이 그 주종을 이루면서 '구원의 독점과 배타'를 주장하는 기독교적 케리그마는 이제 '구원의 보편성과 포괄성'을 담보하는 '신론(神論)' 중심으로 전환되어야 한다는 논의들이 집중적으로 제기되었다. 이들 논의들은 주지하는 바와 같이 소위 '종교다원주의(Religious Pluralism)'적 논지를 공유하고 있으며 이는 '종교의 다양성(Religious Plurality)'을 용인하는 현상학적 수용의 한계를 넘어서서 일정한 논리의 형태로서 현대 한국사회의 신학적- 해석학적 논의의 한 축을 형성해 오고 있는 것이다. 이상의 '타종교에 존재하는 구원의 가능성에 대한 관용적 수용'으로서의 '종교다원주의' 논리는 소위 기독교의 배타성, 즉 '계시의 독점적 소유에 대한 자만심(?)을 가진 전통 기독교 케리그마의 주장'을 철회하면서 그 반대 급부로서 더 이상 종교간의 갈등이 없는 평화로운 공존이라는 선물(?)을 얻었다는 점에서 비종교인을 포함한 현대적 휴머니스트들의 폭넓은 지지를 획득할 수 있었다.

그러나 이 같은 기독교의 정체성을 구성하는 핵심으로서의 기독론의 포기, 즉 예수 그리스도를 그 신자들만의 구세주로 말하고 더 이상 다른 모든 사람들 각자의 구원이 달린 구세주로 말하지 않는 다원주의적 메시지가 가져올 필연적 결과에 대하여 몇 년전(2001년) 한국을 방문하여 '현대문화속의 신학'에 관한 일련의 강연을 통해 자신의 입장을 밝혔던 판넨베르그(W. Pannenberg)의 충언은 음미할 만한 가치가 있는 것이었다. 판넨베르그는 전통적 기독론의 폐기는 궁극적으로는 기독교 정체성의 상실을 가져올 것이며 아울러 타종교의 입장에서도 자신들의 핵심적인 진리의 체계를 양보하면서 종교적 통일성과 갈등해소를 모색한다는 입장은 자신의 종교의 정체성을 포기하는 결과를 가져올 수밖에 없음을 지적한 바 있다. 그는 "오늘날 존 힉(John Hick)이나 다른 사람들에 의해서 주창되어 유행하는 종교다원주의 신학의 주된 과오는 많은 종교들을 동일한 신적 실재에 대한 다양한 접근들이며 마치 이 접근들이 필연적으로 상호 갈등을 일으키지 않는 것처럼 생각하는 것이다"[17]라고 비판하면서, 그러나 "종교들은 바로 이 한 분 하나님의 성격과 인간을 향한 그의 요구에 대하여 차이를 보이고 있음"을 지적한다. 즉 "한 분 하나님의 참 정체가 무엇인가를 두고 나오는 이러한 불가피한 갈등을 도외시하는 것은 종교들의 현실을 왜곡하는 일이며 진리에 대한 갈등, 신적 실재의 본성과 그 현현에 대한 갈등은 불가피함"을 주장한 바 있다. 판넨베르그는 기독교적 체계로서의 기독론의 배타성을 완화시키려는 목적으로 '신중심적 대화의 패러다임'을 구축하려는 현대 다원주의 경향에 대하여 정면으로 그것을 비판하면서 결국 '신중심주의'로의 전환에도 불구하고 필연적으로 그 신(神), 즉 하나님의 정체에 대한 인식과 현현의 독창성과 본성적 인식의 차이는 피해갈 수 없는 사안(事案)임을 환기시키고 있는 것이다.[18)

이상의 현대적인 논의들을 종합해 볼 때, 과연 종교간의 갈등을 야기시키는 현상을 감수하고서라도 '종교간 진리의 배타적 독점'을 지킬 것인가? 혹은 개별 종교의 정체성을 다소 희생하더라도 그 상호간의 일치와 배움의 기회를 더욱 강조할 것인가라는 식의 다분히 '정치적, 혹은 목적론적 접근'으로서의 '양자택일' 문제로서는 오늘 우리가 당면하고 있는 사안의 발전적 해법을 찾기에 부족함을 지적할 수 있다. 오히려 우리는 지금 우리가 제기하고 있는 문제의 해법을 기독교가 역사 속에서 성장, 발전해 오면서 스스로 실존적 제 문제들을 자신의 체계 안에서 어떻게 수용하고 또한 이를 통하여 그 반성적 사유의 결과를 자신의 체계에 다시금 어떻게 적용해 왔는가를 숙고하는 일의 중요성을 환기하고자 하는 것이다.

다소간의 시차(時差)가 있음에도 불구하고 '현대신학의 제 과제'를 물었던 1983년 튀빙겐의 국제학술회의에서 향후 기독교가 당면할 제 '도전'들의 국면을 예견했던 제럴드 브라우어의 제언을 음미하는 일은 이 점과 관련하여 여전히 유효한 논의가 아닐 수 없다. 그는 향후 기독교가 당면할 도전에 대하여 '다원주의', '세속주의'와 함께 '세계종교'를 지적한 바 있다.[19) 그 중 특히 '세계종교의 도전'에서 그는 "1893년에 개최된 세계종교대회는 (종교들 사이에) 새로운 관계가 성립되었음을 알리는 신호였다. 그러나 이 종교대회는 모든 종교들에 공통적인 추상적 윤리적 원리들을 강화하기 위해 모든 종교의 역사성과 고유성을 부인하려고 노력하는 계몽주의적 원리들에 바탕을 두고 새로운 관계를 수립하려 했다. 이 대회는 종교들 사이의 개방성과 우애를 보여주었으나 그들 사이의 진지한 대화에 이르지는 못했다"고 비판하면서 "모든 종교에나 어느 대화를 절대적으로 거부하는 집단들이 있다. 예컨대 그리스도교에서는 근본주의 자들이 그렇고 이슬람교에서는 쉬아파들이 그렇다. 그러나 모든 종교들에는 서로 이해함으로써 그 자신도 더욱 잘 이해하도록 진지하게 노력할 때가 왔음을 인식한 집단들이 있다"고 그 의의를 정리하고 있다. 즉 '자신의 역사성과 고유성에 대한 이해'가 한 축이라면 '서로의 이해를 통한 자신의 이해'가 또 다른 한 축일 수 있다는 가능성을 제시하고 있는 것이다. 우리는 이 같은 '철저하게 역사에 뿌리박은 역사 종교로서의 기독교'의 경험을 통해서 향후 그 지향할 방향의 일단을 가늠할 수 있다는 제안을 주목하면서 그 같은 경험이 '계시와 문화'의 상관성에 관한 해석적 일단을 위해 어떻게 작용했는지를 순차적으로 묻고자 하는 것이다.

Ⅲ. 역사적 기독교의 교훈

전술(前述)한 틸리히가 모든 종교들은 "종교로부터의 자유일 뿐 아니라 종교를 위한 자유인 정신적 자유 속에서 (상호간의 대화의 목적을 발견하여야 한다)"라고 말했을 때 그는 무엇보다도 기독교의 가능성은 자신의 역사 속에서 이 같은 "역동적인 생명, 즉 기독교가 자기의 근거를 이루어 주는 힘 속에서 서로 만난 다른 종교들을 비판하고, 또한 자기의 근거를 이루어 주는 자유 속에서 서로 만난 종교들로부터 비판을 받아들이는 그 긴장 관계에 의해서 육성된 것"이었음을 지적하면서 이 같은 "개방성과 수용성은 기독교의 영광"이었다고 술회하고 있다.[20] 실제로 "기독교의 역사 자체가 곧 종교사라고 말하는 하르낙의 언급은 결코 지나치지 않다"는 그의 인식은 우리의 논의에 유익하다. 이처럼 기독교는 그 역사 속에서 "예언자들과 예수에게서 시작되어 교부들에 의해 계승되었고 몇세기 동안 이슬람교와 기독교 반유대주의의 발흥으로 중단되었다가 르네상스와 계몽주의 시대에 다시 계속된 그 연속된 선"으로서 "비기독교에 있는 계시적인 경험을 긍정하는 기독교 보편주의의 긴 역사적인 노선"이 있어 왔다.[21]

주지하는 바와 같이 팔레스타인에서 예수와 그의 공동체의 역사 내적 경험으로부터 시작된 기독교는 그 확장과 발전의 경로를 겪는 동안 줄곧 주변의 제반 '세계관과 그 핵심으로서의 종교'와 조우하면서 자신의 정체성을 더욱 공고히 다지는 과정을 밟아 왔다. 실제로 헤브라이즘의 모판 속에서 생성된 기독교가 희랍 세계와의 만남을 통해 꾸준히 자신의 정체성을 다져나가는 가운데 삼위일체론으로 요약되는 신론과 또한 '예수 그리스도는 하나님의 아들'이라고 요약되는 기독론의 고백 양식을 공고히 할 수 있었다는 점은 새삼스러운 사실이 아니다. 이 때 나사렛 예수의 삶과 수난, 부활로 요약되는 역사 내적 계시 사건이 소위 '예수 공동체' 구성원들에게 자신의 언어와 문화, 그리고 인식의 틀 안에서 어떻게 경험되었는지를 '고백'하는 내용들이 기독교를 구성하는 핵심내용으로 자리잡게 되었다는 사실을 염두에 둘 필요가 있다. 즉, 도그마(Dogma)로 인식되는 교리적 정립은 역사내적 계시사건의 자기 시대와 자기 언어, 그리고 자신의 문화적 총체성 안에서 인식되어진 양식들의 인식소(認識素)라는 개념을 크게 벗어나지 않았다.

이 점과 관련하여 먼저 교부시대에서 찾을 수 있는 역사적 기독교의 교훈을 주목해 볼 때 소위 '변증신학자'들의 신학방법론을 떠올릴 수 있겠다. 저스틴(Justin Martyr), 타티안(Tatian) 등으로 알려진 희랍문화의 배경 속에서 기독교신앙의 의미를 물었던 이들은 소위 '상관관계(Co-relation)'적 방법론을 통하여 "유대적 배경 속에서의 기독교 신학이 주류를 이루었던 초대 기독교의 범주를 당대의 '보편주의적' 지평으로 끌어들이는 노력을 기울였다"는 것이다.[22] 이들은 계시적 사건으로서의 기독교 복음이 당시 지중해 세계의 지배적 세계관을 형성하고 있었던 희랍과 로마의 제반 철학적 사유들 속에서 어떠한 의미를 가지는지를 물었다. 이들에게 있어서 "소크라테스와 같은 이교 철학자가 나중에 예수의 인격 속에서 로고스의 계시를 통하여 명백히 드러나게 되는 것을 희미하게 볼 수 있었던 것은 인간에게 주어진 '씨앗 이성(Logos sperimatikos)' 때문이었다. 로고스가 이스라엘의 역사 속에 다양한 방식으로 희미하게 나타났던 것처럼, 이교도들이 하나님과 선한 삶에 대해 배운 것은 이 로고스의 보편적 기능에 의한 것이었다. 스토아 철학자들, 시인들, 그리고 역사가들은 모두 '씨앗 이성을 소유한 정도에 비례하여 진리를 말했다'[23]고 보았다.

오리겐 역시 "예수의 인격 속에 성육신한 로고스는… 그 이전의 사람들에게도 영감을 주었다"[24]고 말한다. 오리겐은 플라톤의 '파이드러스 (Phaedrus)'를 예로 들면서 그 연원이 구약 성서의 영감에 뿌리한다고 주장한다.[25] 같은 무대에서 활약했던 클레멘트는 플라톤의 '티마이우스' 역시 '히브리인의 가르침에서 연유했다'고 주장한다.[26] 일반적으로 계시 종교로서의 기독교와 희랍의 여타 철학적 체계와의 연관성을 강하게 부정했다고 일컬어지는 터툴리안도 '하나님의 존재, 그의 선하심과 공의에 관한 지식을 포함한 자연법적 지식이 일반인들 안에 존재함'을 부인하지 않았다. 물론 이 같은 '자연법'은 그리스도 안에 계시된 '온전한 법'의 조명으로 다시금 비추어져야 한다고 말하고 있지만, 이들 교부들의 전통이 여전히 당시 '철학' 등으로 표명되고 있는 이교적 세계관과의 조우와 대화, 그리고 이를 통한 상호 개방적 '되어져감'의 가능성을 배제하고 있지 않았다.

기독교의 정체성 형성에 있어서 타 세계관에 대한 개방적 조우로 이루었던 결과물의 가장 극적인 예는 아마도 소위 기독교 교리의 핵심적 부분을 이루는 '삼위일체론'과 '기독론' 형성에서 찾아 볼 수 있겠다. 주지하는 바와 같이 '페리코레시스(Perichoresis)', '프로소폰(Prosopon)' '히포스타시스(Hypostasis)' 등의 언어가 생성된 배경이 주로 희랍적 무대였다는 사실은 전혀 새로운 사실이 아니다. 훗날 기독교 언어로서 그리스도의 신성이 인성으로 침투(Interpenetration)하는 과정을 설명하는 양식으로 사용되었던 '페리코레시스'는[27] 원래 희랍어로서 '주기적인 움직임', '재현', '빙글빙글 돌아가며 춤을 추는 것' 등의 의미로 사용되는 말이었다. 또한 훗날 '휴포스타시스'와 동일한 의미인 '품격(Person)'이란 의미로 사용되었던 '프로소폰'도 동물의 얼굴과 구별되는 의미로서 사람, 혹 신(God)의 얼굴이란 의미로 사용되었으며 아울러 배우가 연극의 분장에서 사용하였던 마스크의 의미로도 사용되었다. 이때의 의미는 '역할(Role)', '부분(Part)' 등의 다양한 용례도 포함하고 있다.[28] '히포스타시스(Hypostasis)' 역시 희랍의 의학과 철학 부분에서 '지탱한다(Support)'혹 '침전(Deposit)' 등의 의미로 쓰이던 용어가 후에 '실재(Reality)'를 지칭하는 용어로 그 의미의 변천을 겪은 후, 카파도기아 교부들의 활동기에 들어서면서 그 단어가 '본질(Ousia)'과 구별되는 '위격'의 의미로 사용되고 있다.

'언어는 지칭하는 사물을 일정한 형태로 창조한다'는 언어철학적 개념을 원용해 본다면 각 시대와 각 문화 속에서 형성된 언어는 객관적인 사물이나 상념을 표현하는 기능 뿐 아니라, 그 시대와 그 문화만이 독자적으로 소유하는 특정한 의미로서 존재한다. 이를테면 '대장부'는 대장부라는 말을 가진 동양문화가 낳을 수 있는 인간상이고 '젠틀맨'이라는 말은 앵글로 색슨 문화가 길러내는 인간상이라는 의미에서 대장부라는 말이 없으면 대장부가 있을 수 없고, 젠틀맨이라는 말이 없으면 젠틀맨이 있을 수 없다는 의미가 성립되는 셈이다. 희랍적 무대에서 형성된 언어의 속성이 희랍적 세계관을 담고 있었음을 주시할 때, 같은 모양의 언어라 할찌라도 그것이 유대-기독교적 맥락에서 사용되는 경우, 그 의미는 원래의 의미와 일정한 차이를 보이는 것은 어쩌면 당연한 일일 수 있다. 어쩌면 유대-기독교적 맥락에서의 기독교 정체성이 다소 훼손될 수 있음에도 불구하고 초대 교부들이 문화와 함께 언어적 개방성을 유지하고 있음은 우리의 주제와 관련하여 주목할 만한 준거(準據)를 제공한다. 이들 니케아와 칼케돈공의회를 전후한 교부들의 신학활동은 결과적으로 '모든 진리는 기독교진리(All truth is Christian Truth)!' 라는 구호와 아울러 '애굽을 탈취하자(Spoil the Egypat)!' 는 모토에서 살펴볼 수 있듯이, 나름대로 타 세계관과 문화 그리고 언어에 대한 기독교 복음의 개방성과 역동성을 동시에 유지하고 있다는 점이다.

IV. 고립주의와 혼합주의를 너머

특정한 종교적, 철학적 신념을 바탕으로 하는 기독교 이외의 '타세계관'에 근거하는 언어와 그 배경으로서의 문화 양식이 기독교의 핵심 교리 정립과 그 정체성 형성에 일정한 부분에서 역할을 감당하였음을 논의했을 때, 필연적으로 이와 함께 대두되는 주제는 '기독교의 정체성'을 확립하는 문제였다. 기독교의 타문화에 대한 개방성의 다른 극단으로서 '영지주의' 등이 대두되면서 이에 대한 대응의 양식으로서 기독교적 정체성과 그 실체로서의 '전통' 개념의 정립에 일정한 노력을 기울이게 된다. 터툴리안의 취득시효(De Praescriptione) 등의 이론이 제기되면서

'사도적 전승 (Apostolic Tradition)'의 범주를 넘지 않는 개방성의 허용이라는 나름대로의 메커니즘이 형성되었던 것이다. 물론 '사도적 전승'의 실체가 과연 존재하는가 혹은 전통이라는 것이 과연 처음부터 변함없이(주위의 다양한 문화와 그를 수용한 문화기독교의 형성과제와 상관없이) 존재하는 실체였는가 라는 논점은 여전히 쟁점으로 남아 있는 사안이라고 볼 수 있다. 이레니우스 등의 교부들이 전통의 실체에 입각한 '고전이론(Classical Theory)'에 천착했다면, 하르낙(A.V. Harnack), 워너(Martin Worner), 불트만(R. Bultmann)등은 주로 소위 '전통'이라는 내용도 처음부터 실체로 존재하기보다는 지속적인 대화와 수용, 그리고 변화와 변용을 거쳐 점진적으로 이루어졌음을 강조한다. 하르낙은 주로 헬레니즘과의 관계를, 그리고 불트만은 헬라철학과 동방종교와의 관계를 염두에 두고 있다. 그들에게 있어서 소위 '가톨릭 정통'이란 다름 아닌 원시 기독교 신앙의 대체물인 동시에 그것의 희석인 것이다.[29] 터툴리안과 이레니우스의 고정적 실체로서의 '전통 혹은 전승'이 기독교 정체성을 사도와 그 이후 교부들의 동일한 체험적, 고백적 실체 속에서 유지하려는 '고전이론'의 노력으로 평가할 수 있다면, 워너 등의 '수정이론'은 주로 다소간의 초기 정체성을 희생하더라도 보다 '범세계적', '문화적' 틀을 입고 변용되는 기독교 형성에 더욱 무게를 두고 있다는 점에서 오늘 우리 시대의 제반 현실에 일정한 해석학적 준거를 제공한다. 아울러 이 같은 준거를 통한 해석적 가능성을 제시하기 위하여 우리 논의의 지평을 현대 문화형성의 제반 이론에 잠시 할애할 필요가 있겠다.

각기 상이한 세계관과 문화적, 종교적 양식간의 '만남과 대화, 그리고 수용과 변용'에 관한 다이내믹을 이해하기 위한 문화이론은 먼저 '문화'의 측면에서 인간 본성과 사고를 규정하는 쪽에 무게를 싣고 있는 소위 '문화구속록' 혹은 '문화상대주의'의 입장과 이와는 반대로 인간의 문화에 대한 형성적(Formative) 능력을 우선적으로 생각하는 '문화초월주의'의 입장으로 대별할 수 있겠다. '문화구속론' 혹은 '문화상대주의'를 주장하는 견해는 '인간의 본성적 사고와 행위에 대한 문화의 우선성'을 주장한다. 허스코비츠(M. Herskovits)는 누구나 자신이 속한 문화적 공간에 자신의 사고와 행위가 자유로울 수 없다는 생각에서 '사람의 판단은 각각 자신이 한 경험에 기초하고, 경험은 각 개인이 어릴 때부터 받은 교육(Enculturation)'에 의해 해석된다고 주장한다.[30] 이 같은 주장이 함축하는 의미는 어렵지 않게 이해될 수 있다. 개개인의 가치관과 세계관을 형성하는 인간 사고와 판단의 핵심적 요소는 자신이 속해 있는 사회와 문화 단위의 영향 아래서 형성되는 것이기 때문에 결정적인 모든 판단은 문화 의존적이라는 말이다. 이렇듯 '문화에 의해 (In terms of encultur ation)' 경험을 해석한다는 것은 누구나 문화적 조건에 종속되어 있다는 의미로 해석될 수 있다.

허스코비츠의 문화론은 주로 과거 소위 '서양 중심주의'의 시각으로 문화를 해석해 왔던 문화적 우월의식에 대한 반성으로부터 그 논지를 전개하고 있다. 문화에 대한 이해를 주로 '자기와 자문화 중심'으로 바라보았던 시각은 종종 특정 문화에 대한 또 다른 특정문화의 우열의식과 쉽게 연결되곤 한다. 이 같은 문화의 우열론은 개개인의 사고와 판단의 핵심이 '문화'에 의해 결정된다는 문화구속론적 배경에 대한 이해의 결핍에서 유래한다. 여기에서 허스코비츠는 문화적제제국주의의 틀을 깨고 '문화상대주의'의 기치를 높이려 한다. 문화상대주의는 타문화에 대하여 보다 관용적이며 포용적이다. 그리하여 마침내 모든 문화가 서로 평화롭게 공존하는 '상대주의적 구조틀'을 마련하고자 노력한다. 그런데, 이 같은 문화상대주의는 그 성격의 '민주성'에도 불구하고 문화의 결정론적 성격을 지나치게 확대 강조하는 경향이 없지 않다. 모든 문화는 서로의 영향에 둔감한 채 언제나 동일한 모습으로 유지된다는 전제가 없이 문화구속론은 전통과 기존의 문화틀을 너무 낙관적으로 그리는 경향이 있다. 문화는 늘 일정한 불변의 상태로 정지되어 있는 것이 아닌 '변화'의 한 가운데 있는 형식을 취하고 있다. 문화를 정신의 객관적 산물로 해석하는 틀의 빈곤으로 말미암아 문화에 대한 인간의 창의적 형성 능력에 대하여 소극적이다.

이상의 문화상대주의와는 정반대로 인간의 문화에 대한 형성적 (Formative) 능력을 우선적으로 생각해야 한다는 '문화초월주의'의 주장은 어떠한 논리적 근거를 가지고 있을까? 문화초월주의적 입장에서 월레스 (A.F.C Wallace)는 개개인의 신념의 차이는 실제로 너무나 커서 개인적인 세계관을 문화적인 세계관보다 우선해야 한다고 주장한다. 월레스는 세계관을 정의하면서 '개개인이 실재에 대하여 갖는 기본적인 인식'이라고 말하고 있다. 한 문화의 신념과 행동 배후에 놓인 실재에 대한 기본적인 인식을 함께 뭉쳐 세계관이라고 할 때, 세계관은 다음의 몇 가지 기능을 지닌다고 지적한다. 먼저 인식적 기초(Cognitive Foundation)를 마련하고, 다음으로는 감정적 안정(Emotional Security)을 제공하고, 또한 문화적인 개념을 공고히 한다(To validate our deepest cultural forms). 따라서 개인의 세계관은 문화를 통합(To integrate our culture)하며 문화의 변화를 감시한다(To monitor culture change). 이러한 기능을 수행하는 세계관은 때때로 그 자체의 내적 모순이 있기 때문에 세계관 자체의 변화를 겪게 된다. 그러는 동안 자신도 모르게 점차적인 세계관의 변형(Transformation)을 겪게 된다는 것이다.[31]

한편, 반 퍼슨에게 있어서 문화 형성의 변증법적 구도는 인간의 삶 자체에서 끊임없이 지속되는 '내재'와 '초월'의 긴장 국면에서 파악될 수 있다. 인간의 삶은 문화와 마찬가지로 커다란 새의 흐름 속에 진행되지만(내재성), 단순한 자연의 순환 과정을 벗어나 자신의 본성을 평가하고 그것을 변형할 수 있다(초월). 인간은 자연의 충동을 따르기도 하지만 때로는 양심의 소리에 순종한다. 이러한 긴장 속에서 인간은 문화에 대하여도 늘 무엇이 '어떻게 존재하는가' 라는 질문뿐 아니라 '어떻게 존재해야 하는가?' 를 묻는다. 이 속에서 문화는 끊임없는 긴장 속에 존재한다. 그러므로 '인간의 역사가 발전되어 오는 가운데 도덕적 판단의 새로운 차원과 문화 변혁, 혁신에 대한 충동이 표현된 것은 우연이 아니다.' 문화는 정체된 것이 아니라 지속적으로 변화, 발전되고 있는 것이다.[32]

한편, 종교사회학자 피터 버거 (Peter Berger)는 이상의 '문화접변이론' 에 대한 종교사회학적 적용으로서의 오늘날 신학 안팎에서 제기되고 있는 소위 '종교다원주의' 가 야기하는 상황들을 다음의 몇 가지 항목으로 정리하고 있다. 피터 버거에 따르면 종교다원주의 상황은 종교전통의 탈독점화를 초래하게 되어 종교들 간에 정당화 경쟁을 불가피하게 만들었으며 이로 인해 '종교의 사사화(Privatization)' 현상을 가져왔다고 보고 있다. 즉, 어떤 분화된 제도적 영역(종교, 가족, 여가, 예술)등이 공적 영역(경제, 정치, 법)의 지배적인 제도들로부터 분리되어 사적인 영역으로 퇴거하는 과정이 바로 그것인데, 종교다원주의는 종교를 결국 개인의 '선택' 혹은 '선호' 의 문제로 퇴거시켜 일종의 '사적인 영역(A private matter)' 으로 전락시키는 결과를 가져왔다는 것이다.[33] 이같이 사사화된 종교, 즉 시장 상황(Market situation)에 맡겨진 종교는 소비자의 선택의 문제로 변형되어 결국 종교 본연의 영역인 '성(聖), 거룩함' 의 유지와 확산보다는 표준화, 에큐메니즘, (상품을 판촉하기 위한) 주변적 분화 등의 현상으로 나타난다고 진단한다.

그러나 이 같은 종교의 쇠퇴에도 불구하고 인간 존재의 깊은 심연의 중심에는 궁극적 존재와 단절될 수 없는 지향성, 곧 종교성이 존재하므로 이 같은 지향성을 만족시키기 위해서는 기존의 쇠퇴로 말미암아 상실된 '거룩함'의 영역을 회복해야 한다는 정당성이 제기된다. [34]

오늘 우리의 주제에 관한 논의도 상기의 틀에 크게 벗어나지 않는다. 피터 버거가 분류한 연역적, 배타적 주장의 전통주의는 결국 자신의 전통은 보호할 수 있을지 모르나 타종교와의 대화가 단절되어 자신의 지역적 종파주의의 한계에 머무르는 단절성을 심화시킬 우려가 있다. 그러나 또한 환원적 방법으로의 경향성은 타종교에 대하여 매우 우호적인 태도를 견지함으로 그들과의 대화는 가능하나 자신의 정체성을 상실하고 그 결과 혼합주의적 (Syncretistic) 습합 형태로 전락될 수 있는 위험을 가지고 있다. 이러한 양극적인 경향, 즉 고립주의와 혼합주의를 모두 극복하면서 개방적이면서도 자신의 정체성을 잃지 않는 영성을 소유할 수 있는 당위성을 향하여 오늘의 신학은 대안을 모색하고 있는 것이다.

V. 지평융합적 가능성의 모색

전술한 종교다원주의의 메시지의 기본틀은 '그리스도 중심적 포용주의'에서나 '신 중심적 보편주의'에서나 모두 이른바 '대화와 관용'을 중요한 덕목으로 전제한다. 즉, 자기 중심적(혹 주관적) 신앙 태도로 인해 야기되는 타종교에 대한 배타적 태도를 불식하고 상호 이해의 지평, 더 나아가 제3의 인식으로의 '지평융합적' 가능성을 모색한다. 이 같은 덕목의 빛을 기준으로 비추어 볼 때, '오직 예수 이름으로만'의 구원을 주장하는 근본주의 기독교인의 태도는 지양되어야 할 그 무엇이다. 칼 라너에게 있어서 '기독교 이외의 세계 고등 종교에도 나름대로의 하나님에 대한 자연 지식이 내포되어 있는 가능성'에 대한 개방적 자세가 타종교의 경험에 대한 나름대로의 이해와 용인의 관용성을 염두에 두고 있다면, 존 힉의 '하나의 신적 본질에 대한 다양한 종교적 표상', 파니카의 '기독교의 교리적 체계에 매인 신 너머의 어느 곳에나 존재하는 진리의 실체, 심지어 그의 경험의 틀을 벗어나 존재하는 어떤 실재'에 대한 믿음, 그리고 스미스의 '귀결적 본성을 함께 지닌 신의 본질로 인해 단극적인 신이 아닌 양극적 신의 모습을 역사 속에서 구현하면서 지속적인 과정 안에서 적극적으로 지어져 가고 있는 신' 등을 지향하는 관점에는 '제 3의 신 인식의 가능성 모색'이라는 '배타적, 주관적, 자기 경험적'인 신 인식에 대한 부적절성을 그 핵심 주제로 삼는다.

앞서 고찰한 종교다원주의에서의 주장을 '세계의 여타 모든 종교에는 그들 나름대로의 구원을 담는 진리가 존재하기 때문에 어느 특정한 종교가 구원(진리)을 독점(소유)함으로써 이로 인해 여타 종교를 배격해야 한다는 주장은 용인될 수 없다'라는 뜻으로 해석한다면 이러한 해석의 틀은 오늘 우리의 신학적 과제에 있어서 적극적으로 그 의미를 수용할 수 있다. 현대인들이 대부분 다문화, 다종교 사회에서 살고 있으며 나름대로의 문화적 전통을 통하여 자신들의 신앙(진리)으로 접근하는 현실은 어쩌면 '존재론적 종교 다양성(Religious Plurality)'의 측면에서 당연한 삶의 행태(실존)로 수렴될 수 있기 때문이다.

그럼에도 불구하고 '세계의 여타 모든 종교들의 구원관과 특정한 종교(기독교)의 구원관은 서로 구분할 수 없는 어떠한 동질성을 소유하고 있기에(혹은 기독교 밖의 여타 종교에도 구원이 있기에) 오직 그리스도를 통해서만 구원이 있다는 기독교의 주장은 불식되어야 한다'는 입장의 '구원론적 종교다원주의(Religious Pluralism)' 주장에 대하여 신학적 균형을 찾기는 쉽지 않다. 판넨베르그(Wolfhart Pannenberg)에게 있어서 신은 '만사를 규정하는 현실성(Die alles bestimmende-wirkichk eit)'이다. 따라서 계시는 철저하게 세상과 역사의 현실(문화의 현실) 안에서 이해되고 있다.[35] 판넨베르그는 기독교가 이 세상의 보편성을 초월하여 자신의 진리성을 선포할 수 없으며 이 보편성이야말로 초대 교회가 예수 그리스도의 아버지의 보편적 신성을 위한 근거로서 헬라 철학을 수용하게 된 배경이었다고 주장한다. 그는 근본적으로 기독교의 진리는 특별한 사람들에게만 이해될 수 있는 일종의 마술적 신비가 아니라 모든 이들에게 이해될 수 있는 보편적 역사의 현실로서 증거되어야만 한다고 생각하기 때문에 역사만이 그러한 조건을 충족시킬 수 있는 개념이라고 여긴다. 그러나 그 역사가 실증적 역사는 아니며 계시 이해의 자기권위적 한계를 극복하기 위한 개념화 작업의 신학적 실행이다. 역사 안의 개별 사건이 사건 과정의 전체에서 비로소 그 의미를 가진다면, 역사의 의미는 미래, 즉 역사의 종말에야 비로소 드러난다. 이것은 곧 과거와 현재의 사건들을 포괄하는 어떤 역사 개념도 완결된 것으로 파악될 수 없고, 단지 그것은 미래를 향해 열려 있어야만 하며 동시에 매 현재의 문제에 대하여 개시(開示)하는 힘을 항상 새롭게 검증해야만 한다는 것을 의미한다.[36] 그런데, 이와 같은 '역사로서의 계시' 개념 속에는 역사의 우연성과 개방성이 전제되어야 하고 또한 그러한 전제가 어떻게 '통일성'과 '계시성'을 담보할 수 있을까? 일반 역사를 계시적 차원으로 이해하기 위한 전제는 어디에서 발견할 수 있을까? 판넨베르그는 이 문제를 '신의 사고(Gottesgedanke)' 개념 안에서 수렴한다. 신의 사고는 모든 역사가의 노력에 대하여 본래적으로 필수불가결하다. 따라서 다음과 같은 신학적 명제가 주장된다. '그의 자유의 초월성을 통해서 세계 속에서 우연한 것의 근원이 되는 신은 우연한 것의 통일도 역시 역사로서 정초한다. 그래서 그 속에서 연결되는 사건들의 우연성이 배제되지 않는다.' 이처럼 '역사의 통일은 초월적으로 정초된다'고 보고 있다.[37] 판넨베르그의 이러한 보편역사로서의 계시개념을 증명하는 주요한 명제는 그리스도가 역사의 종말이라는 '세계사건의 기독론적으로 정초된 개관의 원리'라고 말할 수 있다. 그리스도 안에서 역사의 통일성과 우연성 사이의 진퇴유곡이 가장 예리하게 첨예화되면서 해결이 되고 있다. 즉 그리스도 안에서 역사의 종국이 먼저 일어났다는 사실을 통해서 역사 전체의 이해는 가능하게 된다. 역사 속에서 이루어지는 '문화의 세속화'는 초월의 표징으로서, '만사를 규정하는 현실성'으로서 절대적인 기반을 상실했기 때문에 장기적으로는 사회질서의 정당성 상실, 전통적 윤리와 법 의식의 붕괴, 그리고 인간관계에서 헌신의 의미를 상실하게 하여 인간공동체의 존속을 근본적으로 위협하게 된다고 분석하고 있다.[38]

이처럼 판넨베르그와 그의 신학적 동료들에 있어서 기독교 체계의 독특성(구원의 배타성)은 어느 '신 너머의 신(힉)' 혹은 '되어져가는 신(파니카)'과 같은 추상적, 관념적 신이 아닌 인격으로 역사 안에 계시된 예수 그리스도, 즉 스스로 종의 형체를 가져 인간이 되신 '신-인'이신 예수 그리스도와의 실존적 만남에 근거한다. 이 같은 신과 인간의 무한한 질적 차이를 한 분 예수 그리스도 안에서 만나는 사건은 그런 의미에서 여전히 '걸림돌'임에 틀림없다. 이러한 걸림돌의 비껴감의 형태로서 때로 인격적, 역사적 '신-인(예수 그리스도)' 대신에 '가현설(Docetism)'과 '합리주의(Rationalism)'로서의 '신 너머의 신' 혹 '되어져 가는 신'이라는 대안이 제시되기도 한다. 그러나 이 같은 대안이 결코 '역설(Paradox)'로서의 '신-인'이라는 유일회적 긴장성을 비껴갈 수 있는 대안이 될 수는 없다. 여전히 인간은 신 앞에서 단독자로서 이 역설을 끌어안고 신앙으로 '비약'하든지, 아니면 이 걸림돌로 말미암아 파산을 경험하는 양단적 기로에 놓여 있을 뿐이다. 이 같은 점에서 기독교의 소위 '배타성'은 단지 '서구 교회의 산물로서' 배척되어야 할 그 무엇이 아니다. '배타성' 속에 존재하는 긴장성을 양보하여 손쉬운 '포용성'을 나아가야 할 그 무엇이 아닌, 혹은 '교회가 포기하고 타파하여야 할 우상'이 아닌, 오히려 더욱 생생한 '역설의 배타성'으로 더욱 분명히 제시되어야 할 그 무엇인 것이다.

- 우리 시대를 위한 물음

이제 지금까지의 논의를 바탕으로 역사적 기독교에서 배운 질문의 양식과 똑같은 양식으로 '지금(Now)' 그리고 '여기(Here)'에 처한 이들에게 있어서 '십자가에 달리고 또한 부활하신 그분'이 과연 어떠한 의미로 다가오는 분인가? 그분은 '인의예지신(仁義禮智信)'의 덕목과 체계 안에 익숙한 '지금, 여기'의 질문 앞에 어떠한 의미로 다가오는 분이신가? 또한 동시에 '절대 무념(無念)'과 '무상(無常)'의 공(空)'으로서의 세계 인식에 익숙한 이들에게 어떠한 의미이며 동시에 어떠한 분이신가를 묻는 일은 이 시대의 신학함에 있어서 필연적 과제임을 선언한다. 그리고 이와 동시에 이 질문이 답해지는 현장에서 '선교적 과제'로서의 기독교는 무엇을 말할 수 있는지를 동시에 물어야 할 것이다.

1) 후에 이 연설문은 "Christianity and the Encounter of World Religions (기독교 와 세계종교)"라는 이름의 단행본으로 출판되기에 이르른다. Paul Tillich, *Christianity and the Encounter of World Religions*, Minneapolis: Fortress Press, 1962를 참조할 것.

2) '세계종교'에 대한 틸리히의 본격적인 관심은 1960년 그의 일본 여행을 계기로 촉발되었다는 것이 그의 전기작가들의 공통적 관찰이라 할 수 있다. 김경재는 포우크(Wihelm & Marion Pauk)의 견해를 인용하여 "틸리히가 이 여행에서 얻은 결정적인 정신적 경험은 '아무도 인류의 종교를 참 종교와 거짓 종교, 참 종교와 우상 종교라는 흑백 논리로 나눌 수는 없으며, 진리의 포용성과 드러남, 계시적 경험과 계시 사건의 깊이 있는 심도와 포괄성에서 차이가 있을 뿐 결국 모든 종교는 기독교까지 포함해서 사랑이라는 궁극적 척도 아래 종속되고 나란히 진리의 테이블 둘레에 앉아야 할 것임을 자각했다'고 서술하고 있다. 김경재, 폴 틸리히 『생애와 사상』, 서울: 대한기독교출판사,1970, 중 제 1부 '폴 틸리히의 생애'를 참조할 것.

3) 칼 라너, 김경재 역, 『종교다원주의와 예수그리스도의 주성』, 신학연구 27집 pp. 398-400 재인용.

4) J. Hick, *Problems of Religious Pluralism*, Hong Kong; MacMillan, 1985, p. 39.

5) 상게서, p. 42.

6) Paul F. Knitter, No other Name? *A Critical Survey of Christian Attitudes toward the World Religion*, New York: Orbis, 1985, p. 166.

7) Raimundo Panikkar, *The Intra-Religious dialogue*, New York; Paulist Press, 1978, p. 50.

8) Raimond Panikkar, 상게서, pp. 18-19.

9) Wilfred Cantwell Smith, *Towards a World Theology*, Philadelphia; The

Westminster Press, 1981, p. 182.

10) 변선환, "불교와 기독교의 대화", 〈기독교사상〉, 1982년 9월호, p. 165.

11) 변선환, 상게서, p. 165.

12) 한국의 기독교와 한국의 대승불교 간의 대화의 가능성을 논하는 글에서 변선환은 "교리적 차원 너머에 있는 보다 근원적인 실존적 존재론적 차원에서 서로의 종교체험을 통하여 서로 배우며 자기의 전통을 풍부하게 재해석 해가는 것을 통하여 근원적인 변혁을 가져오도록 하여야 한다는 보다 근원적인 공동과제 앞에서 열려진 대화와 협동을 향하여 함께 전진해 나갈 수 있다"고 주장한다. 변선환, 『불교와 기독교의 대화』, p. 163.

13) 변선환, "비서구화와 제3세계신학—특히 스리랑카의 알로이시우스 피에리스 신부를 중심으로", 〈신학사상〉, 1984년 가을호, p. 550. 여기에서 변선환은 아시아인들에게 있어서 남미의 '해방신학'이 주장하는 것처럼 사회경제적 제반 환경과 종교를 정점으로 하는 문화 일반의 개념과의 어떠한 이분법적 분열이 존재하지 않는다고 지적하고 있다. 즉 아시아인들에게는 본래 종교와 정치(해방)을 구별하는 이원론적 도식이라는 것이 없다고 주장한다. 그러면서도 동시에 1960년대 이래 한국에서 논의되고 있는 '토착화신학'은 아시아의 종교성과 아시아의 현실 곧 빈곤과의 만남에서 '구원의 비밀'을 밝혀야 하는 과제를 등한시함으로써 민중들의 한을 적절하게 다루지 못하고 있다고 비판한다.

14) 변선환, 『비서구화와 제3세계신학』, p. 557.

15) 변선환, 『불교와 기독교의 대화』, p. 167.

16) 변선환, 상게서, p. 179.

17) 볼파르트 판넨베르그, "기독교와 타종교들", 『현대문화 속에서의 신학』, 서울: 아카넷, 2001, pp.203-221을 참조할 것.

18) 이 같은 판넨베르그의 주장에 대하여 김경재는 "기독교의 절대적 진리 주장을 수용하지 않으면서도 그들 자신은 기독교인이라고 고백하는 가능성이 얼마든지 있을 수 있으며 또한 동시에 자신의 종교전통과는 다르나 서로 통하는 진리체험을 주고 받음으로써 '상호' 보다 풍성하게 하는 '체험'을 구현할 수 있는 가능성이

존재하는 데 있어서 판넨베르그에게는 이 같은 인식이 결여되어 있다"고 논박한 바 있으며, 배국원은 "판넨베르그는 신정통의적 배타주의를 피하지만 다른 한편 으로는 신중심적 다원주의도 역시 비껴가고 있다 …그러나 기독교적 진리의 최 종적 성격을 결코 포기하지 않으면서 선교론적 명령의 연장선상에서 이루어지는 종교간 대화는 분명한 한계를 가질 수밖에 없는 것이 아닌가?"를 묻고 있다. 상기 학술대회에서 제기된 미출판 논평자료 참조.

19) 그 내용에 대하여는 한스 큉, 데이비드 트라시, 『현대신학은 어디로 가고 있는 가』, 서울: 한국신학연구소, 1989, pp. 13-20을 참조할 것.

20) Paul Tillich, 상게서, p.70.

21) 상게서, p.66.

22) 이 점에 있어서 야로슬라브 펠리칸(Jaroslav Pelikan)은 "초기의 기독교인들은 희랍인들을 복음에 이르게 하기 위하여 유대인이 될 필요가 없다는 것을 인식하 였다. 이러한 전제로부터 그들은 피선교 민족들의 지배적인 종교에서 긍정할만한 모든 것을 긍정해야만 하며, 기독교를 이러한 민족들이 갖고 있는 기대의 수정과 완성으로 제시해야만 한다는 결론에 이르게 되는 것으로 보았다… 그것은 예수 그리스도는 이스라엘의 메시야 기대에 대한 성취일 뿐만 아니라, 이방인들의 필 요와 열망에 대한 신학적 응답이라는 원리에 근거하고 있는 것이었다. 부분적으 로는 이러한 선교적 관행의 결과로서, 교회가 이방 민족들을 저급한 단계에서 더 높은 단계의 헌신과 예배로 인도하게 되면서, 자연 종교와 계시 종교의 관계에 대 해 이와 유사한 입장이 기독교 신앙의 발달 과정에서 명백히 드러난다"고 평가하 고 있다. 야로슬라브 펠리칸, 박종숙 역, 『고대교회교리사』, 서울: 크리스챤다이 제스트, 1995, pp. 99-100.

23) 저스틴, 제 2 변명, 13. 3, 헨리 비텐손, 『The Early Christian Fathers』, 박경수 역, 초기 기독교 교부, 서울: 크리스챤다이제스트, 1997, p. 89에서 중용.

24) 펠리칸, 박종숙 역, 『고대교회교리사』, 서울: 크리스챤다이제스트, 1995, p.58에 서 중용.

25) 상게서, p. 60.

26) 상게서, p. 60.

27) 카바도기아의 바질(Basil)같은 경우 "아들 안에서 보여진 아버지의 모든 것은 아들이 아버지에게 속한다는 사실을 말한다. 아들의 모든 것은 아버지 안에 거하며, 그리고 아버지는 모든 것을 그 자신 안에서 소유한다. 즉, 아들의 본체(Hypostasis)는 아버지의 본체(Hypostasis)가 아들의 모양(Form) 안에서 인식되는 것과 같다"고 설명한다. Basil, letter, 8, 강일구, 『기독교언어의 발생과 그 역사적 의미』, 기독교언어문화논집 제 1집, p. 97에서 중용.

28) Eduard Lohse, "prosopon", *Theological Dictionary of the New Testament*, vol. VI, ed. Gerhard Friedrich, trans, Geoffrey Bromiley, Grand Rapids, Mich: Wm, B. Eerdmans Publishing Co., 1977, p. 769.

29) 본 논의를 위해서는 본인의 졸고, '그러면 누가 전통을 이야기할 것인가?' 계명신학 제 8집, 1993, pp. 87- 113을 참조할 것.

30) M. Herskovits, *Man and His Works*, New York:Knopf, 1967, p. 63.

31) A.F.C Wallace, *Revitalization Movements*, American Anthropologist 58, pp. 264-281.

32) 반 퍼슨은 문화 발전의 모형을 신화적 단계, 존재론적 단계, 기능적 단계로 각각 나누어 생각해 보고 있다. 먼저 "신화적 단계란 주변의 신비로운 힘에 인간이 사로 잡혀 있는 것으로 생각하는 태도를 가리킨다. 신화나 천재지변 등의 힘에 의해서 인간은 수동적으로 주변의 정황과 문화 상황에 반응할 뿐이다. 두 번째 단계로 볼 수 있는 존재론적 단계는 신화적 힘의 압도에 더 이상 사로잡히지 않고 인간이 자립적으로 사태를 연구하는 태도를 가리킨다. 인간은 예전에 사로 잡혔던 모든 것으로부터 이제 거리를 두게 된다. 인간은 존재하는 것 일반에 관한 이론(존재론)과 개별적인 모든 존재에 관한 이론(과학)을 세운다… 세 번째 단계인 기능적 사고는 현대인들이 점점 취하기 시작하는 사고 태도를 일컫는다. 이러한 태도는 신화적 태도처럼 인간을 에워싼 주변의 힘에 압도되지도 않고, 존재론적 태도처럼 모든 것에 거리를 두고 사실적으로 탐구하지도 않는다. 이제 인간은 자신을 에워싼 모든 것에 대해 새로운 관계를 발견하려고 애쓰게 된 것이다" C.A. 반 퍼슨,

강영안 역, 『급변하는 흐름 속의 문화』, 서울: 서광사, 1994, pp. 28-29.

33) P. 서광선 역, 『이단의 시대』, 서울: 문학과 지성사, 1981, pp. 15-17 참조.

34) 이 같은 상실된 종교성의 회복을 위해 피터 버거는 세 가지 가능성을 제시한다. 그 방법은 크게 연역, 환원, 귀납적 방법으로 요약될 수 있다. 버거에게 있어서 연역적 방법(Deductive method)은 전통적-보수적 유형으로서 본래 짜여진 전통 종교의 판도로 복귀함을 의미한다. 그러나 이 같은 연역적 대안은 종교적 성찰의 타당성에 대한 객관적 기준을 부여하는 인식론적 강점은 가지고 있으나, 현대적 상황에서 그러한 절차가 가지는 주관적 가능성을 유지하기 어렵다고 진단한다. 즉 이 같은 방법은 신비주의적 요소에 크게 집착된 나머지 현대적 상황- 종교 다원적 상황-을 도외시할 수 있다는 것이다. 이러한 연역적 방법은 결국 종파주의적 경향을 나타내며, 이것이 지나칠 경우 단지 인지적 소수자(Cognitive minority)가 되어 스스로 자신을 고립시키는, 일종의 게토화 현상을 면하기 어려울 것이라고 판단한다. 환원적 방법(Reductive method)은 적극적으로 전통을 현대화하려는 시도라고 요약할 수 있다. 이것은 현대적 경향 속에서 다가오는 세속화에 대한 동화적 반응, 즉 전통에 대한 더 이상의 유지를 포기하고 현대적 상황에 대해 굴복하거나 순응하려는 자세이다. 전통적인 종교를 다원주의 상황과 타협하여 소비자의 욕구에 맞추면서 자체의 상품성을 개선함으로써 가능한 최선의 방법으로 문제를 해결하는 설득력을 가지려는 태도가 그것이다. 그러나 이 같은 환원적 방법 또한 결과적으로 본질적인 전통 속에 유지되어 온 성(聖)의 붕괴로 나타나며, 전통이 세속적인 번역의 과정에서 그 종교적인 내용과 함께 모두 해소되거나 사라져 버릴 수 있는 약점을 지닌다. 즉, 현대적 상황은 포착하였으나 종교의 본질은 상실하기 쉽다는 것이다. 세 번째 방법, 즉 귀납법적 방법(Inductive method)에 대한 피터 버거의 제안은 긍정적이다. 귀납적 모델의 핵심은 특정한 형태의 인간 경험이 종교라고 불리우는 현상을 정의한다고 하는 것이다. 즉, 종교에 관한 이론적 사고는 그 형태가 어떠한 것이든지 인간의 종교적 경험으로부터 출발하여야 한다는 것이다. 여기서 피터 버거는 인간의 원초적 경험, 즉 궁극 경험을 향한 나름대로의 '신앙'적 경험 안에서 다시금 '초월의 표징(Signals of

Transcendence)'을 찾아 보자고 제안한다. 피터 버거에게 있어서 이러한 '초월의 표징'은 '우리가 살고 있는 자연적 실재의 영역 안에서 발견되는 현상이지만 그 실재 너머를 가리키는 것처럼 보이는 현상들'을 의미한다. 버거는 이같이 현대인들의 일상의 삶에서 나타나는 초월의 표징은 현대적 정신이 지향하는 세속화와 상관없이 인간의 삶에 여전히 종교적 모티프로서 짙게 드리워 있다는 점을 착안한다. 이러한 성향을 피터 버거는 '질서를 향한 인간의 성향', '놀이에 탐닉하는 인간의 성향', '희망을 향한 인간의 성향', '저주를 통한 논증(Argument from damnation)', 그리고 마지막으로 '유머를 즐기는 인간의 성향'으로 정리하고 있다. 물론 이 귀납법적 방법은 나름대로 제한을 가지고 있는것이 사실이다. 피터 버거, 상게서, 참조 요망.

35) W. Pannenberg, *Offenbarung als Geschichte*, Goettingen: Vandenhoeck & Ruprecht, 1982, p. 20.

36) W. Pannenberg, Hermeneutik und Universalgeschichte, in *Grundfragen systematischer Theologie*, Goettingen: Vandenhoeck und Ruprecht, 1980, p.119.

37) W. Pannenberg, 상게서, p. 73.

38) Wholfhart Pannenberg, *Christianity in a Secularized World*, London:SCM Press, 1988, pp. 33-38.

제 5 장
한국 토착화 신학에 대한 비평적 고찰

– 텍스트와 콘텍스트의 긴장성

소위 '기독교의 토착화'에 관한 논의가 한국기독교계에 본격적으로 시도된 것은 아마도 1960년대 이후라고 말할 수 있다. 크리스토퍼 콜럼버스가 미국 대륙을 발견한 것을 기념하여 세계종교박람회의가 1893년 9월에 미국의 시카고에서 개최되어 종교간의 대화운동이 시도된 이후[1], 종교간의 벽을 허물고 타종교에 대한 이해의 폭을 넓히고자 하는 '종교간의 대화' 운동의 기운은 로마 카톨릭 교회에서 1962-65년에 걸쳐 소집되었던 '제2바티칸공의회'가 '교회 밖에도 구원이 있다'는 교리를 채택하면서 당시 신학적 이슈의 정점에 오를 수 있었다. 이후 개신교에서도 세계교회협의회(WCC)가 중심이 되어 종교간의 대화와 협력의 증진을 위한 노력들이 시도되면서 W. C 스미스, 레이몬드 파니카, 폴 니터 그리고 존 캅 같은 학자들이 나타나 이에 대한 신학적 토대를 세우는 일에 노력을 기울여 왔다.

이와 같은 일련의 세계 학계의 흐름에 대하여 상당한 기간동안 관망적 자세를 유지해 오던 한국의 신학계에는 1965년 윤성범의 '기독교와 한국종교' 논문이 발표된 이후, 작금에 이르기까지 지속적으로 보편적 메시지로서의 기독교가 어떻게 특수한 상황, 즉 한국적 정황 속에 수용, 유지, 발전되어야 하는지에 대한 다방면에 걸친 논의(이 같은 일련의 논의를 '기독교의 토착화에 관한 논의'라고 정리하자)가 시도되었다. 이 같은 논의는 그 동안 한국에 기독교를 소개해 준 대부분 서양 중심의 선교사들이 기독교의 메시지와 함께 그들의 문화적 특성을 함께 소개함으로써 다분히 서양 문화의 옷을 입고 있었던 한국기독교를 어떻게 하면 좁게는 한국, 보다 넓게는 동양(아시아)적 틀 속에서 이해할 수 있을까를 묻는 자기 정체성의 자각 속에서 제기된 신학적 과제라고 말할 수 있다.

예수 그리스도의 사건과 함께 중동 팔레스타인에서 발생한 기독교가 자신의 케리그마(Kerygma)를 전달하는 과정에서 필연적으로 각 시대와 각 지역의 문화와 만나 이를 통해 새로운 형태의 옷을 입는 현상은 극히 자연스러운 일이었다. 보편적 범주의 텍스트(Text)와 함께 개별적 특수성의 콘텍스트(Context)를 고려하지 않을 수 없었던 것이 기독교교회사가 전하고 있는 일관된 메시지라고 할 때, 어쩌면 이 같은 거시적 맥락 속에서 소위 '토착화(Indigenous)'에 관한 논의는 단지 한국적 상황에서만 야기된 것이 아니라는 사실에 주목할 필요가 있다. 따라서 본 고에서 주로 한국적 테두리 안에서 논의되고 있는 주제에 집중하면서도 여타의 보다 넓은 범위에서 논의되어 왔던 동일 주제의 전개를 함께 다루어 보고자 한다. 과거 한국의 토착화 신학(또는 문화신학, 종교신학 등)[20]이 어떠한 과정을 거쳐서 오늘에 이르게 되었는지를 먼저 살펴보고 이에 대한 평가를 시도해 보기로 한다. 특히 성서적, 계시적 특수성과 문화적, 인류적 보편성이 어떻게 화해할 수 있는지, 그리고 이 같은 맥락(Context) 중심의 신학에서 야기될 수 있는 논의의 한계는 무엇인지를 검토해 보고 이에 대한 종합적, 미래 지향적 논의의 방향을 제시해 보기로 한다.

I. 토착화신학에 대한 개념 정립

1. 토착화신학에 대한 성서적 근거

1) 구약성서의 경우

성서는 기독인의 '신앙과 행위'에 있어서 절대적인 규범(Norm)을 제시하고 있으며 또한 모든 신학적 체계는 성서적 관점에서 합당성을 인정받는 한에 있어서 그 정당성이 유지되고 있다. 이 같은 상황을 감안하여 토착화 신학에 있어서도 먼저 그 신학적 근거를 성서적 배경을 언급함으로써 출발하고 있다. 주지하는 바와 같이 성서, 특히 구약성서는 야훼 하느님과 이스라엘 백성간의 언약을 토대로 이루어진, 그래서 특수한 선민의식을 통해 경험해 온 신 체험에 대한 고백적 증언이라고 할 수 있다. 구약 성서는 일부의 메시지(이를테면, 니느웨성에 요나를 파송함으로 이방인에게 구원을 선포하는 야훼의 의지 등)를 제외하고는 기본적으로 선택받은 백성으로서의 유대인들과 주변의 기타 종교인들과의 극단적 변별성을 강조하고 있다.

갈대아 우르의 다신교를 숭앙하는 이교 문화로부터 아브람은 야훼의 음성을 따라 약속의 땅 가나안을 향하는 먼 여정의 길을 떠난다. 그는 훗날 이스라엘 민족으로 성장하는 일련의 긴 역사를 여는 시조로서 그 출발에 있어서 주변의 영향으로부터 확실히 구별되는 특색을 가지고 있는 정신적, 문화적 패러다임을 소유하고 있었다. 이 같은 독특성은 이스라엘이 하나의 국가로서 성장하는 과정에서 애굽을 거쳐 약속의 땅 가나안 지역에 정착하는 과정에서 더욱 공고히 성장하는 바, 출애굽의 여정에서 이스라엘 민족들이 주변의 다른 여러 형태의 타문화를 경험하는 데 이때 그들이 취하고 있는 기본적인 태도는 주로 소위 '십자군이념(Crusade)'이라고 불리울 수 있는 '정복'과 '쟁취'에 근거하는 이념이었다.[3] 야훼 신앙을 모르는 이교도와 이교문화는 남김없이 정복되어야 하고 이들과 타협할 어떠한 여지도 존재하지 않는다는 것이 이들의 기본 입장이었다. 이들에게 있어서는 '순수한' 야훼의 종교와 문화 이외의 그 어떠한 토착 종교를 포용하거나 이들을 용납하는 일은 존재할 수 없었다. 어떠한 의미에서 '토착화'는 곧 타협이요, 자신들의 정체성의 상실이며, 야훼와의 계약을 파괴하는 일이었다. 이 같은 야훼의 단일 신앙과 그를 중심으로 하는 이스라엘의 독자적 종교 문화형태로서의 헤브라이즘은 이렇게 그 초기 형태에 있어서 근동의 다른 종교와 문화를 철저히 배격하는 방법으로 성장, 확대, 발전, 정착했던 것이다.

이상과 같은 상황에서 예견할 수 있는 주변 문화에 대한 폐쇄적이며 닫힌 모습으로서의 구약적 주제는 왕조 형성 이전의 제정(祭政)일치의 통치형태였던 사사기 시대, 그리고 주변의 위협에 효과적으로 대처하기 위해 왕국의 형성을 도모하여 이스라엘이라는 한 국가를 형성하고 이에 대한 유지에 힘을 기울였던 중기 왕조시대[4], 그리고 그 후 왕조의 분립과 멸망의 제 과정에 이르기까지 대체로 지속적으로 유지되어 온 기조였다고 말할 수 있다. 물론 이 같은 주변 문화에 대한 배타성 때문에 이스라엘이 결국 주변 국가에 의해서 훼파되어 가는 과정을 겪게 되는 것도 그들 역사의 일부였다. 히스기야의 아들인 므낫세는 처음에는 앗시리아에 복종하다가 나중에 저항하였으나 결국 추방되고 만다. 므낫세의 계승자였던 요시야는 왕이라기 보다 오히려 예언자에 더 가까운 사람이었는데 그는 신명기적 이념을 부흥시켰으며 자발적으로 모여든 군대를 재건함을 통하여 극단적 야훼주의와 주변 문화에 대한 배타성을 고취시킨 장본인이었다. 하지만 그 결과는 성공적이지 못했다. 요시야는 바로왕의 군대의 통과를 방해하려고 시도하였으나 BC 609년 므깃도에서 살해당하였고 그 후부터 이스라엘은 노예 민족이 될 수밖에 없었다. 그러나 이스라엘은 북왕국 이스라엘이 앗시리아에 의해 점령되었던 포로기에도, 남왕국 유다가 바빌로니아에 의해 점령되었던 포로기에도 야훼를 중심으로 삼는 그들의 구심점을 쉽게 잃지 않는 독특한 삶의 형태를 유지하였다. 비록 야훼께서 예루살렘을 구원하지 않고 이방 민족에게 사로잡혀가는 고통을 주셨지만 이러한 사건들이 이스라엘의 신앙을 흔들어 놓거나 주변 문화에 배타적인 그들의 삶의 양식을 돌이키도록 부추기지는 못했다. '이스라엘의 패망은 하나의 응징, 즉 야훼와의 계약을 철저히 준수하지 못한 응징으로 이해하였기에 그들은 더욱 신명기적 계약의 내용에 매달리면서 자신들의 재건을 암중 모색할 수 있었다.'[5]

물론 이스라엘 민족이 주변 국가에 대하여 주로 '정복'과 '투쟁'을 일삼았다는 사실이 결코 그들이 기본적으로 평화를 존중하고 또한 이를 위해 노력하기를 게을리했다는 것을 의미하는 것은 아니다. 그러나 그들이 도모하고 바라는 평화, 즉 샬롬(Shalom)은 단지 인간의 노력으로만 찾아오는 것은 아니었다. 평화는 기본적으로 야훼의 은총이며 인간은 단지 야훼와의 계약을 성취하는 한에서 그 대가로 평화를 선물로 받는다고 생각하였다. 이들에게 있어서는 정의를 수반하지 않는 평화는 거짓 평화이며 따라서 불의한 자가 천성적으로 일으키는 갈등에 대하여 그들은 인간의 힘에 의지하여 이를 물리치기 보다는 주로 야훼께 의존함으로써 이러한 갈등을 해소하고자 한다.[6] 이들의 역사 속에서 자신들의 고통과 고난을 야훼의 어린 양이 대신하여 담당해 주실 것이라는, 곧 '구속자(사 53장)'를 기다리는 신앙으로 발전되어 나간 사실은 새삼스러운 것이 아니었다.

2) 신약 성서의 메시지

신약 성서는 나사렛에서 태어난 예수께서 '때가 찼고 하나님 나라가 가까웠으니 회개하고 복음을 믿으라(막 1:15)'는 메시지를 선포함으로써 시작되는 그의 공생애, 자신의 제자에게 팔려 십자가에 달려 죽으심, 그리고 죽음 가운데서 다시 살아나셨음을 알리는 그의 제자들의 증언 등에 대한 '예수 사건'을 전하고 , 아울러 이를 통해 '새로운 공동체', 즉 교회의 탄생을 알리는 내용을 주로 다루고 있다. 예수의 새로운 공동체는 일정한 거리를 두고 구약의 유대교 공동체와 병존의 기간을 공유한다. 피터 버거의 지적처럼 '종교는 하나의 성스러운 우주를 이룩하는 인간의 활동'이라는 정의 아래 새로운 종교의 탄생과정에서 과거 종교가 가지고 있는 상징들에 대한 재해석을 통해 새로운 길을 제시한다고 보았을 때,[7] 새로운 공동체 곧 기독교 공동체는 구약세계의 패러다임을 형성해 온 여러 종교적 상징들에 대한 새로운 해석을 시도함으로써 시작된다고 말할 수 있다. 과거 '회당 중심'의 구약적 제의는 새롭게 생겨나는 '예수의 공동체' 또는 예수를 '주' 요 또한 '메시야'로 고백하는 무리들이 함께 예배하는 '교회 공동체'로 대체되면서 과거 종교적 상징들이었던 아브라함의 혈통, 모세의 율법, 그리고 여러 종교적 제의에 대해 과감한 새 목소리를 내고 있는 것이다.

신약의 공동체는 예수 그리스도가 그의 삶을 통해서 보여 주었던 '아버지'로서의 하나님은 과거 구약의 공동체가 자신들의 혈통과 전통에 근거하여 독점적 특권을 누리는 체계를 뒷받침해 주시는 그러한 '폐쇄적' 신의 모습이 아님을 강조하고 있다. 예수의 탄생을 축하하러 먼 길을 마다하지 않고 달려온 이들은 공교롭게도 자신들의 혈육에게서가 아닌 소위 '이방인' 즉, 이방종교의 전문적 점성술사들이었던 '동방의 박사들'이었다(마 2:1-12). 공관복음서에서는 예수는 이스라엘에서 발견하지 못하는 '믿음'을 이방인인 로마의 백부장에게서 발견하고 그의 놀라운 믿음에 감탄하신다(마 8:10). 또한 예수는 동일한 놀라운 믿음을 이방여인(수로보니게 족속의 헬라여인)에게서 발견하고 치유의 은총을 베푸신다(막 7:24-30). '나의 이웃이 누구냐'고 묻는 유대교의 율법학자에게 예수는 그들이 자신들의 혈통을 더럽혔다는 이유로 백안시하던 사마리아인을 이웃사랑의 정신을 가장 잘 실천하는 인물로 등장시키고 있다(눅 10:29-37). 무엇보다도 그가 십자가에 달려 운명하였을 때 그의 신성(神性)을 알아보고 이를 고백한 인물은 로마의 백부장이었다(막 15:39).

이 같은 일련의 복음서 기록들은 사도행전을 거쳐 바울의 서신에도 지속적으로 연결된다. 사도행전에는 이방인을 향한 하나님의 계획을 위해 당시 '기둥처럼' 여겨졌던 사도적 공동체의 지도자 베드로에 대한 일화와 또한 사울로부터 바울로의 극적인 변화를 통해 하나님께 부르심을 받았던 '이방인을 위한 사도'의 행적에 대한 기록에 대부분의 지면을 할애하고 있다. 유대교 지향적이며 이방인 배타적인 성향을 많이 간직하고 있었던 원시 기독교 공동체의 지도자였던 베드로는 처음에는 이방인에 대하여 교제의 악수를 나누는 것을 꺼려하였다. 그러나 이방인 백부장 고넬료의 집에 청함을 받기 전에 베드로는 모세의 율법에서 먹기를 금하는 각종 짐승들을 환상 중에 목도한 이후 "하나님께서 깨끗케 하신 것을 네가 속되다 하지 말라(행 10:16)"는 음성을 듣고 "유대인으로서 이방인과 교제하는 것과 가까이 하는 것이 위법인 줄은 너희도 알거니와 하나님께서 내게 지시하사 아무도 속되다 하거나 깨끗하지 않다 하지 말라 하시기로 부름을 사양하지 않고 왔노라(행10:28)"고 고백한다. 사실 사도행전에는 원시 기독교 초기에 이방인의 문제를 둘러싸고 그들을 어떻게 대할 것인가에 대한 이견으로 적지 않은 갈등을 겪게 된다. 사도행전 15장에는 원시 기독교 공동체가 이방인에게도 할례 받을 것을 요구할 것인가를 놓고 격론을 벌인다. 그 같은 격론의 한가운데 언제나 바울이 있었다. 바울은 처음 다메섹 도상에서 예수를 만난 직후 그를 '이 사람은 내 이름을 이방인과 임금들과 이스라엘 자손들 앞에 전하기 위하여 택한 나의 그릇이라(행 9:15)'는 극적인 부르심을 입게 된다. 그 이후 바울은 그의 전 생애를 통해서 그리스도의 복음을 이방인들에게 증거하는 일에 쓰임 받게 된다.

이상의 신약 성서의 메시지에서 우리가 발견하는 한 가지 원리는 그리스도를 통해 이 세상을 구원하고자 열망하시는 신의 의지는 결코 어느 특정한 지역이나, 특정한 민족, 그리고 특정한 시대에 머물지 않는다는 점이다. 소위 '지역주의(Localism)'로부터 '보편주의(Universalism)'로 '배타주의(Exclusivism)'로부터 '포괄주의(Inclusivism)'로, 그리고 '민족주의(Nationalism)'로부터 '세계동포주의(Cosmopolitanism)'로의 전환을 지향하고 있다. 신약의 공동체는 '예수 그리스도'가 '주시며, 하나님'이시라는 고백과 함께 이 같은 '복음(Gospel)'을 증거하는 일에 전심을 쏟는 이들의 모임이었다. 바울은 이를 위해 '유대인에게는 유대인처럼 되고 이방인에게는 이방인처럼 되어서' 한 사람이라도 더 그리스도의 복음의 빛으로 인도하려는 그러한 욕망(고전 9:19-23)에 불타 있었다. 이 목적을 위하여 바울은 자신의 처한 형편을 최대로 이용하였던 바, 그가 당시 길리기아 다소에서 태어나 로마의 시민권을 얻었던 사실을 그의 선교에 최대한 사용하였고, 동시에 가말리엘 문화에서 배워 유대인의 율법에 능통한 사실을 통해 유대인들과 논쟁에서 늘 그러한 자신의 입지를 이용할 수 있었다. 바울이 아테네의 아레오바고에서 설교할 때 이방인이었던 헬라인들을 위해 그들을 그리스도의 복음으로 인도하기 위해 소위 그들의 '알지 못하는 신'에 대한 언급도 불사하고 있는 장면(행 17:16-31)은 이상의 신약적 원시 공동체가 이방인 (혹은 이교문화, 이교종교)에 대하여 어떠한 자세를 취하고 있는지를 잘 보여주는 실례라고 할 수 있다. 물론 이 때 바울과 원시 공동체의 구성원들이 목적하고 있었던 것은 단지 타종교와의 대화나 그들을 이해하는 범위를 벗어나 그들을 '그리스도에게로' 인도하려는 목적이었다는 사실을 눈여겨 봐야 할 것이다.

이같이 바울의 관점에서 보면 하나님은 결국 '모든 이들'을 구원하시기로 결정하셨다. 따라서 "유대 사람이나 헬라 사람이나 차별이 없고, 한 주께서 만민의 주가 되시고, 그를 부르는 모든 사람에게 풍성한 은혜를 내리시기 때문이다"(롬 10:12). 그러나 이 같은 사실은 다음과 같은 하나님의 선택의 의지의 결과라고 볼 수 있는 바, 1)구원에 관계되는 한 유대인이 먼저요, 그 다음이 이방인이다 (롬 3:2). 2) 유대인은 '야곱'의 후손이요 참 올리브나무이며 (롬 11:24) 선택된 자이다. 이방인은 '에서'의 후손이요 직접적으로 선택되지 않은 돌 올리브나무이다 (롬 11:17). 3) 참 올리브나무의 자손들인 유대인들이 그들의 역할을 제대로 감당하지 못하므로 돌 올리브나무인 이방인들에게 구원의 기회가 옮겨졌다(롬 11:7).

4) 따라서 참 올리브나무를 아끼지 않고 꺾어버리신 이가 돌 올리브나무도 그렇게 하실 수 있기에 구원에 접붙임을 받은 돌 올리브나무인 이방인들은 이 같은 사실에 감격하고 겸손함으로 자신의 구원을 이루어 나아가야 한다 (롬 11:21). 그런데 이 같은 구원의 역사적 섭리에 포함되지 못하는 이들은 불공평한 취급을 받는 것이 아닌가? 이 같은 질문에 대한 바울은 "혹 네가 내게 말하기를 그러면 하나님이 어찌하여 허물하시느뇨 누가 그 뜻을 대적하느뇨 하리니 이 사람아 네가 뉘기에 감히 하나님을 힐문하느뇨 지음으로 받는 물건이 지은 자에게 어지 나를 이같이 만들었느냐 말하겠느뇨"(롬 9:19-20). 라고 대답한다. 인간이 신의 선택에 대한 절대적 권한에 도전하는 일 자체가 불경스러운 일임을 그는 역설하고 있는 것이다.

2. 교회사적 전통과 문화신학

상기한 피터 버거의 이론에 의하면 새로운 세계를 창조하는 것을 지향하는 신흥종교들의 경우 1) 전통적인 상징들에게 새로운 의미를 부여하고 새로운 상징들이 생겨나며, 2) 새로운 공동체들은 기존의 전통들에 저항하면서 자기 정체를 규정하며, 3) 성스러운 새로운 질서가 탄생되어 그 공동체에 의해서 모든 권력과 의미의 원천이 새롭게 자각되며, 4) 새로운 제의들이 생겨서 제의적인 예배 행위에서 이러한 성스러운 질서를 새롭게 창조함으로써 공동체에다 성스러운 질서를 기억하게 하며, 5) 이러한 새로운 세계를 보존하고 주위의 변화하는 환경에 그것을 적응시키기 위한 메커니즘이 확립되며, 6) 그렇게 되면 결과적으로 통합된 세계관이 출현하면서 그 안에 신학의 체계들과 성스러운 경전과 공동체에게만 의미를 부여하는 것이 아니라 그와 아울러 다른 모든 세계에 의미를 부여해 주는 교권적인 직책이 나타난다' 고 지적하고 있다.[8] 이상의 제반 사회 학적 분석의 틀을 초기 기독교의 형성 과정에 대입해 볼 때 주로 유대교 적, 구약적 전통과의 대립과 재 해석 속에서 새로운 질서를 모색하는 과 정을 상기의 1)- 4)의 과정으로 이해해 볼 수 있다면 상대적으로 이제 새 로운 질서의 확립을 통한 주위의 환경에 적응하는 과정이 5)와 6)의 단계 일 것이다. 이러한 분석은 다시금 편의상 '세계-건설(World-Construc tion)' 과 '세계-유지(World-Sustaining)' 라는 두 가지 측면에서 제반 과정을 정리할 수 있는 여지가 생긴다. 즉, 새로운 종교 질서의 확립이라 는 측면에서 '세계-건설' 의 과제가 원시 기독교 공동체적 성격에서 찾 을 수 있는 주요 임무라 한다면 '세계-유지' 의 과제는 이제 초대 기독교 가 교회적 공동체를 이룩하면서 생겨나기 시작하는 교리(Dogmas), 직제 (Ordnances), 제의 (Liturgy), 그리고 윤리적 실천 (Praxis)등의 제반 사 항에 대한 도전과 이에 대한 공동체의 응전 형태에서 그 모습을 찾을 수 있겠다.

'세계-건설' 의 과정에서 우리의 주제와 관련하여 눈여겨 볼 부분은 원 시 기독교가 구약 경전을 중심으로 하는 유대교와의 관계 설정을 어떠한 원리를 가지고 이루어 나가고 있는가라는 점이다. 특히 원시 기독교는 구약 경전을 그들의 것으로 받아들임에 있어서 적잖은 진통을 겪은 것으 로 보여진다. 주지하는 바와 같이 구약의 경전은 모세를 통해 이스라엘 민족에게 주어진 모세 오경을 비롯, 역사서, 선지서 등을 포함하고 있다. 이들의 내용 중 특히 유대교의 핵심적 교의를 형성하는 부분과 아울러 예전(Liturgy)들을 원시 기독교가 어떠한 입장에서 바라볼 것인가? 이들 을 문자 그대로 새로운 공동체에 수용할 것인가? 이러한 경우 기독교는 또 다른 유대교의 한 분파에 그치고 말게 될 것이다. 그렇다면 기독교 공 동체는 구약의 경전을 배타적으로 대하고 이에 대하여 과감히 거부할 것인가? 이 경우 소위 '구약적 예언의 성취'라는 측면에서 주장되었던 예수의 출생과 공생애 그리고 그의 수난과 부활의 모든 기록들이 그 뿌리를 잃어 버리는 위기를 겪게 되는 문제를 가지고 있다.[9] 이 같은 문제를 해결하기 위하여 원시 기독교 공동체는 기존의 유대인 디아스포라에서 유행하던 성서 해석의 방법, 즉 '알레고리 해석(Allegorical Interpretation)'의 원칙을 수용하는 자세를 취하고 있다. 원래 알레고리적 성서 해석은 당시 희랍 문화의 센터로 새롭게 부상하던 알렉산드리아를 중심으로 유대인 디아스포라들이 그들의 구약 경전을 희랍적 세계관에 익숙한 동시대인들에게 이해시키기 위해 개발해 내었던 해석의 한 방편이었다. 이를 통해 히브리어로 기록된 구약성서를 희랍어로 옮긴 '70인역 성서'와 더불어 유대교의 헤브라이즘을 헬레니즘 세계에 전파하는 데 크게 공헌하였는데 이 때 활동했던 학자로는 '필로(Philo)' 같은 이들이었다. 기독교 공동체는 바로 필로가 중심이 되어 개발했던 '알레고리즘'을 통해 구약 경전을 자신들의 유산으로 수행하는 방법을 선택하고 있다. 이로 인해 원시 기독교 초기부터 형이상학적, 추상적, 영지(靈知)적 희랍의 사유방식을 도입하는 일에 있어서 문화적 충돌이 불가피하였던 바, 교회사가 하르낙 등이 지적한 바와 같이 기독교는 그 초기부터 심각하게 헬레니즘적 세계관을 의식하지 않을 수 없었다.[10]

'세계-건설'의 과정에서도 역시 그 같은 현상은 되풀이해서 나타난다. '세계동포주의(Cosmopolitanism)'를 표방한 원시 기독교 공동체는 이제 그의 구호에 걸맞는 자신의 정체성을 확립하는 과정에서 필연적으로 타문화와 타종교, 그리고 타전통과의 충돌을 경험하게 되는 바, 이 같은 현상은 처음 1세기가 넘어가기 전의 일이었다. 사도들을 잇는 속사도 교부 시대의 저술들 속에서 이 같은 원시 기독교 메시지의 타문화에 대한 '적응(Adaptation)' 노력들이 드러난다. A.D 90년 경의 로마의 클레멘트는 예수 그리스도의 부활을 설명하는 노력의 일환으로 당시 호머의 글에 등장하는 '불사조'에 대한 설화를 사용하고 있다.[11] 이 같은 적응 노력은 곧 이어 등장하는 소위 '변증신학자(Apologists)' 들에게는 한층 더 두드러지게 나타난다. 변증신학자들은 그들 전 시대의 그리스도인들이 그들을 향한 외부의 혐오적 의도들에 대하여 다분히 수동적으로 대처했던 것에 비해[12] 적극적으로 기독교를 비호하고 또한 외부 세계와의 대화를 위해 그들의 언어와 사상을 적극 활용하고 있는 모습을 보여준다. 초기 기독교가 자신을 비호해야 했던 외부의 위협에는 크게 두 가지가 있었다. '먼저는 기독교의 메시지가 로마제국의 체제 유지를 위협한다고 하는 일종의 정치적 고발이었고, 또 다른 한 가지는 주로 철학적 고발이었던 바, 기독교는 죽은 자의 부활을 믿고 또한 신의 성육 등을 믿는 다분히 미신적인 종교라는 점이었다.'[13] 이 같은 공격에 대한 '변증론자' 들의 대응은 크게 두 가지 방향이었다. '첫째는 먼저 자신들을 비방하는 이들에게 의미 있는 응답을 전달하기 위해서 그 어떠한 사상적인 공통 기반을 구축하는 일이었다. 이 같은 공통 기반을 구축하지 못한다면 아마도 어떠한 대화도 불가능하게 되며 당시 이방인들에게 의미 있는 진술을 전달할 수 없다는 것이 그들의 생각이었다. 다음으로는 이교 사상 안에 있는 약점을 지적해 내는 일에 관심을 갖고 있었다. 이교 사상에 있는 모순을 정확히 지적하여 이에 대한 비판을 모색하는 일을 통해 기독교의 수월성을 변증하는 것이 바로 그들이 모색하는 해법이었다.'[14] '변증론자' 들 중 순교자 저스틴은 당시 로마 세계에 널리 퍼져 있었던 스토아 철학의 로고스 이론을 통해 예수 그리스도의 성육신을 설명하고자 하였다. 그의 논점은 기독교인은 로마인들이 고발하는 것처럼 무신론자가 아니라는 점, 그리고 신에 대하여 참 예배를 가르쳐주시기 위해 오신 분이 바로 예수 그리스도시라는 점을 강조하면서 그는 참 하나님의 아들이며 따라서 그의 서열은 하나님 다음이고 또한 성령은 세 번째 서열을 갖는 그러한 구조로 기독교 기본 교리를 설명하고 있다.[15] 특히 저스틴은 예수 그리스도가 하나님의 첫 아들이시기는 하지만 그가 모든 인류가 공유하는 말씀(이성, 로고스)이라는 사실은 그 이전에 이성(로고스)에 따라 산 사람들은- 비록 그들이 종종 무신론자들로 분류된다 할지라도-기독교인으로 간주할 수 있다고 설명하고 있다. 그에게 있어서 소크라테스, 헤라클리투스, 그리고 아브라함, 엘리야 등은 비록 그리스도 이전의 사람들일지라도 로고스의 원리에 입각하여 살아가는 사람들이었기에 이들은 다름 아닌 그리스도인들이라는 것이다.[16]

이 같은 변증론자들의 신학적 인식은 기독교가 지중해 세계의 보다 더 넓은 지역으로 확산되면서 다양한 철학적, 문화적 내용들과 조우하는 과정에서 지속적으로 새롭게 발전하는 양상으로 이어진다. 교회사적 전통에 있어서 처음 2-3세기의 기독교는 마치 토양을 뚫고 새롭게 돋아나는 어린 싹과 같은 것이었다. 그런데 이 같은 어린 싹을 외부의 모진 비바람과 해충들이 그 자라남을 방해하는 위협을 가하는 것과 같은 양상을 관찰할 수 있다. 외부의 비바람이 기독교 세계를 향한 외적 박해와 공격이라면 해충으로 인한 어려움은 아마도 소위 '이단'이라고 불리우는 기독교 메시지에 대한 다양한 왜곡과 변질의 시도라고 볼 수 있다. 당시 초대교회 공동체는 영지주의(Gnosticism), 가현설주의, 성부수난설, 사모사타의 바울, 마르시온주의 등과 같은 다양한 비정통주의자들의 도전에 시달려야 했다. 특히 그 중 영지주의는 당시 지중해 세계에 폭넓게 퍼져 있었던 일종의 혼합 종교적 양상을 띠고 있는 분파였는데, 이들은 주로 전통적인 기독교 가르침에 대한 도전을 통해 그들의 세력을 확산하는 일에 주력하고 있었다.[17] 영지주의는 나름대로 정교한 교리적 체계를 가지고 있는 신흥종교였던 바, 특히 인간의 육체는 저급하고 영혼은 고귀하기에 인간의 육체를 지은 성경의 창세기의 신은 필경 악신일 수밖에 없으며, 또한 인류를 구원하기 위해 강림하신 예수 그리스도는 악한 육신을 입고 이 땅에 오신 것이 아니라 단지 그렇게 보일 뿐(Doceo), 실제로는 순수한 영의 존재였다고 주장한다. 지구는 가견적 물질로 구성된 열등신의 산물인데 인간 안에 존재하는 순수한 영은 지구를 둘러싸고 있는 악한 존재의 차원을 넘어 순수한 영들의 세계(에온)로 상승 비행하는 한에 있어서 그 자유와 구원을 경험하게 된다. 이러한 순수한 영들의 세계에 대한 비밀스러운 지식(영지)은 영으로 오신 예수의 계시에 의해서만 발견할 수 있는 바, 예수를 육체로만 믿는 이들은 아직도 저급한 그리스도인들이며 이 같은 비밀스러운 영지를 통해서 예수를 옳게 발견하는 이들이 영적 그리스도인(Gnostic Christian)들이라고 가르쳤다.

이상의 영지주의의 가르침은 그 내용에 있어서 전통적으로 원시 기독교 공동체로부터 믿고 고백되어져 왔던 육체로 오신 그리스도를 부인하는 심각한 교리적 도전으로 사료되었다. 이 같은 영지주의의 경향성에 대하여 교회사가 하르낙은 '기독교의 예리한 헬라화(An acute Hellenization of Christianity)'라고 정의하고 있다.[18] 이 같은 지적은 당시 헬라 철학이 기독교에 영향을 끼치면서 기독교의 전통적 메시지를 변형, 왜곡할 수 있다는 가능성을 지적한 것이라고도 해석할 수 있다. 이 같은 기독교의 세계화 과정에서 필연적으로 등장하는 전통과 새로운 해석과의 마찰은 초대 교회에서 소위 '정통(Orthodox)'의 개념 정립에 많은 노력을 기울이는 교부들을 배출하는 배경이 되기도 하였다. 라틴 교부로 알려진 터툴리안과 이레니우스 등이 바로 이들이었는데, 이들은 '신앙의 규범(Regula Fidei)' 등의 형식을 빌어 전통적으로 사도들(Apostles)로부터 이어져 내려온 전통적 기독교 가르침을 확립하고 또한 교회의 직제, 즉 군주적 감독제(Monarchical Episcopacy) 등의 체제를 돈독히 함으로써 기독교 메시지의 왜곡과 변형 현상에 대하여 대처하고 있다.[19] 이들에게 있어서 기독교 메시지의 정통성을 가늠하는 잣대는 무엇보다도 '사도적 권위'에 근거해야 한다는 것이었다. 이 권위는 이단을 대처하는 도구로써 사용했던 각종 방안들, 즉 신약성경의 정경화, 신앙의 규범(Regula Fidei), 신조(Creeds)의 확립, 그리고 사도적 계승(Apostolic Succession)등과 관련된 핵심적 내용이었다.[20]

313년 콘스탄틴 황제의 밀란 칙령에 의해서 기독교가 국가의 공인을 받는 종교로 부상되면서 기독교는 또 한번의 전환의 기회를 맞게 된다. 기독교는 탄생부터 줄곧 외부세계로부터 일정한 어려움을 겪었지만 이후부터 당당히 로마제국의 핵심적 종교로서의 위치를 차지하게 된다. 이를 통해 당시 제국의 지배 이념을 뒷받침하는 정신적, 종교적 핵심 세력으로 성장하는 과정을 겪는다. 이로 인해 기독교회는 여러 가지 내·외적 전환을 맞고 있다. 기독교가 '제도적 종교 (Institutional Religion)'로 자리잡게 되면서 그 동안의 '소수(Minority)종파'의 특성을 벗어나 보다 광범위한 제국의 통일이념을 제공하는 일정한 '세속화(Secularization)'의 과정을 겪게 되는 것이다. 특히 교리의 통일, 기독교 건축과 예술의 확장, 예전의 발전 등을 위한 발전적 전기를 맞이한다. 특히 교리의 발전에 있어서 당시 교회가 이후 기독교 세계에 지속적으로 영향을 끼치게 되는 '삼위일체', '기독론', '신학적 인간론' 등을 정립하게 된 것은 교회사적으로 큰 의미를 가지고 있다. 그런데 이 같은 교리의 발전에 있어서 또 다시 기독교는 당시 주변 세계와의 폭넓은 교감을 시도하고 있음을 관찰할 수 있다. 이를테면 삼위일체 교리의 확립에 중요한 역할을 했던 당시의 용어들 '히포스타시스', '페리코레시스', '프로소폰' 같은 용어들은 한결같이 당시 로마와 그 주변 철학 세계의 문화적, 철학적 함의를 내포하고 있는 용어들이었다. 이를테면 삼위일체의 '위격

(位格)을 정의할 때 사용되었던 '히포스타시스'라는 용어가 일반적으로 사용하게 된 것은 "폴리비우스(Polybius, 210-120 BC 때부터인데 그는 처음에 철학에서 사용하는 뜻 '…나타나는 것 뒤에 숨어있는 실재(Reality)'로서 사용하다가 점차로 '계획(Plan)', '목적(Purpose)', '관심(Concern)' 혹은 '기획(Enterprise)'의 의미를 더 첨가하여 사용하고 있다."[20] 이같이 후대에까지 결정적인 영향을 미쳤던 기독교의 핵심교리를 확립함에 있어서 당시 로마 세계와 그 주변 세계의 세계관과 문화관, 그리고 언어철학이 상당한 영향을 행사하고 있음을 알 수 있다. 이 같은 영향들은 나름대로 기독교의 세계화에 기여했고 또한 주변세계와의 공감대를 형성하는, 이름하여 '토착화'의 과정에 일정한 역할을 수행하고 있었던 것이다.

3. 최근 주요 신학자들의 문화신학

과거 기독교의 주요 교리 형성기에 여러 가지 형태로 '적응'과 '변용'의 과정을 겪으면서 역사 속에 자리잡았던 기독교의 케리그마는 이제 근현대에 들어와서 제 신학자들의 신학함에 있어서 중요한 '주제(Subject Matter)'와 '소재'로서 대상이 되고 있다. 이들 주요 신학자들은 '복음과 상황', '텍스트와 콘텍스트', '문화 속의 그리스도'에 관한 주제들을 어떻게 이해하고 또한 평가하고 있을까? 이에 대한 연구는 향후 '토착화 신학'의 방향을 가늠해 줄 수 있는 중요한 전이해를 제공해 줄 것이다. 이 같은 논의를 위하여 오늘의 신학에 큰 영향을 끼치고 있는 주요 신학자들 중 몇몇을 선정하여 그들이 생각하고 있는 제 개념들을 함께 나누어 보기로 한다.

1) 바르트와 계시신학(Theology of Revelation)

오늘의 신학 형성에 많은 영향을 끼쳤던 바르트(Karl Barth)는 그의 신학적 작업을 인간의 이성에 대한 계시의 우선성으로부터 시작하고 있다. 바르트에 의하면 성서에 계시되고 있는 신적 특성은 본질상 인간에게 드러날 수 없는 '은폐성(Deus Absconditus)'으로서의 하나님이라고 할 수 있다. 인간이 하나님의 형상(Imago Dei)대로 창조되었다는 것은 하나님과 인간이 동일화될 수 있는 속성을 우리 인간이 가지고 있음을 뜻하는 것이 아니라 인간이 그의 존재 속에서 하나님의 존재에 대하여 증거하도록 규정되어 있음을 뜻한다. 성서의 하나님은 삼위일체되신 분으로서 창조-화해-구원의 행위와 활동에 함께하신다. 이 같은 신적 행위와 활동의 구체적 현현이 예수 그리스도 사건이다. 따라서 예수 그리스도는 계시된 하나님이라고 말할 수 있다. 이같이 하나님은 자신을 통해서만 자기를 계시하신다. 계시는 이처럼 '하나의 역사적 사건'이며 구체적인 인간에 대한 하나의 구체적 관계인 동시에 하나님 단독의 주권적 행위이기에 자기를 계시하는 하나님은 이 계시 가운데에도 여전히 은폐되어 있다. 즉 계시로서의 하나님(Deus Revelatus)은 동시에 숨겨진 하나님(Deus Absconditus)이시다. "그러므로 '모든 신학적 진술들은 그들의 대상과 일치하지 않는다. 우리에게 말하여진 그리스도의 말씀 자체는 그의 대상과 일치한다. 그러나 이 말씀의 모든 재생은 비록 가장 높고 가장 잘 생각되었고 진술된 것이라 할지라도 대상과 일치하지 않는다. 엄격한 의미에서 하나님 자신만이 하나님의 개념을 가지고 있다. 우리는 하나님과 동일하지 않은 대상들에 관한 개념만을 가지고 있다."[22] 이 같은 '은폐성'은 그의 본질이기에 하나님과 인간 사이에는 '존재유비(Analogia Entis)'가 있을 수 없고 다만 '신앙유비(Analogia Fidei)'만이 존재할 뿐이다. 이 같은 신앙유비는 자신을 인간으로부터 오직 '신앙의 대상'으로서만 존속하고자 하는 신적 의지로부터 연유한다. 하나님은 철저하게 인간에 대하여 타자이고 인간 자신으로부터 구분된 자이며 인간 자신을 만드시는 자이기에 그 자신이 자기를 대상으로 만드실 때만 우리에게 대상이 되는 존재, 즉 하나님과 인간과의 관계는 신앙의 관계일 뿐이라는 것이다.

이처럼 바르트는 '타자로서', '신앙의 대상으로서' 하나님을 인식하는 길은 자신이 스스로 계시하시는 계시의 영역 안에서 배타적으로 인간이 그 인식에 참여한다고 정의하고 있다. 따라서 그 어떠한 "종교가 종교임을 의식하게 되는 순간, 세상에서 심리학적으로 그리고 역사적으로 있음직한 하나의 거대한 존재가 되는 순간, 그것은 그 내적 본성으로부터, 그 진리로부터 우상으로 전락되어버리는 것이다. 종교의 진리성은 그 타계성(他界性)이요, 신성스럽다는 관념의 거부요, 그 비역사성(非歷史性)이다."[23] 바르트에게 있어서 신앙과 이성의 활동은 엄격히 구분되는 것이었다. 성서에 계시된 하나님과 그의 성육신 사건은 인간의 그 어떠한 경험이나 이성 영역의 연장 속에서 사유할 수 없는 '절대적으로 자유스러운 하나님의 주권적 행위'이다. 이러한 의미에서 인간의 경험과 역사적 사유 그리고 심리적 투영으로서의 종교 형태와는 질적으로 다른 그 무엇이라 할 수 있다. 따라서 신앙과 신학은 하나님의 은혜로서 주어지는 하나님의 말씀 이외에 어떤 다른 근거도 가지지 않는다. 소위 말하는 신학의 '학문성'은 이성의 보편적인 길을 통해서 근거되는 것이 아니라 하나님의 말씀, 그의 계시를 통하여서만이 근거된다. "신앙은 '그리스도의 말씀'과 관계한다. 만일 그것이 그리스도의 말씀의 수용, 즉 그것에 대한 앎과 긍정이 아니라면 그것은 신앙이 아닐 것이다."[24]

이상의 칼 바르트의 신학은 쉴라이에르 마허에게서 시작되는 소위 19세기의 '자유주의 신학'에 대한 극단적 부정의 모습을 띄고 있었다. 김균진의 지적과 같이 그것은 "하나님의 본성과 인간의 본성, 하나님의 존재와 유한한 세계의 존재, 하나님의 말씀과 인간의 지혜, 계시와 역사, 신학과 철학, 신앙과 이성, 유한과 무한의 모든 종합을 거부하고 하나님의 말씀에 입각한 기독교와 신학의 순수성을 회복하고자 하는 운동이었다."[25] 주지하는 바와 같이 19세기의 신학은 전통적인 '위로부터의 신학적' 명제를 극복하고 인간 중심, 인간 경험의 주관성을 강조하는 분위기로 흘렀다. 헤겔의 절대이성에 근거한 변증법적 사유를 통해 삼위일체 하나님의 세속화(Secularization)[26]가 나타나는가 하면, 쉴라이에르 마허는 '신앙이란 절대의존 감정'이라는 도식을 주장하면서 인간 경험의 차원에서 전통적인 '위로부터의 신학'을 지양하고 '아래로부터의 신학'에 관심을 기울이게 된다. 이것은 '유한이 무한에 포촉한다(Finitum Capax Infinitum)'는 전제 하에 계시적 영역을 인간의 경험의 영역과 화해시키려는 의도를 내포하고 있는 신학적 방법론이었다. 이 같은 신학의 무대에 바르트는 그의 유명한 '로마서 강해'를 통해 '아니오(Nein!)'를 선언함으로써 그 어떠한 존재의 유비로서의 하나님 인식 가능성을 부정하였다. 바르트에게 있어서 하나님의 계시는 유일회적인 사건 즉 '예수 그리스도'의 오심으로 인해 계시되는 하나님의 성육신 사건에서 온전히 찾아볼 수 있다. 그의 신학은 철저히 '예수 그리스도 중심'이었던 바, 그로부터 소위 '기독교성'을 검증받아야 하며 또한 그로 인해 모든 규범적 사유의 잣대가 시작되어야 한다고 보았다. 1934년에 선포된 바르멘 선언의 제1절은 이것을 잘 나타내고 있다. "성서에 증언되어 있는 예수 그리스도가 우리가 듣고, 살든지 죽든지 신뢰하고 순종해야 할 하나님의 유일한 말씀이다 — 교회가 그의 선포의 원천으로서 하나님의 말씀 외에 다른 사건들이나 힘들을, 형태들이나 진리들을 하나님의 계시로 인정할 수 있고 인정해야 한다는 거짓된 이론을 우리는 배격해야 한다."[27]

이상의 바르트의 신학에서 우리는 어떠한 기독교 복음의 토착화에 대한 일말의 가능성과 암시성을 찾아보기 어렵다. 그는 성경에서 계시된 말씀 외의 그 어떠한 다른 형태로서의 '계시'를 인정하지 않고 있다. 안셈의 명제에서 따온 '이해를 추구하는 신앙(Fides querens Intellectum)'의 '이성'은 그에게 있어서 '신앙의 이해 (Intellectus Fidei)'인 것이다. 따라서 그에게 있어서 그리스도 복음의 계시 이전의 어떠한 '익명의(A nonymous) 그리스도인'의 가능성을 찾기 어렵다. 이 같은 '예수 그리스도' 중심의 신학은 상기한 바와 같이 당시 신학의 세속화를 막는 일에 어느 정도 공헌한 바 있으나 판넨베르그, 몰트만 등이 지적하는 바와 같이 그것이 가지는 극단적 사유로 인해 종종 그 역사적 지평에서 일어나는 종말론적 전망을 결여하고 있다고 사료된다.[28] 아무튼 바르트에게 있어서 소위 '토착화'는 '예수 그리스도 안에서 계시된 하나님의 복음의 본질'을 보존하는 한에서 용인될 수 있는 것이었다.

2) 폴 틸리히(Paul Tillich)의 문화신학

폴 틸리히는 여러 면에서 상기한 칼 바르트와 대조를 이루는 신학자로 알려져 있다. 그의 신학은 일종의 변증신학으로서 인간과 하나님 사이의 존재론적 관계에 일차적 관심을 표명하고 있다. 보통 성서에 계시된 하나님에 대하여 폴 틸리히는 '존재' 혹 '존재 자체'라는 개념을 표현하기를 즐겨한다.[29] 존재 자체 혹은 존재의 힘으로서의 하나님은 자신 외의 다른 모든 존재자와 하등의 점진적인 차이가 없는 오직 무한한 비약의 위치에 있다. 그러나 동시에 그 반면 모든 유한자는 존재 자체와 그의 무한성에 어떤 형태로든지 참여한다. 이 같은 전제는 일종의 모순율을 형성하는 바, 일면에 있어서 '신과 유한한 존재자는 단절된 상태'이며 또한 다른 일면에 있어서 '하나님의 존재, 곧 존재의 근거, 혹은 존재의 힘에 유한자가 참여한다' 고 보고 있다. 따라서 하나님과 유한한 존재자는 참여와 상호관계의 상태, 즉 양자는 존재론적 관계를[30] 이루고 있다고 보았다.

이 같은 '상호관계' 를 이루는 관계성에는 크게 세 가지 영역을 꼽을 수 있다. 첫째는 종교적 상징과 이 상징에 의하여 상징되어지는 것 사이의 상호관계, 즉 '종교적 인식' 의 문제가 그것이고, 둘째는 인간의 영역과 관계된 개념들과 신의 영역과 관계된 개념들 사이의 관계, 즉 '하나님과 세계에 대한 진술' 이 그것이며, 셋째는 종교적으로 사로잡힌 인간 존재와 그를 사로잡는 것, 즉 종교적 체험에 있어서 하나님과 인간의 관계가 그것이다. 결국 '신-인' 사이의 관계는 상호관계로서 양자 사이에는 상호 의존성이 있다고 할 수 있다. 폴 틸리히에게 있어서 주목할 만한 신학적 사유는 상기한 무한과 유한이 반대되는 개념이 아니라 '자기 자신을 무한히 초월하는 유한' 이라고 생각하는 부분이다.[31] 이처럼 그는 모든 유한한 존재자는 존재 자체, 곧 하나님께 속하여 있고 이로 인해 존재 자체와 끊을 수 없는 관계를 형성하고 있다고 생각한다. 이것은 일종의 경외심, 곧 성(聖)을 이루는 핵심이다. "거룩은 인간으로 하여금 궁극적 관심을 갖게 하는 어떤 질(Quality)이다. 거룩한 것만이 인간에게 궁극적 관심을 줄 수 있고 인간에게 궁극적 관심을 줄 수 있는 것만이 거룩의 질(質)이 된다."[32] 그러나 이 거룩함을 이룩하는 궁극과 실재로 존재하는 존재자 사이에는 상호 의존 관계가 성립된다. 이 같은 '상호의존관계' 는 결국 '거룩한 것(聖)과 부정한 것(俗)' 사이에 엄격한 구별을 시도하지 않는다. 유한한 현실의 한 부분은 무한한 것에 대한 진술을 위한 기초가 될 수 있다. 하나님과 세계 사이에는 존재유비(Analogia Entis)가 존재한다. 결과적으로 세계는 하나님에 대하여 이야기할 수 있는 권리가 부여된다.

폴 틸리히의 하나님은 또한 역사의 과정 속에 내재해 계시는 분이기도

하다. 하나님은 존재자와 그의 존재가 계속하여 분리되고 또 양자가 재결합됨으로써 이 분리가 극복되는 영원한 과정이라고 말할 수 있다. 신은 인격이라 부를 때 그것은 하나님이 유한한 인격들에 대하여 유한한 인격이란 뜻이 아니라 '존재하는 모든 것에 무한히 참여한다' 는 의미에서이다. 하나님의 존재는 존재자가 그의 존재로부터 분리되고 또한 분리된 존재와 결합하는 과정, 곧 역사의 과정을 뜻한다. 하나님은 존재에 있어서 이렇듯 역사에 내재하신다. 이러한 역사 내재의 하나님은 그의 성령을 통해서 더욱 확실히 나타난다. 하나님과 인간의 영의 관계는 주객도식이 극복되어야 하며 주체와 객체는 결합되어야 한다. 이러한 의미에서 폴 틸리히의 기도는 하나님이 인간을 통하여 자기 자신에게 말하는 것이기도 하다.

폴 틸리히는 또한 실존적 인간들의 유한성에 대한 문제들에 대한 응답으로서의 하나님을 인식하고 있다. 유한한 존재는 실존하면서 동시에 본질에 참여하고 있다. 이로부터 갈등이 존재한다. 이 갈등 속에서 인간은 '비존재의 위협' 을 받는 데 이 위협은 바로 불안으로 나타난다. 존재자의 유한성은 다음의 세 쌍의 요소로 된 존재론적인 기본 구조를 이룬다.[33] 먼저 개체화와 참여에 대한 구조가 그것이다. 존재자는 독립적인 존재가 되어 하나의 개체를 이루고자 하는 경향이 있는 동시에 또한 참여 없이 어떤 개체도 실존할 수 없다는 의미에서 참여를 지향한다. 그런데 이 같은 양극성은 늘 균형상실의 위험에 직면하여 갈등을 유발한다. 다음으로는 역동성과 형식의 구조이다. 역동성은 자기 자신을 초월하여 새로운 형식들을 창조해 나아가고자 하는 의지이다. 반면 존재자는 자기 자신의 형식을 자기 초월의 기초로서 유지하고자 하는 경향이 있다. 이를 통해 또한 불안이 경험되기도 한다. 마지막으로 존재자는 세계에 대하여 존재하지만 이와 동시에 그는 운명에 의존하기 때문에 세계에 속한다. 이 점에서 그는 자유를 갈망하는 존재이다. 반면 존재자의 운명은 그의 자유의 기초이며 또한 그의 운명은 그의 형성에 참여하기도 한다. 폴 틸리히에게 있어서 하나님은 상기의 존재론적 양극성이 파괴되지 아니하고 평형을 유지하도록 함으로써 비존재로 추락되는 위협을 극복하고 계속 존재하게 하는 존재의 힘의 근원이 되시는 분이라고 할 수 있다.

　이상에서 우리는 폴 틸리히가 궁극과 궁극 이전의 것과의 합일을 기본적으로 지향하고 있음을 알 수 있다. 이를 통해 존재유비가 가능하다. 바르트의 '위로부터의 계시' 는 틸리히에게 있어서 '계시실증주의' 에 다름 아니다. 틸리히에게서는 먼저 전제되고 그에 따라 인간이 순종과 예배와 헌신을 드리고 또 축복과 행복을 얻어내는 하향적 방향으로서의 신 내지는 계시는 큰 의미를 갖지 못한다. 따라서 문화와 역사 그리고 실존의 세계 속에 이미 하나님의 궁극성이 내재되어 있다. 따라서 하나님은 인간의 궁극적 관심의 대상이 아니라 궁극적 관심 자체라고 말할 수 있다. 신은 대상으로서가 아니라 인간의 실존적 사건 내지 실존적 관심 그 자체로 이해될 수 있다고 본 것이다. 이 같은 틸리히의 메시지는 소위 '문화신학' 의 지평을 한껏 열어 놓았다고 평가된다. 그는 본문(Text)와 상황(Context)의 이원론적 구분을 넘어서 상황(Context)속에 이미 본문(Text)을 포함하는 개념으로 해석을 지향하고 있기에 개별성, 개체성, 특수성, 실존성은 그의 신학에서 결코 이차적인 관심의 영역이 아닌, 가장 핵심적이며 중요한 내용을 구성하고 있다. 그가 1951년 가을 버지니아대학의 '제임스 리차드 강좌' 에서 언급했던 논증, 즉 "파스칼에 대하여 나는 말하고자 합니다. 아브라함, 이삭, 야곱의 하나님과 철학자의 하나님은 같은 하나님이십니다. 하나님은 한 인격이시고 또한 한 인격으로서의 자신의 부정입니다"[34]라는 선언은 존재유비의 가능성을 열어 놓는 틸리히의 사유의 경향을 잘 드러내 준다고 볼 수 있다. 따라서 그에게 있어서 '토착화'라는 언어도 새삼스러운 명제가 아니다. 문화의 특수성을 구성하고 있는 특수한 실존의 전제로 할 때 비로소 신학은 올바른 방향으로 나아가는 것이라고 말할 수 있다. 개별적 상황이 전제하지 않는 보편성은 그 내용을 구성하기 어렵다는 것이 틸리히의 관점이라고 할 수 있겠다.

이상의 틸리히의 신학방법론은 그 내용에 있어서 "기독교 변증신학으로서 다소 성공적일지 몰라도 너무나 헬라철학화한 존재론(Ontology)에 기울어 치중하므로 성서의 인격주의적 신관과 신앙고백 및 교의 신조와는 항상 날카롭게 대립되고, 그런 시각에서 볼 때 틸리히 신학은 기독교 신학이라기 보다 종교 철학이요 범신론적 색조를 공(功) 이단적 기독교 사상이다"[35]는 비판을 받아 오고 있는 것이 사실이다. 그럼에도 불구하고 이 같은 틸리히의 신학은 "철학과 신학, 문화와 종교, 동양종교와 기독교 신앙, 사회주의 이념과 예언자 사상, 심층심리학과 신학적 인간학 사이의 경계선상에 서서 기독교 진리를 이 시대에 해명하려고 노력한"[36] 20세기의 '변증신학자'요 '문화신학자'라는 평가를 내릴 수 있을 것이다.

3) '신없이 신 앞에서' — 본훼퍼의 '세속화(世俗化)신학'

본훼퍼(D. Bonhoeffer)는 비록 짧은(39세) 생을 살았지만 그의 삶과 신학은 전후 현대신학 형성에 많은 영향을 끼쳤다는 점에서 숙고할 가치가 있다. 본훼퍼의 삶은 크게 나누어 다음의 세 시대로 구분될 수 있다. 1906-1931년까지의 신학 형성 시대, 1932-39년의 신학 응용 시대, 1940-45년까지의 신학 단편 시대가 그것이다.[37] 그런데, 본 고(考)의 주제와 관련하여 그의 '세속화' 신학에 대한 사상이 가장 잘 드러나는 시기는 마지막, 그의 생애의 후반기이다. 그러나 그의 후기에 나타난 신학 사상들은 그의 생애 초기에서부터 생겨나는 일련의 신학적 물음과 답변의 연장선 속에 옳게 파악될 수 있다고 사료되기에[38] 그의 초기 신학적 관심부터 언급해 보기로 한다. 종교 사회학자 마틴 마티(Martin Marty)는 "그리스도와 문화 사이에 이루어진 19세기의 연속체가 붕괴된 이후 여러 해 동안 크리스천 사상가들은 먼저 성서를 재발견하고 다음에 교회를 재발견하고 다음에 신도를 재발견했다고 종종 말을 하는데 만일 칼 바르트의 '로마서' 출판이 이 과정의 첫 단계를 상징한다면 디이트리히 본회퍼의 '신도의 공동생활'은 둘째 단계의 표시라고 말할 수 있을 것이다"[39]라고 지적한다. 이 같은 지적에서 보듯이 본회퍼는 그의 신학적 관심을 교회와 그것의 사회적 기능을 논하는 입장에서 출발한다. 교회는 어떠한 사회-철학적 단면이 접근할 수 없는 계시 사건이 내재해 있음이 사실이다. 즉 교회의 개념은 신의 영역, 즉 계시에서만 파악되어지고 사회학자나 역사학자가 일반적인 관찰에 의해서 그 본질을 다 알 수 없다. 그러나 이와 동시에 교회는 다른 의미에서 하나의 사회철학적 관심 속에서 함께 파악되어야 하는 양면성이 존재한다. 교회는 무엇보다도 공동체로서 존재하는 그리스도의 모습이다.[40] 이처럼 존재로서의 그리스도, 현존으로서의 그리스도의 모습인 교회는 역사적, 사회적 단면을 내포하는 연속성을 지니고 있다. 이같이 계시는 초월적인 것을 의미하는 것이 아니라 역사적으로 그리고 사회적으로 형태를 가진 이 세계 안에 있는 실체이다. 이러한 의미에서 본회퍼는 하나님이라고 불리우는 어떠한 초월의 개념이나 형이상학에 대하여 의문을 제기하고 있다. 그는 '어떻게 계시가 역사적인 형태로 일어날 수 있는가?', '그리스도교의 교회와 그리고 역사 가운데에서 무한히 변화하는 교회학 상의 정황 사이의 관계란 어떤 것인가?', '그리스도교 신앙이 인간의 심리학적인 요구 이외의 어떤 다른 방법으로 이해될 수 있는가?' 라는 질문으로부터 시작하여 '어떻게 성도의 교제로서의 교회가 하나의 사회제도로서 경험적으로 존재할 수 있는

가?[41]라는 질문으로 나아가고 있다.

이상의 초기 본회퍼의 관심은 1933년 '중심이신 그리스도'를 발표하면서 '오늘의 우리에게 실로 그리스도는 어떤 분인가?'에 대한 질문은 세계와 역사 안에서의 역할에 대한 성숙한 기독교의 입장을 표방하는 '나를 따르라' 그리고 '윤리학'으로 계속 연결되고 있다. 본회퍼에게 있어서 기독교인의 윤리 문제는 그리스도 안에 나타난 하나님의 계시의 현실이 그 피조물 가운데서 실현되어 가는 것이다.[42] 그에게 있어서 '현실'이라는 개념은 자기 자신의 현실이나 세상의 현실이 아니고 예수 그리스도 안에서 자신을 계시하시는 하나님의 현실, 예수 그리스도 안에 있는 하나님의 계시의 현실이다.[43] 즉, 이 현실은 인간학적-실존적 신학의 '상황'이나 혹은 상황윤리의 상황이 아닌 모든 존재하는 것 밖에 그리고 그 안에 있는 궁극적 실재로서 하나님의 현실을 말한다. 기독교 윤리는 그리스도 안에 주어진 이 신적, 세상적 현실의 실현을 탐구한다. 그렇기 때문에 그 목적은 오늘날 예수 그리스도 안에 있는 하나님과 세계의 현실에 참여하는 것이다. 본회퍼는 전통적으로 루터 이래로 개신교 신학의 골간을 이루어 왔던 소위 '두 왕국(Two Kingdom)' 사상, 즉 '현실'을 이해함에 있어서 영적 왕국과 세속 왕국이라는 두 개의 상반된 영역을 설정하는 경향에 문제를 제기하면서 그리스도 안에 있는 '오직 하나의 현실' 개념을 소개하고 있다. 교회의 사회적 책임에 대한 강조와 함께 세계의 모든 현실이 그리스도의 현실임을 강력하게 주장하고 있는 것이다. "세상적인 것이 독자적인 영역으로서 자체를 위하여 존재하게 되는 곳에서는 그리스도 안에서 세계가 받아들여졌다는 사실과 계시의 현실성 가운데 세계의 현실성의 근거가 있다는 사실, 따라서 이 세계의 전체에 대하여 힘을 가지는 복음은 부정된다. 세계는 그리스도 안에서 하나님에 의해서 화해된 영역으로서 이해되는 것이 아니라 오히려 그리스도교적인 것의 요구에 전적으로 종속되거나 자기 자신의 율법을 가지고 그리스도의 법에 대항하는 영역"[44]이라고 세상의 존재에 대하여 규정하고 있다. 소위 그의 '세속화신학'에 대한 명제도 이 같은 '하나의 현실에로의 참여'라는 맥락에서 이루어질 수 있는 개념이라고 볼 수 있다.

루터식의 그리스도 복음이 세속의 영역에서는 무관한 것이 되고 오직 그리스도의 영적 영역에만 관계되는 것이라면 이 같은 이분법적 사유는 세속의 영역에 대한 합법적 자율성을 부여하는 셈이 된다. 이 같은 자율성은 이를테면 히틀러의 국가사회주의의 정치적 종교에 대하여 정치적으로나 종교적으로 그것을 저항하는 근거를 찾지 못하도록 하는 구실을 줄 수도 있다. 기독인은 적극적으로 이 세상의 '악마에 대하여 그리스도의 손 안에 그 세력을 돌려야 할 것'을 주장해야 한다. 그리고 "세계는 그리스도와 악마에 의하여 분할 점유된 것이 아니며 그것은 세계가 그것을 인정하든지 말든지 전체로서 전적으로 그리스도의 세계이다. 세상은 이 그리스도 안에 있는 현실을 불러일으키며 그렇게 함으로써 자기 자신이 악마에 속하고 있다고 생각하는 허위의 현실을 파괴한다. 악하고 어두운 세계는 악마의 손에 넘겨져서는 안되고 바로 육신을 취하고 죽고, 부활함으로써 세상을 획득한 분의 요구에 응해야 한다."[45] 본훼퍼가 그의 후기 저술 '옥중서간'에서 기독인을 가르켜 어떠한 성자도 종교적인 인간도 아닌 오직 단순한 '한 인간(Simply a Man)'이 되어야 한다고 주장하는 배경에는 이 같은 '하나의 현실'에 대한 전제를 가지고 있었다. 중세적 경건의 특징인 '수도원 울타리 안'의 경건을 과감히 무너뜨리고 이제 '세상 속에서', '세상의 한복판'에서 그는 단지 '한 인간'으로서 '하나님 없이 하나님 앞에서' 살아가도록 부름을 받은 존재임을 자각하는 것이다. 이러한 때 기독인의 신앙행태는 어쩌면 다소 과격한 세상성 이외의 아무것도 아니다. 본훼퍼에게 있어서 틸리히와 마찬가지로 '철학자의 하나님과 신학자의 하나님은 동일한 한 분'이라고 선언할 수 있겠다. 그러나 철학자의 하나님을 '존재론적'으로 파악하려 했던 틸리히와는 달리 그것에 대한 '비현실성'을 직시하려 했던 본훼퍼의 시각은 같은 결론을 내리고 있으면서도 그 인식방법에 있어서 차이가 있음을 발견한다. 이 같은 본훼퍼의 '세속화신학'은 현대신학의 큰 흐름, 독일계통에는 '후기불트만주의 (Post-Bultmanian)'라고 불리우는 에벨링(Gerhardt Ebelling)과 푹스(Fuchs) 등에게 영향을 끼치고 있으며, 영미 신학에는 하비 콕스(Harvey Cox), 윌리엄 헤밀톤(William Hamilton), 반 뷰렌(Van Buren)등의 일련의 '세속화' 신학적 흐름에 큰 영향을 주고 있다.

4) '제3세계' 및 서구의 토착화 신학

실제로 본훼퍼의 신학이 새롭게 제기하는 '세속화'의 명제는 마르틴 루터 이후의 종교개혁신학이 지향하는 일련의 흐름 속에서 그 뿌리를 두고 있다고 볼 수 있다. 루터는 교회중심의 특정한 직업, 즉 사제(司祭)만이 신적 부름의 성직(聖職)이라는 중세적 전통의 인식을 넘어서 '만인 대제사장'을 역설하면서 세속속의 일반적 직업 속에서도 신적 소명(Vocatio)을 발견할 수 있다는 사실을 환기시키는 발상의 전환을 시도하였다. 이로 인해 파생되는 직업관은 결과적으로 '자본주의'가 성립되는 사상적 근간이 되었다는 막스 베버의 가설로 이어지고 있음은 주지의 사실이다. 본훼퍼와 동시대인이면서 비슷한 영역을 개척하고 있는 프리드리히 고가르텐(Friedrich Gogarten)은 루터가 주장하고 있는 세속화에 대한 명제는 보통 '세속화'라는 단어가 의미하는 '본래의 기독교 사상이나 통찰력, 그리고 경험을 인간 이성 자체의 것들로 바꾸는 과정'이라는 측면에서가 아닌 '기독인이 하나님의 아들로 남아 있기 위해 세상에서 성숙된 인간으로서 책임을 느끼는' 즉 '하나님은 창조주이시고 세상은 그의 피조물로 남아있기 위한 이성의 한계를 느끼는 한에서 부과되는 자존에 대한 이해'라고 정의하고 있다.[46] 이러한 의미에서 우리는 막스 베버가 이야기했던 '실제로 루터가 꿈 꾼 것은 단순히 수도원 담을 허무는 것이 아니라 세속을 수도원적 이상으로 바꾸려 했다'는 명제를 이해하게 된다.

본훼퍼의 세속화신학은 하비콕스에게 이어지면서 기독인의 세상에 대한 책임이라는 국면이 더욱 강조되고 있다. '그것을 뱀에게 넘기지 않기 위하여 (On not leaving it to the Snake)'라고 명명한 그의 저서에서 콕스는 '인간의 원죄의 모습은 고대의 어거스틴을 거쳐 현대의 폴 틸리히에 이르기까지 많은 기독교 학자들이 지적한 교만(Pride)으로부터 기인한다기보다 게으름, 혹 태만(Slothness)에서부터 유래하고 있다'고 주장한다.[47] 콕스는 '교만이라는 것은 인간의 의도가 인간 이상의 것이 되려는 마음가짐'을 의미한다고 했다. 타락 이전에 분명 이러한 상태의 모습이 인간 속에서 이루어진 것은 사실이다. 그러나 태만은 인간이 그가 의도하려는 것을 유보한 채 그 자신의 과거와 미래에 대한 책임을 회피하려는 경향을 의미하고 이것이 바로 뱀의 꼬임을 받은 선악과 앞에서 아담과 이브가 보여 주었던 행동 양식'이었다고 주장한다.[48] 따라서 콕스는 기독인의 삶에 있어서 '세상'은 포기하거나, 무관심해야 할 영역이 아닌, 적극적인 참여의 장(場)이어야 하며 또한 동시에 '사탄'의 영역으로 포기될 영역이 아닌 적극적인 신적 임재의 현장, 더 나아가 기독인이 자신의 삶 속에서 성화(聖化)를 이루어 나가는 실천적 현장이 되고 있다. 이 같은 도식은 전통적으로 '상황(Context)'에 대한 '본문(Text)'의 우선성, 또한 귀납적 체험에 대한 선험적 깨달음의 수월성 등에 익숙해져 있는 전통 기독교적 패러다임에 극적인 전환(Shift)를 가져다 주는 바, '상황'과 '본문'은 똑같이, 아니 어쩌면 '상황'이 '본문'보다 더욱 중요할 수 있다는 인식을 배태하였다. 소위 '제 3세계 신학'의 자기 정체성 찾기, 상황과 맥락의 우선성을 강조하는 아시아, 남미, 아프리카 신학 등은 이 같은 '세속화신학'의 일련의 흐름 속에서 그 영향을 받으며 성장하였다고 볼 수 있다.

남미의 신학적 정체성을 확립하려는 노력이 주로 이베리아반도의 국가들에 의해 침탈당한 그들의 전통적 문화와 언어 그리고 종교들의 회복이라는 보다 단순한 구도에서 이루어지는 반면[49] 아시아의 지역적 정체성의 확립을 목표로 시작되었던 아시아신학은 그 지역의 광범위함과 종교, 문화의 다양성, 뿌리깊은 가난의 문제 등으로 보다 복잡한 양상을 띠고 있다고 평가할 수 있다. 동아시아기독교교회협의회(East Asian Council of Churches)가 1959년에 아시아 지역의 특수상황 속에서 신학적 작업을 이루기를 노력하자는 선언과 함께 시작된 이래 1973년의 아시아 교회협의회(Church Council of Asia)로 확대 발전되면서 주로 아시아 지역의 전통 종교와의 대화, 빈곤 문제 등에 대하여 기독교는 어떻게 대처해 나가야 하는가를 논의하고 있다. 1964년 EACC 대회가 태국의 방콕에서 열렸을 때 아시아 기독 학자들은 기독교와 아시아의 전통 종교와의 만남(Christian Encounter with People of Other Religion) 문제를 논의하면서 "종교간의 대화에 있어서 기독교 교리와 비 기독교 교리 사이의 만남 보다 각각 자신들의 종교를 가지고 있는 사람과 사람 사이의 만남이 더욱 중요하다"는 '교리 중심'에서 '사람 중심'의 대화적 패러다임을 개척하기를 천명하고 있다.[50] '기독인들의 관심은 사람들로 기독교가 아닌 그리스도의 인격과 사역과 조우하도록 돕는 데 있다'는 구호는 '종교-교리' 중심의 서구적 사유방식으로부터 '사람-만남' 중심으로의 동양적 통찰이 뒷받침되고 있음을 발견하게 된다. 당시 활동했던 주요 아시아 신학자 중 나일스(D. T. Niles)는 '다른 토양에서 자라난' 서구식

기독교를 무비판적으로 그대로 직접 수입함으로 인해 수많은 혼란으로 점철되었다고 비판하였으며 데바난단(Paul Devanandan)은 '아시아의 교회들은 서구의 교권주의적 질서에 말려들지 않기 위하여 그들이 묘사하는 힌두교와 불교의 표현 양식을 그대로 수용하는 잘못을 저질러서는 안될 것이며 따라서 기독교의 아시아적 표현 양식을 개발하는 것이 시급한 과제'[51]라고 지적하고 있다.

이상의 '아시아적 신학'의 태동 움직임은 70년대에 들어와 소위 '상황화(Contextualization)'의 과제로 발전되고 있다. 60년대의 토착화의 주제가 주로 서구 중심신학에 대한 아시아적 적응, 적용, 문화(文化)화 등의 모토를 제1차적 과제로 삼고 있었다면 70년대 들어와 아시아 신학은 세속화, 기계화 그리고 인권 등의 제3세계가 당면하고 있는 제 문제들에 대한 신학적 응전을 그 주요 과제로 삼는 경향을 가지게 되었다.[52] 이러한 과정을 거쳐 주로 70년대 후반, 그리고 80년대에 들어와서는 다시금 '기독교와 타종교와의 대화'를 주요 의제로 삼는 '종교 신학'으로 발전하게 되었던 바, 기존의 기독교 신학이 '기독론중심 모델(Christocentric model)'로부터 '신중심적 모델(Theocentric model)'로 전환되어야 한다고 주창하는 일련의 학자들, 힉(J. Hick), 니터(P. Knitter), 파니카(R. Panikkar), 스미스(W. C. Smith), 그리고 사마르타(S. Samartha)등의 신학이 등장하게 된다. 이들은 '오직 예수 이름으로만'의 구원을 주장하는 그리스도 중심적 신학의 배타주의를 넘어서서 궁극적 실재로서의 신의 초월성을 강조하고 있다. 존 힉(J. Hick)은 칸트의 인식론의 근본 전제라 할 수 있는 '물자체(Ding an sich)'와 '표상(Die vorstellung)', 또는 '본질(The noumena)'과 '현상(The phenomena)'의 이분법을 자신의 신 이해에 적용시키면서 모든 위대한 종교 전통은 공통적으로 (그 또는 그녀나 그것 자체 내의) 실재 자체(The Real an sich)와 인간에 의해 경험되고 사고되는 실재 사이의 구별'을 시도한다고 주장한다.[53] 예를 들어서 기독교는 신의 무한하고 영원한 자존적 존재와 창조자로서 인간과 관련된 존재를 구분하며, 힌두교는 궁극자 자체인 '니르구나 브라만(Nirguna Brahman)'과 인격적 신성인 '이스바라(Isvara)'로 알려진 궁극자 '사구나 브라만(Saguna Brahman)'을 구별하고, 대승불교는 영원한 우주적 불성(佛性)인 '법신(Dharmakaya)'과 천상적 불타로서 '보신(Sambhogakaya)' 및 지상적 불타로 현현된 '화신(Nirmanakaya)'을 구별한다. 그러나 힉에 의하면 이 같은 종교 체험의 다양성에도 불구하고 궁극적 실재는 '하나의 신적 본질(The one diveine nomenon)'일 뿐이다.[54] '예수를 그리스도'라고 고백하는 기독교인에게 있어서 '예수 경험'은 그것을 넘어서는 '신적 본질'로 향하게 하는 하나의 표상이며 이 같은 표상은 불교도에게 있어서 그들이 '화신'의 경험을 통해 우주적 불성과 연결되는 이치와 같다는 사실을 주장하고 있다.

폴 니터(Paul F. Knitter)는 「오직 예수 이름으로만(No other Name)?」이라는 저술을 통하여 기독교 신앙의 특수성과 보편성의 다양한 문제를 제기함으로써 이에 대한 응답을 시도하고 있다. 그는 종교의 다원성에 관한 문제에 대하여 먼저 일반사와 교회사 속에서 시도해 왔던 여러 유형들을 구별하여 정리하고 있다. 먼저 일반 역사 속에서의 태도를 트뢸치(Ernst Troeltsch)의 '모든 종교는 서로 상대적이다(All are Relative)'라는 상대주의적 원리, 그리고 토인비(Toynbee)의 '모든 종교는 근본적으로 동일하다(All are Essentially the Same)'라는 동일주의 원리, 그리고 융(Carl Jung)의 '종교는 공통의 심리적 기원을 함께 소유한다(Common Psychic Origin)'는 동일 심리기원의 원리 등으로 분리하고 있다. 그리고 또한 종교 다원주의에 대한 기독교인의 태도를 '오직 하나의 참된 종교만이 존재한다' 는 보수적- 복음주의적 모델, '그리스도 안에서만이 구원이 있다' 는 정통 개신교적 모델, '많은 길이 있지만 오직 하나의 참된 규범이 있다' 는 로마 카톨릭적 모델, 그리고 '중심을 향하는 많은 길' 을 주장하는 '신중심적 모델' 로 구분하면서 최근 기독교 신학은 "교회와 하나님의 나라를 동일시하지 않으며 교회적 신앙이 구원을 위해서 꼭 필요한 것은 아니라는 생각의 성장을 주목할 필요가 있다. 또한 이와 같이 예수 그리스도는 신비적으로, 우주적으로, 그리고 익명으로 다른 모든 종교에 함께 내재해 있다는 '코페르니쿠스적 인식의 전환' 을 유념해야 한다"고 주장한다.[55]

파니카(Raimundo Panikkar)는 자신의 출생, 즉 카톨릭 기독교 신앙과 힌두교 신앙을 가지고 있는 양친 사이에서 태어난 배경을 업고 소위 '지평융합' 적 종교적 대화를 주장하고 있다. 그는 기존의 종교간의 대화들이 자신의 입장들을 고수한 채 소위 타종교에 대한 '탐색' 내지는 '이해' 의 범주를 벗어나지 못하는 실상을 지적하면서 종교간의 대화는 각 종교의 특별한, 그리고 일반적인 교리적 주장을 통해 자신의 입장을 고수한 채 단단한 벽을 가지고 있는 방식의 대화를 넘어 상대방의 종교로 서로 '개종' 될 수 있는 가능성을 직면하면서 이를 통한 종교적 성숙을 모색하여야 한다고 주장하고 있다. 이 같은 종교간의 대화는 '믿음, 소망, 사랑' 안에서 서로의 진지한 만남으로 이어지는 서로의 인간적, 영적 성숙을 지향하는 방향으로 나아갈 수 있다는 가능성을 진지하게 논의하고 있다.[56] 그는 '신앙(Faith)' 과 '믿음(Beliefs)' 의 개념을 구분하고 있다. 신앙은 초월적 존재와 개인의 만남을 통해 얻어지는 궁극경험으로서 이것은 단순하게 어떠한 특정한 언어로 묘사되기 어려운 개인의 특별한 종교 체험이다. 개인이 경험하는 궁극적 체험을 언어로 묘사하는 것은 한계가 있다. 그럼에도 불구하고 각 시대별, 지역별 개인의 궁극체험은 언어로 묘사되어 일반화되는 과정을 겪는 바, 이것인 '믿음'인 것이다. 이 '믿음'은 자신의 종교 전통이 어느 곳에 속해 있는가에 따라 각각 그 성격이 규정된다. 기독교인이 '나는 성부, 성자, 성령 하나님을 믿는다'라고 말할 때 실제로 그는 "기독교의 교리적 체계에 매인 신(Deus ex machin a ad usum christianorum)을 믿는 것이 아닌 어느 곳에나 존재하는 진리의 실체, 그리고 심지어 그의 경험의 틀을 넘어서 존재하는 그 어떤 실재를 믿는다"는 말이다.[57] 특정한 종교의 교리는 이 같은 궁극적 경험에 대한 최소한의 언어적 표현양식이기에 이 같은 양식을 통해 나타나는 소위 '믿음' 체계는 개별 종교의 특성을 담고 있지만 궁극적으로는 그것을 뛰어넘는 초월적 존재와의 만남을 지향하고 있는 바, 이러한 초월적 궁극 존재는 모든 특별한 종교를 넘어 함께 공유할 수 있는 '지평융합'을 이룩할 수 있다.

윌프레드 스미스(Wilfred Cantwell Smith)는 종교사(History of Religion)적 관점에서 그의 '세계신학'을 지향한다. 그는 신학의 미래가 모든 종교가 유사하다는 가정에 근거하고 있는 것이 아니라 모든 종교들이 공동의 종교적 역사를 공유하고 있다는 가설을 주장한다. 그는 과거의 역사를 통해 어떻게 서로 영향을 주어왔으며 또한 영향을 주고 있고 또한 영향을 줄 것인지에 대하여 주목한다. 인류 종교의 역사에 있어서 그들이 그것을 인지하든 못하든, 또는 그것을 직시할 의지가 있든 없든 상관없이 '통일성'을 발견하는 것은 그리 어렵지 않다. 이슬람적 형태를 통해 수세기 동안 신은 이슬람 교도들의 삶에 함께 동참해 왔다. 또한 불교도들의 삶의 양식을 통해, 힌두교도들의 생활 속에, 그리고 유대인들의 삶 속에, 그리고 또한 기독교인들의 삶 속에 그렇게 동참해 왔다. 그러한 신은 이제 또한 우리의 시대에 새로운 형태의 모습으로 존재하기를 원하신다. '교회 밖에는(Extra Ecclesiam) 구원이 없다'는 전통적 기독교적 명제는 이제 더 이상 의미를 지니고 있지 않다. '샬롬(Shalom)'의 세계는 단지 유대적-기독교적(Judeo-Christian)'틀에 더 이상 머물러 서는 안 된다. 세계사 속의 종교들은 이제 자신의 벽을 넘어 한 울타리 안에서 함께 논의될 수 있는 '세계 신학'을 소유하여야 한다.[58] 이 같은 완성된 종교가 아닌 '되어져가는 종교(Religion in the Process)'에 대한 스미스의 사상은 화이트 헤드의 과정 철학에 힘입은 바 있다. 화이트 헤 드는 신의 양극적 본성(Dipolarity)을 제시함으로써 고전적 유신론자들 의 실체론적 한계를 극복하려 하고 있다. 즉 신의 '원초적 본성(Primor dial nature)'에 의하면 신은 그 어떤 다른 존재에도 의존하지 않는 존재 의 절대성을 갖지만, 신은 그의 '귀결적 본성(Consequent nature)'에 의해 다른 모든 존재에 대하여 상대적인 현실성을 갖는다고 주장한다. 이로 인해 종래의 유신론의 '단극적(Monopolar)' 견해가 낳은 신의 절대 타자성, 불변성, 자존성, 전능성, 무감정성을 넘어서 인간의 행위에 의해 실제로 영향을 받는 신에 대한 이해를 소유하고 있다. 이 같은 귀결적 본 성으로서의 신의 현현이 각 시대와 각 지역에서 그들이 체험하는 고유한 형태의 신적, 종교적 형태를 이룩하였다. 그러나 이 같은 종교형태는 단 극적인 것이 아닌 보다 넓은 원초적 본성의 신을 향하는 한에서 지금도 계속해서(In the Process) 제 3의 형태로 나아가는 과정에 있다고 볼 수 있다.

Ⅱ. 한국신학 속의 토착화 신학

이상의 논의에서 우리는 한국에서 토착화 신학의 논의가 한국적 신학 풍토 속에서 독창적으로 발생한 것만은 아니라는 인식을 갖게 되었다.

한국 토착화 신학의 논의는 60년대 이후 현대에 이르기까지 폭넓게 논의되는 주요한 신학적 주제임에 틀림없지만 이 같은 논의는 마땅히 세계 신학의 경향과 그 틀 속에서 함께 논의되어야 하겠다. 한편, 이 같은 신학의 연대성에도 불구하고 한국 토착화 신학의 전개는 나름대로 독창적이며 특수한 한국적 상황을 고려해야 하는 부분도 적지 않다. 주지하는 바와 같이 한국 사회는 역사적으로 샤머니즘과 불교, 유교 그리고 현대 종교들에 이르기까지 다양한 종교들이 각 시대를 거쳐 한국인들의 심성 형성에 지대한 영향을 끼쳐 왔으며 또한 오늘날도 그 같은 다원화 상황은 예외가 아니다. 신학이 일방적인 신이 인간을 향하여 말씀하시는 계시에 대한 수동적 반응만이 존재하는 모놀로그(Monologue)가 아닌 인간의 실존과 상황에 대한 역동성을 가지고 그러한 실존적 문제를 성서적-계시적 차원에서의 해답을 추구하는 일련 대화(Dialogue)의 과정이라는 사실을 고려할 때 오늘의 신학 형성은 성서적 계시와 아울러 한국적 토양에 대한 올바른 진단을 통한 창의적 결론을 도출해야 하는 과제를 가지고 있다. 이 같은 신학의 특수성을 감안해 볼 때, 한국의 신학적 상황은 상기의 다원적 상황으로 인해 서구의 신학이 담을 수 없는 특정한 신학을 위한 풍토가 마련되어 있다고 볼 수 있는 바, 한국의 토착화 신학의 전개는 그 역사적 전개에 있어서 주로 비기독교적 전통을 가지고 있는 한국의 전통과 또한 오늘의 이 같은 다원종교 사회 속에서 기독교와 그 메시지 그리고 그것이 수용되는 문화와의 관계 등을 복합적으로 고려하는 과정 속에서 논의되고 있는 것이다.

1. 토착화 신학의 논의, 그 유형과 전개

그간의 한국의 전통문화와 기독교의 만남에 관한 주제는 50년대에 간간히 동양 사상과 기독교의 관계 등에 대한 논의를 제기하는 일련의 학자들이 있었다. 하지만 본격적인 토착화에 대한 논의는 60년대에 들어와 활발히 이루어지고 있다고 말할 수 있다. 해방 이후 서구 중심의 기독교를 무비판적으로 받아들여 온 한국의 신학계에 대한 반성의 소리가 높아지면서 소위 신학에 있어서 주체적 인식과 수용을 모토로 내건 '토착화' 신학은 이후 봇물처럼 한국 신학계를 휩쓸었다. 한창 토착화 신학이 제기되었던 과거 30여년 동안 한국의 신학자치고 토착화에 관한 논문을 발표하지 않은 사람은 오히려 찾기가 어려울 지경이었다는 평가는 결코 과장이 아닐 것이다. 따라서 그 같은 신학적 결과물들에 대하여 새롭게 정리, 수합, 분석, 평가한다는 것은 쉬운 일은 아니다. 이 같은 사정을 감안하면서 그 동안 이루어졌던 이러한 신학에 대한 논의는 크게 나누어 다음의 다섯 가지 틀로 정리해 보고자 한다. 1.정대위-윤성범-한태동 등이 시도한 바 있는 비교종교학 내지는 문화인류학적 방법론, 2.유동식-이장식 등이 시도한 바 있는 역사신학적, 선교론적 접근 방법, 3.안병무-김용옥 등의 성서신학적 해석학적 국면으로부터의 시도, 그리고 4.변선환-홍정수 등의 종교신학적-다원주의적 대화론의 시도, 그리고 5.이종성-전경연-한철하-박봉배 등의 문화 초월론적 변혁주의의 입장에서의 논의 등이 바로 그것이다. 이상의 제 시도들을 종교 전통을 포함하는 한국의 일반 문화와 기독교 복음의 상관성에 관한 입장이라는 측면에서 다시 살펴 본다면 1)일반 문화의 비 기독교성을 지적하면서 이들이 복음의 빛 앞에서 변화되어야 한다는 배타적 변증론적 유형 2)일반 문화를 포괄적으로 수용하되 이 같은 수용은 어디까지나 기독교의 범주와 핵심 케리그마를 손상시키지 않는 면에서 문화를 해석, 포용해야 한다는 포괄적 성취론적 유형, 3)타종교를 포함한 일반 문화를 더 이상 기독교의 시각으로 바라보지 말고 병행론적, 대화 추구를 통해 서로의 벽을 넘어서야 한다고 주장하는 다원주의적 대화론적 유형으로 구분될 수 있다. 본 고에서는 이 같은 유형을 염두에 두면서 먼저 제시한 한국 토착화 신학에 대한 5가지 유형의 면모를 살펴보면서 우리의 논의를 풀어가기로 한다.

1) 비교종교학적– 문화인류학적 유형

먼저, 토착화의 방법론을 한국의 문화, 종교적 상황을 염두에 두면서 기독교의 복음과의 관계를 다루고 있는 제 시도들을 본 유형 속에서 만날 수 있다. 즉, 첫 번째 유형에서는 기독교 '복음'의 의미를 주로 비교종교학 내지는 문화인류학적 방법론 속에서 다루고 있다고 말할 수 있다. 이 같은 논의의 전제는 '기독교의 핵심 메시지 즉, 예수 그리스도 안에서 하나님께서 인간이 되신 성육신 사건은 모든 인류에게 예외없이 적용되는 보편적 메시지를 함유하고 있지만 그것이 구체적으로 전달, 수용되는 과정에서는 각기 민족과 국가, 종족의 문화적, 역사적 특성 속에서 그 보편적 메시지가 수용, 발전되기 때문에 이러한 상황, 즉 특수한 개별적 상황에 대한 인식 없이는 총체적, 통전적 의미에서 한나라의 기독교 상황을 인식할 수 없다'는 내용으로 요약될 수 있겠다.

이러한 입장은 윤성범에게서 그 형태를 잘 찾아볼 수 있다. 그는 '토착화'에 대하여 정의하기를 "…그러므로 토착화는 먼저 소극적, 피동적인 것으로 볼 때에는 하나님의 말씀을 받아 들일 수 있는 그릇 또는 '새 가죽부대'이며 복음의 씨를 받아 자라나게 할 수 있는, 옥토에 비길 만한 토양이며 신앙, 동시에 적극적, 능동적으로는 하나님의 말씀을 우리 고유한–그렇다고 주관적인 것은 아니다– 사고양식으로써 터 닦을 수 있는 학적인 공작이라고 볼 수 있다"[59]고 한다. 이처럼 그는 1) '하나님의 말씀을 받아 들일 수 있는 그릇'에 대한 이해– 감론, 2) '하나님의 말씀을 우리 고유한 사고 방식으로써 터 닦을 수 있는 학적인 공작 – 솜씨론을 전개하고 있다. 즉, 개인은 '복음'을 받아들이는 전제로서의 문화, 즉 그 토양에 대한 이해를 통해 자신이 어떠한 계보의 존재자라는 인식을 분명히 가지고 있어야 한다고 주장한다.[60] 기독교의 복음이 일종의 씨로서 존재하면서 이것이 토양에 해당되는 한국의 문화적 양태 속에 뿌려지는 것이기에 그 결과로서의 열매를 이해하기 위해서는 씨만이 아니라 그것에 대하여 선행하여 존재하는 한국 문화에 대한 논의를 전개한다. 그는 이것을 '감' 혹은 'a priori' 즉 문화로서의 선행성이라고 불렀으며 이 같은 'a priori'에만 복음은 담길 수 있는 것이라고 보았다.[61]

다음으로 그는 보다 과감한 한국적 신학을 창출하려는 시도를 '솜씨론'에 모색하고 있다. 여기에서 그는 '단군신화의 기독교적 해석'과 '성의 신학' 등으로 이에 대한 자신의 의견을 개진한다. 이를테면 '단군신화'는 그에게 있어서 단지 한국 사상의 범주에서 그치지 않는다. 그는 '기독교인 입장에서 단군신화를 검토해 봄으로써 그것의 본래적인 의미를 파악하려' 한다.[62] 그는 단군신화를 '진정한 종교로부터 유리된 설화의 잔존 형태'라고 규정지으면서 그 본질적인 것에 대한 의미를 부여하는, 즉 단군신화가 하나의 종교적 설화로서의 생명력을 유지하기 위해서는 그 잔존형식에 채울 수 있는 본질적이며 종교적 내용이 충당되어져야 한다고 주장한다.[63] 그는 기독교가 전래되기 이전에도 존재했던 한국인의 '하나님' 개념은 바로 기독교, 성서의 신관과 자연스럽게 연결될 수 있는 가능성을 내포한다고 보고 있다. 이러한 입장에 근거하여 그는 단군신화의 형성을 기독교의 한 계파였던 네스토리안(景教, 경교)과 연관시키면서 단군신화는 기독교의 전통적인 핵심교리인 삼위일체론의 잔해(Vestigium Trinitatis)라고 주장한다. 단군신화가 내포하고 있는 환인, 환웅, 환검의 역할 관계는 기독교의 '성부, 성자, 성령'의 삼위일체성을 통해 이해할 때 비로소 그 면모를 제대로 볼 수 있다는 것이다. 이에 대한 근거로서 그는 기독교와 단군 신화의 유사성을 주의깊게 관찰하면서 남성적 삼신의 등장, 웅녀의 인내심과 순종과 성서 마리아의 순종의 패러다임적 일치, 삼위일체 교리에 있어서 동방기독교의 역할과 네스토리안들의 활동범위, '천부인(天符印)' 과 기독교의 믿음, 사랑, 소망의 패러다임적 일치 등을 꼽고 있다.[64]

이상에서의 윤성범의 사상의 골격을 정리해 보면 '1)한국 신학이란 기독교 신학 전통에 대한 올바른 이해의 기초 위에서 수립된다. 2)한국 신학이란 복음과 문화의 상호 관계성에서 수립된다. 3)한국 신학이란 토착화 과정을 거쳐 수립된다' 로 요약할 수 있다.[65] 이 같은 그의 주장은 성서적 '계시' 사건이 우리의 문화에 녹아있다는 것을 인정하는 동시에, 그 계시의 완성은 '예수 그리스도' 로 나타난 성서의 계시성 위에서 이루어지고 있다는 비교종교학적, 문화인류학적 입장을 표명하고 있다.

2) 역사신학적-선교론적 유형

역사신학적, 선교론적 접근을 통해 본 한국 문화와 기독교의 만남은 성경에서 이야기하는 '창조신앙' 에 그 근거를 두고 있다. 이들이 생각하는 기독교의 역사는 선교의 역사이며 동시에 '토착화' 의 역사라고 말할 수 있다. 그들은 교회사가 라토레트(Kenneth Scott Latorette)의 말을 인용하여 "이 세상에 사실상 순수한 복음이란 있을 수 없다. 왜냐하면 복음은 언제나 문화 가운데 그 자체를 화체(化體)하기 때문이다"라고 주장한다. 그러므로 문화라면 무조건 죄악시하는 것은 왜곡된 창조신앙이며 이원론적 영지주의적 발상이라는 것이다. 이들이 보는 시각은 서구의 문화가 기독교에 공헌했다면 한국의 문화가 똑같이 한국기독교에 공헌할 수 있다는 점이다. 따라서 이 나라와 백성의 문화생활 속에 복음이 들어가지 않으면 이 민족의 모든 문화는 언제나 세속의 것으로 남을 수밖에 없을 것이라는 주장을 개진한다.

먼저, 유동식은 토착화가 어떻게 선교의 한 방편이 될 수 있는지를 역설한다. 그에게 있어서 "토착화는 복음의 변질을 목적으로 하는 것이 아니다. 다만 초월적인 진리가 어떻게 개별적인 현실 속에서 내재하여 그 생명력을 실현하느냐 하는 방법론에 대한 명칭이다"[66]라고 정의한다. 그에게 있어서 토착화의 작업은 마치 원저자의 저술을 다른 나라의 언어로 번역하는 작업과도 같은 것이다. 번역에 있어서 무엇보다도 원의(原意)의 본질적인 것을 분명히 파악해야 한다. 그러나 그와 함께 번역하려는 상대방의 언어 개념과 표현양식, 그리고 사고 방법 등에 능통해야만 한다. 이 같은 양면적 노력을 모두 성공적으로 수행하지 못할 때 번역작업으로서의 토착화는 '재래종교와의 손쉬운 혼합'이나 또는 '재래 문화와의 단순한 타협적인 혼돈'의 잘못에 빠질 수 있다.[67] 이 같은 혼돈의 위험성을 유동식은 상기한 윤성범의 신학적 경향에서 어느 정도 감지하고 있다. 그러나 또 다른 한편, 복음의 전래가 일방적으로 원미(原意)에만 묶여 그것을 받아들이는 토양에 대한 전반적인 이해가 없이, 마치 직역(直譯)만을 고집하는 나머지 그것을 읽을 독자들의 삶의 자리에 대한 관심이 없는 무책임한 초보적 번역의 수준을 고집하는 잘못 또한 위험한 것이라고 지적한다. 이같이 그간의 '한국교회는 한국의 주체성을 망각한 채 '선교사적' 서방의 것에 맹종하고 모방하는 역사를 꾸며왔다'고 비판한다.[68] 그는 기독교는 하나님 앞에서 자신을 발견하고 또한 그러한 발견을 토대로 그의 형상을 닮아가는 일련의 과정을 가르치는 종교라는 전제 아래서 가장 주체적이어야 할 기독교 신앙에 있어서까지 주체성을 잃고 서양식의 기독교에만 의존한다는 것은 '철저한 반 기독교'라고 주장한다.[69]

이를 위해 그는 세 가지 토착화 논의의 원칙을 제시하고 있는 바, '먼저 복음의 본질을 바로 구명하는 활동, 두 번째로 한국적 바탕의 파악, 세 번째로 이 한국의 터전에 어떻게 복음을 해석하고 뿌리를 내리도록 함으로써 복음이 힘차게 자라나도록 하느냐에 대한 문제'로 집약한다.[70] 이 같은 원칙에 근거하여 그는 소위 한국적 역사적 현실 속에서 배태된 '풍류도'와 '그리스도교의 이념'의 만남을 자신의 토착화 신학의 주요 주제로 전개하고 있다. 그는 "오늘의 한국 문화 특히 우리 문화의 기초 이념은 서구의 그리스도교 문화를 매개로 전개되어 가고 있다. 그러므로 이러한 만남에서 형성된 한국의 그리스도교 사상은 단순히 서구 그리스도교 사상의 연장이 아니라 한국 사상의 일부를 형성한 한국 그리스도교 사상이라 하겠다. 그리스도교의 복음은 하나의 보편적인 진리이다. 그러나 그 진리가 구체적으로 작용하는 데 있어서는 그 민족의 역사적 전통과 시대적 상황과의 만남을 통해 하나의 특수성을 띠게 된다. 한국에서는 그리스도교의 복음이 풍류도와의 상관관계 속에서 근세의 민족적 위기를 극복한다는 양상으로 작용한다. 한국의 역사적 현실은 곧 풍류도와 그리스도교 이념과의 만남의 장이다"[71]라고 주장한다. 그가 파악하는 한국 문화의 정수로서의 풍류도는 원래 신선도의 사상을 나타내는 말인데 한국의 역사 속에서 '다른 사람들과의 윤리적 관계를 통해 사람들로 하여금 본질적인 인간으로 돌아가도록 교화시키는 그 무엇'이다. 이것은 곧 한국인의 심령 안에 있는 하느님의 본성이기도 하다. 그는 널리 사람들을 이롭게 하는 분으로 믿어 왔다(弘益人間). 요약하자면 "풍류도의 본질은 하느님과 하나가 되어 그의 뜻을 따라 뭇 사람들과 사랑의 관계를 맺는 데 있다. 이것이 한국인의 영성이요, 얼이다"[72]라고 주장한다. 이 같은 한국의 전통적인 역사 현실은 그리스도교의 복음과 그 맥을 공유할 수 있는 고유의 가치라고 볼 수 있다. 때문에 서구 문화가 그리스도교의 서구화에 있어서 나름대로 공헌했듯이 한국의 전통적 가치인 풍류도는 한국기독교의 형성과 발전에 나름대로 기여할 수 있는 여지를 충분히 지니고 있다고 보는 것이다.

이장식은 기본적으로 '기독교의 역사는 토착화의 역사'라는 인식을 가지고 있다. 그는 '기독교가 역사적인 종교가 되기 위해서는 역사에 뿌리를 박아야 하였으며 역사를 무시하거나 초월할 수 없었으며, 또 역사란 것은 시간과 공간을 무시하고서는 있을 수 없었다'는 전제 아래 '토착화라는 것은 선교의 결과'라고 정리한다. 따라서 이 같은 정의로서의 선교 혹은 전도는 '불변한 진리의 선포(Kerygma)'만이 아니고 또한 '친교(Koinonia)'와 '봉사(Diakonia)'를 아울러 포함하고 있기에 시간과 공간의 확대 연장 속에서 수평적, 상호 교류적 만남의 장을 염두에 두지 않을 수 없는 요인이 있다. 그런데 여기에서 "시간과 공간은 역사의 틀(Form)인 동시에 또한 그것들은 역사의 제약도 된다. 따라서 역사적인 기독교의 선교(혹은 토착화운동)가 시대와 장소를 필요로 하는 동시에 또한 그것들의 제약도 받았다"[73]고 인식하고 있다.

이처럼 이장식은 교회사적 통찰을 통해 소위 '토착화'의 정당성을 입증하는 시각을 제시하고 있다. 보통 기독교가 서양(구미)에서 들어왔기 때문에 서구적 형태의 문화를 띠고 있는 것이 사실이다. 이것은 기독교의 토착화가 나름대로 오랜 역사를 거치는 동안 서구에서 일어났다는 사실을 반증하는 것이기도 하다. 그러나 이러한 서구의 기독교를 아시아에서 발전한 기독교와 비교해 보면 흥미로운 사실 한 가지를 발견한다. 즉, 시리아 정통교회나 혹은 콥틱 교회는 그 지역의 동양 문화와 밀접한 관계를 가지고 있다. 그런데 이 같은 동서 교회의 차이에도 불구하고 양 교회의 공통된 신조, 즉 사도 신조를 모두 공유하고 있다. 그러한 이유로 기독교는 서양 문화와는 분리할 수 없다는 상투적인 전제를 재고해야 하는 당위성이 존재한다.[74] 이장식은 한국에서의 기독교 복음의 토착화가 늦어진 이유에 대하여 그것을 미국의 경건주의적 선교 정책에서 찾고 있다. 초기의 기독교 복음을 소개했던 많은 미국계통의 선교사들은 소위 '복음'이라는 명목 아래 복음을 받을 이 땅의 문화와 관습과 제도의 재래의 좋은 유산을 평가하기 보다는 자기들이 소유한 서구 문화를 일방적으로 이식하는 자세를 갖는 배타적 태도를 취했기 때문에 자연 그 결과 한국에서의 토착화 시도가 늦어질 수밖에 없었다는 것이다.[75] 이장식은 "한국교회가 토착교회의 구실을 바로 하게 되는 날에는 한국 사회의 모든 분야의 생활과 문제들에 동정과 이해를 가지고 참여하며 과심하여 그 사회와 같이 살면서 문제를 해결해 주어서 성서의 원리에 따라 이 민족의 진로를 개척할 수 있을 것"[76]이라고 희망한다. 그는 한국 교회가 한국 민족과 그 사회와 전 역사의 현실과 운명을 같이 하는 한국 크리스천의 공동체임을 자각할 때, 한국 신학은 한국의 선교 신학이 될 것이라는 전망을 펼치고 있는 것이다.

3) 성서신학적--해석학적 유형

이들이 지향하는 입장은 한국교회와 신학의 비서구화란 과제를 위하여 성서연구로 관심을 돌리는 일이 선행되어야 한다는 주장이다. 왜냐하면 '소재'로서의 성서는 같으나 어떤 관심에서 어떤 물음을 제기하느냐에 따라 서구의 신학도 되고 한국의 신학도 되기 때문이라는 생각이다. 그러므로 성서가 자신들의 삶의 대답이 되기 위해서는 서구인의 물음이 아니라 한민족의 선 자리, 즉 한국의 역사적 상황에서 실존적인 성실한 물음 앞에 마주서는 행동이 필요하다고 역설한다. 이들은 성서의 메시지가 분명 한 민족 (One nation)의 카테고리를 뛰어넘는 범 역사성을 포함하는 것은 사실이나 그렇다고 그것이 바로 민족의 해체를 뜻하는 것은 아니라는 사실을 역설한다. 각 민족과 국가의 역사와 자신들의 경험 속에서 즉 그들의 삶의 자리(Sitz im Leben)를 통해 성서를 읽고 또한 해석할 때 성서는 비로소 자신들에게 올바로 말하기 시작한다는 시각을 견지한다.[77] 우리 나라의 전통적인 문화와 종교 그리고 오늘날 우리의 현실 등이 바로 성서를 옳게 바라보는 해석학적인 기준이 되어야 한다는 의미이다. 이러한 의미에서 이들은 부단히 본문(Text)과 상황(Context) 사이의 대화를 주장한다.

안병무는 성서가 전하고자 하는 메시지를 주의 깊게 분석하면 핵심적인 본질을 형성하는 케리그마(Kerygma)와 그것의 토착화에의 노력의 예를 발견할 수 있다고 주장한다. 성서에서 만나는 하나님의 메시지는 인간의 모든 것을 거부하는 상반성(相反性)으로 나타나는 동시에 또한 그것은 어디까지나 사람과의 접촉을 희구하는 하나님의 행위라는 또 다른 면을 가지고 있다.[78] 따라서 성서, 특히 신약의 메시지에는 이미 이 같은 양면적 표현이 두드러지게 나타난다. 성서를 읽는 독자는 무엇보다 성서가 전하고자 하는 본질적인 케리그마를 끝까지 끌고 나가야 한다. 또한 동시에 접촉점을 위한 것은 그 시대의 청중의 말(사상)을 이용한 상대적인 것이므로 그것에 대하여 절대적 가치를 부여하는 나머지 그것에 매여 있을 필요는 없는 것이다. 지금까지 대다수 한국 그리스도인들은 '그리스도교 본래의 메시지와 서구 문화, 그리스도교와 서구문화를 분리시켜 인식할 줄 몰랐기 때문에 그리스도인이 되는 것이 곧 서구인이 되는 것을 생각하는 잘못을 범해 왔다.' 따라서 '한국적 그리스도인이 된다는 말 속에는 민족적인 반성과 자각이 내포되어 있으며 동시에 본래의 그리스도인이란 서구 세계에 의해 주장된 그런 모습이 아니라는 자각'에서 출발해야 한다고 주장한다.

이와 더불어 안병무는 전통적으로 비판없이 제기되고 있는 기독교의 '복음'에 대한 본질을 새롭게 규정해야 한다고 주장한다. 그에 따르면 성서의 내용을 한 마디로 나타낸 것이 '복음'이다. 그런데도 복음이 무엇이냐는 물음에 바른 대답을 할 수 있는 사람은 많지 않다. 안병무가 이해하는 복음은 무엇보다도 '주체개념이 아닌 상관개념'으로서의 복음이다.[79] 복음이 '기쁜 소식'인 것은 바로 그것이 듣는 자의 구체적인 상황을 전제로 한 것이다. 복음은 단순히 남이 규정한 그러한 규정을 되풀이하는 것이나 혹은 무시간적 보편을 담지하는 것이 아닌 이유가 바로 그것이다. 복음의 두 번째 본질은 그것의 역동적 창의성에 있다. 문화를 정의할 때 그것이 불변의 것이 아닌 새로운 요소(씨, 복음)를 받아들여 제3의 모습으로 나아가는 역동성이 있는 것이며 또한 이 같은 문화에서의 가치관이 단선적인 것이 아니라 다원적인 형태를 띄고 있는 것이라고 할 때, 우리는 복음의 역동적 창의성을 좀더 관심있게 주목할 필요가 있다. 이러한 측면에서 볼 때 복음의 토착화를 단순히 씨와 토양으로 비교하는 것은 문제가 있다. 그 까닭은 문화는 불변의 것이라는 전제와 그 문화는 씨의 형성에 영향을 미치되 씨의 문화에 대한 역할은 전혀 고려에 넣을 수 없기 때문이다. 여기에서 한국의 신학이 한국의 문화창조의 과제를 수행해 가야 한다는 자각에 이를 수 있는 것이다.[80]

상기의 '상관개념'으로서의 복음을 통해 안병무가 발견하는 한국기독교, 그리고 성서의 올바른 실존론적 해석의 장(Locus)은 다름 아닌 성서에 나타나는 '민중(Oklos)'의 발견이다. '오클로스'는 경제적, 정치적, 지적 중심으로부터 버려졌을 뿐만 아니라 종교적 체제로부터도 버려진 철저하게 소외된 자이며, 따라서 성서에서 종교적 죄인과 사회적 소외인이 같은 의미로 사용되고 있다는 인식이다. 안병무의 성서를 해석하는 관점은 역사적 예수로부터 그리스도를 대신하여 민중을 만나고 있다. 그는 '민중 해석학에 있어서 해석해야 할 본문은 성서가 아니라, 마가의 유언비어 전승이다'라고 규정하면서 이 '유언비어의 본문 배후에서 신음

소리처럼 들려오는 것은 민중의 소리요, 이 민중의 소리가 바로 예수 사건의 전승모체'가 되는 것이다라고 주장한다.[81] 이것은 성서도, 예수도, 교회도, 종교도 민중을 위해 있는 것이지 민중이 그들을 위해 있는 것이 아니라는 인식의 결과라고 볼 수 있다. 이같이 기독 교회는 정치 단체가 아니라 인간애를 바탕으로 한 종교적 공동체라고 인식한다. 따라서 교회는 인간애의 집약이 민족애이며 그것의 구체화는 민중 속에 표현되는 하나님의 자녀들에 대한 발견이다. 이 민중이 곧 하나님의 아들과 딸이라는 사실을 의식화하며 그러한 그들의 권익을 보호하는 것으로 표현되어야 할 것을 주장한다. 그가 읽는 성서는 주로 사회, 경제적 개념을 동반하는 '민중' 개념의 발견으로서 이를 통해 한민족과 한국인의 삶과 경험을 발견하는 토대로 이루어질 수 있다는 가설을 제시하고 있는 것이다.

4) 종교신학적--다원주의 대화론적 유형

다원주의적 대화론의 유형은 세계와 한국의 종교적 다원사회를 직시하고, 서구의 신학과 어느 정도 거리를 유지하면서 '대화'라는 형식으로 타종교에 대한 신학적 이해를 도모하려는 경향을 띠고 있다. 다원주의적 대화론의 유형에서 중요한 방법론으로 제기하고 있는 '대화'는 기본적으로 상대방의 가치를 인정해주고 그 입장을 존중한다는 자세에서 이루어진다. 이를 통해 자신이 성장하며 나아가서는 자신의 개혁과 제3의 발전까지도 기대할 수 있는 것을 포함하는 것이 대화이기에 기존의 종교신학에서 모델로 제시되었던 '그리스도 중심의 포괄주의'와 '신중심의 보편주의'의 한계성을 극복하면서 제3의 안을 제시하는 방향으로 나아가고 있다. 이들의 견해에 따르면 존 캅, 폴 니터 등이 주창하고 있는 '그리스도 중심주의'에서 이야기하고 있는 타종교와 타문화의 전통 속에 있는 종교성을 '익명의 그리스도'로 보면서 어느 정도 그들 속에 잠재해 있는

'구원의 가능성'을 인정하는 형태의 종교신학은 여전히 기독교를 중심으로 하는 '제국주의적 행태'를 벗어나지 못하는 패턴이라고 비판한다.[82] 동시에 '신중심의 보편주의' 한계에 대하여서도 종교의 우주는 신을 중심으로 회전하고 있다는 식의 막연한 신중심주의를 벗어나, 보다 분명한 '구원의 비밀'을 담지하고 있는 아시아적 종교의 신앙 양태에 대한 새로운 발견, 즉 타종교 속에 존재하는 '전피조물의 해방'의 가능성을 추구하는 경향을 보이고 있다.[83]

먼저 한국의 다원주의 대화론적 종교신학을 주도하고 있는 변선환은 무엇보다도 한국개신교가 타종교와의 대화의 과제의 중요성을 실감할 만큼 '성숙성'을 보이지 못하고 있는 점을 성토한다. 그는 이러한 경향성을 '프로테스탄트 병(病)'이라고 명명하면서 아직 개신교의 현실이 '오직 기독교 진리만이 참 진리라고 배타적으로 보고 있는 보수주의 목회자는 81.2%, 평신도는 약간 낮아져서 62.9%'라는 수치적 통계를 인용하고 있다.[84] 그러면서 "우리 교회는 너무 오랜동안 십자가를 전통종교와 문화에 대한 아나테마(咀呪)와 정복의 상징으로만 십자군(十字軍) 맨탈리티를 가지고 해석하여 온 문화적 고아 아니 문화 파괴자의 몫을 담당해 왔다"고 성토한다.[85] 이같이 오늘의 한국 신학의 풍토는 주로 서구신학의 제국주의적 신학풍토, 즉 타종교를 '악마'라고 보는 배타주의적 신앙의 한계를 극복하지 못한 채 이를 앵무새처럼 답습하는 수준에 머무르고 있다고 진단한다. 이러한 비판적 안목으로 바라볼 때 "타종교는 서구 신학의 관점에서 보는 신학의 수단이 아니라 오히려 목적이며, 신학의 객체가 아니라 주체"이다. 또한 이같이 주체와 객체의 뒤바뀜은 '타종교와 신학'이 아니라 '타종교의 신학'이라는 새로운 주제를 배태할 수 있다고 보았다. 한국의 기독교인에게는 아시아의 타종교들이 이방적인 것이 아니라 오히려 기독교가 이방적이다. 그러므로 '이방적인 복음이 우리의 마음의 고향인 아시아 종교와 문화와 합류되고 편입되는 참된 토착화'를 기대하여야 한다. 또한 기독교인을 포함한 모든 사람이 신 앞에서는 이 방인인 것이다. 그러므로 우리는 타종교인과 함께 이러한 이방성(소외) 를 극복함으로써 세계를 인간화시키는 선교적 책임이 있음을 깨달아야 한다. 따라서 "그리스도인이나 비그리스도인이 다 함께 선교의 주체가 되고 상호 객체가 되는 열려진 대화의 길을 밝혀 나아가는 길"[86] 속에 종 교의 신학이 존재한다. 우리는 우리의 정체성을 찾기 위해 철저하게 이 러한 타종교의 신학을 밀고 나아가야 한다. "그러기 위하여 한국 신학은 대담하게 다음 세 가지를 포기해야 한다. 종교에 대한 서구적 편견과 교 회중심주의와 그리스도론의 배타적 절대성의 주장이 바로 한국 교회가 포기하고 타파해야 할 우상들이다"라는 것이다.

또한 지금까지의 소위 '한국적신학'의 양 방향, 즉 '토착화신학'과 '민 중신학'을 함께 비판하면서 자신의 입장을 제시하고 있다. 그에 따르면 '토착화신학'은 민중의 한을 알지 못했으며 이와 반대로 '민중신학'은 인간의, 특히 아시아인들의 종교성을 경시하였다.[87] 그러나 '종교신학' 의 양상은 이 같은 한계를 극복하는 면모를 보이고 있다고 주장한다. 변 선환은 앞으로 전개되는 종교신학의 방향으로서 '첫째: 그리스도 계시의 유일회적 배타성에 대한 서구신학자들의 전통적인 주장에서 벗어나서 비그리스도교적인 아시아의 구원론에 성실한 신학, 아시아 종교의 신학 을 세울 것,[88] 둘째: 서구의 기독교가 유대, 희랍, 로마, 게르만의 여러 요 소에서 섭취하여 스스로를 풍요하게 한 종합체이듯이, 동양종교의 도전 을 받고 있는 오늘날 기독교는 동양적 사유 방법을 받아들이고 정화하여 스스로를 풍부케 하면서 동과 서의 철학과 신학의 새로운 종합체를 형성 하며 문자 그대로 에큐메니칼한 세계신학을 형성시켜 나가야 할 것.[89] 셋 째: 특히 한국적 상황에서 기독교가 타종교를 정복하려는 편견과 폐쇄성을 깨치고 교리와 이론의 차원을 넘어서 보다 근원적인 실존적 존재론적 체험과 실천적 윤리의 차원에서 서로 대화하고 협력하여야 할 것. 왜냐하면 위대한 승리는 어느 종교가 더 적극적으로 사랑을 실천하고 어느 종교가 초월자 체험, 즉 '궁극적 관심'을 잘 나타내고 있는가로 평가되기 때문임[90]'을 제시하고 있다.

5) 문화초월적-- 변혁주의적 유형

문화초월적 입장에서 주장하는 한국의 전통문화와 기독교의 만남은 주로 '복음의 빛 앞에서 변화되어야 할 대상으로서의 전통문화'라는 관점이다. 특히 이들은 기독교 신앙은 한 문화현상으로 시작한 것이 아니고 종교로서, 신앙으로서, 다시 말하면 신적 계시에 대한 응답으로 시작하였다는 점을 강조하고 있다. 이들이 생각하는 역사의 구체적 현현으로서의 문화가 어떤 가치를 떠나서 순수하게 존재할 수 있다는 즉, 문화의 가치중립성을 부인한다. 모든 문화 구조는 이미 그 기저를 이루고 있는 지배 사상의 영향을 받아서 형성된 것이며, 특히 이 같은 지배 사상은 종종 인간의 궁극적 관심을 다루는 종교의 영향을 떠나서 세워질 수 없다는 사실을 지적한다. 이같이 인간 자체가 종교적인 중립성을 가지고 살수 없는 이상, 그가 가지는 종교적 표현에서 이미 그 문화는 특수한 종교성을 규정짓고 있음을 지적하고 있다. 이 같은 사실을 주지할 때 한국의 전통 사상에서 보여주는 소위 '비기독교성'들에는 나름대로 그것을 뒷받침하는 종교적 배경이 존재한다고 믿는다. 따라서 이들은 한국의 전통 사상이나 한국의 전통 종교의 틀 속에서 무엇인가 기독교의 진리를 도출하려는 소위 '한국기독교의 토착화 시도'를 지양하고 오히려 한국적 문화를 '기독교 진리'의 심판 아래 두어서 이것이 한국 문화의 전반을 뒤흔들어 놓아 그 결과, 새롭게 기독교화된 제 3의 문화 수립을 꾀하는 것이 오늘 한국기독교가 당면한 과제라는 인식을 가지고 있다.

전경연은 먼저, 지금까지의 한국 토착화신학의 논의에서 그 정열적인 노력에도 불구하고 '기독교가 역사적이고 세계적 종교라는 사실을 망각하였으므로 공중에 뜬 사고를 거듭하였다'고 비판한다.[90] "신앙은 신앙으로 존속해야지 문화로 변질되어서는 곤란하다. 다시 말하면 기독교는 문화와 분리될 수 없으되 문화에 의존하지 않고 성서와 신앙고백에 의존하여 왔다. 따라서 민족 주체가 신학의 주체는 될 수 없다. 재래의 신앙행태나 민족 특유의 전통 등, 이 모든 소재들이 복음의 공격에 의하여 불살라지고 그 잿더미 속에서 새롭게 솟아나는 새싹이 어떤 것이겠는가가 중요하다"[92]고 역설한다. 소위 '토착화신학'이 논의하는 복음과 문화의 상관성 문제가 자칫 혼합주의의 양상으로 치달을 수 있음을 경고한다.

김의환은 "1)아무리 빛나는 문화적 전통과 사상적 유산을 우리가 가지고 있다 할지라도, 그럼에도 불구하고(In spite of) 복음은 반드시 필요하다. 2)우리의 문화와 사상은 죄로 말미암아 타락한 것이며 때묻은 것이기 때문에(Because of) 복음은 더욱 필요하다. 3)비록 우리의 문화와 사상이 복음으로 접촉이 이루어졌다 할지라도(Yet still), 항상 복음으로 개혁되어야 한다"라고 주장한다.[93] 복음의 토착화 작업은 결코 한국적 신학 수립이거나 복음의 비서구화만을 의미하지 않는다. 그것은 먼저 복음의 신앙적 소화를 통하여 우리 주체적인 인격이 그리고 객체적인 문화가 '복음화'되는 것을 의미하기에 진정한 복음의 토착화는 문화의 주체성에 앞서 '복음의 주체성'을 전제한다는 것이다.

한철하는 "아무리 무너진 전통적 가치 체계의 폐허 속에서 전통적 문화가치의 파편에 대한 상아탑적인 변증을 시도한다 해서 이 민족사가 변하는 것은 아니다. 기독교는 역사를 만드는 종교이다…. 문제는 과거보다 미래에 있다"고 주장한다. 이러한 관점에서 이들이 보는 기독교 신앙의 토착화는 한국에 있어서의 참된 그리스도 고백이 실현되며 모든 재래의 그릇된 표현을 시정할 수 있고, 그것으로 한국 사람의 구원이 되는 어떤 '성격 형성'을 이루는 문제라고 요약할 수 있다.[94] 역사적으로 나타난 기독교에 대하여 '서양 문화'와 관련하여 '서양 종교'를 운운하고 이제 한국에 나타난 기독교를 '한국 문화'와 관련하여 '한국 종교'를 운운하지만 실제로 기독교는 이 같은 변형을 이루는 실체 이전의 실체, 즉 기독교 자체가 가지고 있는 본질 자체는 결코 변함없이 그대로 존속되고 있다는 주장이다. 따라서 한철하에게는 기독교 복음의 통전성, 즉 서양과 동양이 다를 수 없는 기독교 본질을 제시하고자 노력한다. 여기에서 그는 '기독적 사상'과 '기독교' 자체와의 구분을 시도한다. 기독교 자체에 대하여 각각 다른 종류의 사상들이 각각 다른 종류의 옷을 입히지만 그러한 사상의 철학적 모태들은 다시금 비평적 평가를 받아 오히려 모든 것이 '기독교 자체'가 가지고 있는 메시지에 의하여 그 의미와 위치가 평가를 받아야 한다고 주장한다.[95]

기독교와 복음의 관계를 철저하게 주체와 객체의 이분법적 도식으로 생각하고 있는 상기의 문화 초월적 태도와는 달리 '변혁주의적 태도'는 다소 주객의 관계에서 융통성을 보이는 듯 하다. 이 같은 변혁주의적 입장에 서 있는 박봉배는 지금까지의 한국기독교 토착화의 논의에 나타난 양상을 크게 세 가지 유형으로 나누어 생각하고 있다. 먼저, '배타주의 (Exclusivism)'가 그것인데 이것은 기독교의 계시를 떠나 존재하는 모든 문화, 종교 현상을 거절하는 극단적인 바르트주의적 경향성이라고 보았고, 다음으로 '상대주의(Relativism)'를 꼽았는데, 이 상대주의는 기독교 이외의 여타 전통이나 종교에 관용적 자세를 유지하므로 '모든 종교가 정도의 차이는 있을 망정 모두 참된 그 무엇을 소유하고 있다'는 주장을 펼치고 있다고 분류한다. 이러한 태도는 타종교에 대하여 개방적이고 관용적인 면을 보이는 등의 긍정성을 포함하고 있지만 대화의 관정 속에서 불분명한 공통성이라는 미명하에 자기 주체성이 사라지고 말 위협이 있다고 지적한다. 마지막 부류는 자신을 포함하여 소위 '변혁주의'를 주창하는 이론인 바, 이것은 자연적이거나 재래적인 가치를 전적으로 파괴하려는 것이 아님과 동시에 그렇다고 복음과 토착 문화나 토착 종교 사이에 아무런 대립도 존재하지 않는다고 말할 만큼 낙관적이지도 않다는 점을 강조하면서 리처드 니버(Richard Niebuhr)가 『그리스도와 문화(Christ and Culture)』에서 제시하고 있는 '변혁주의'를 그 모델로 한다고 밝히고 있다.[96] 박봉배는 한국기독교는 1)혼합주의가 저지르기 쉬운 무조건적인 타협과 그 속에서 상실되기 쉬운 기독교의 독특성을 보존하기 위해서 변혁주의가 요청된다. 토착화의 비유는 소위 '땅에 뿌려진 씨앗' 비유에서 보다 '누룩'의 비유에서 다루어져야 한다. 2)혼합주의는 같은 점만을 골라내어 혼합하려고 노력하기 때문에 어떤 때는 의식적으로 양편의 차이점을 버리는 경향이 있다. '무엇이든 존재하는 것은 선하다'는 혼합주의의 전제에 동의할 수 없다. 이를테면 유교는 유교의 맥락 속에서 읽고 기독교는 기독교의 맥락 속에서 읽은 후에 두 개의 건설적인 종합을 시도해야 한다[97]고 변혁주의 입장에서 한국기독교의 토착화를 주장한다.

이종성은 먼저 '토착화'라는 말을 사용할 때 이것은 복음의 토착화라기 보다 기독교적 세계관과 인생관, 즉 기독교 문화의 토착화라는 것을 전제하는 말이라는 점을 지적하고 있다. 그리고 어디까지나 복음의 토착화는 있을 수 없는 사실임을 주장한다. 즉 "예수의 복음은 완전한 복음으로서 그 자체 본질의 변질이나 의의의 감량이 없이 우리에게 전달된다. 그것이 참다운 복음이라면 한국에 오거나 일본에 가거나 중공이 친 죽의 장막을 뚫고 들어간다 하더라도 그것이 동일한 복음이라야 한다. 즉 여기에는 통일적이고 보편적인 본질적 요소가 있다"[98]는 복음 자체의 본질적, 통일적인 요인을 강조한다. 이 같은 보편성으로서의 '복음'이 소위 토착적 적용에 있어서 야기되는 '개별화' 과정에 있어서 그 나아가야 할 방향성은 무엇보다도 '복음의 변질'을 가지고 오지 않는 한에서, 즉 그 보편성에 모순되거나, 그것을 이탈해가지 않는 한에서 이루어져야 하는 과제라는 사실을 인식하여야 한다. 이종성은 '복음의 토착화'는 '외국에서 온 복음을 우리 땅에 뿌리박게 한다는 사고 방식이 아니라 3단계, 즉 예수의 복음이 우리나라에 들어와서 한국적으로 채색된 것에서 다시 복음의 본질로 돌아가는 세 단계의 과정을 필요로 한다'[99]고 주장한다. 이종성에게 있어서 '복음의 토착화'가 아닌 '기독교 문화의 토착화'는 어쩌면 당연하고 필연적인 것이다. 즉 기독교를 한국인이 주체적으로 복음에 대한 자발적인 표현을 해야 한다는 점에서의 토착화는 '당연한 점'으로서 논란의 대상에서 제외되는 사항이기도 하다. 단 이때에도 한국적인 기독교 문화를 형성하자는 말인지 예수 그리스도의 복음 (보편적) 메시지를 한국식으로 표현하자는 것인지를 주의깊게 나누어 생각할 필요가 있음을 지적한다.

III. 토착화 신학에 대한 비평적 논의

지금까지 토착화 논의에 대한 일련의 흐름들을 고찰해 보았다. 토착화 신학에 대한 성서적 근거를 살펴보았고, 이 같은 성서적 근거가 교회사의 제 과정 속에서 어떻게 펼쳐져 왔는지를 살펴보았다. 그리고 현대의 토착화 논의가 이루어지는 배경으로서 성장, 확산된 신학적 논의들을 세계 신학적 맥락 속에서 살펴보고 마지막으로 토착화 신학의 논의에 대한 한국적 상황에 대하여 정리하여 보았다. 특히 한국적 맥락 속에서 이루어지는 토착화의 논의에 대한 제반 유형을 살펴봄을 통해 한국의 신학 속에 어떠한 과정을 거쳐서 토착화 신학의 흐름이 주도되어 왔는지를 살펴보았다. 이제 이러한 관점을 토대로 한국 토착화 신학에 대한 이해와 평가를 시도하고 또한 향후 토착화 신학의 과제에 대한 방향을 모색해 보기로 하자.

1. 한국 토착화신학 논의에 대한 이해

한국에 기독교가 전래되는 과정에 있어서 때때로 기독교가 '서구의 문화 형태'와 함께 전달되었다. 이 같은 과정에서 '복음'이 때로는 서구문화로 오인되기도 하였다. 그러나 서구의 문화, 즉 서구인들의 가치관, 생활상 그리고 세계관의 반영으로서의 서구문화가 꼭 '복음'의 내용을 그대로 담지하는 것은 아니다. 아니, 오히려 서구문화는 '복음'의 규범적 성격에 의해 심판받고, 또한 변화 받아야 할 '죄성'을 그대로 포함하고 있는 것이기에 선교 제1세기를 지나는 한국기독교는 나름대로 '복음'과 '서구문화'의 차이를 인식하고 그 안에서 '복음'의 진수, 즉 복음의 규범성을 발견하려는 노력을 기울이는 한편, 또한 그동안 주로 부정적으로 인정되었던 한국의 전통문화와 종교에 대하여 새삼스러운 가치를 발견하기에 이르렀다. 한국의 전통 문화와 종교는 늘 '악마성'을 지니고 있을 뿐인가? 그렇지 않음을 발견한다. 한국의 전통문화와 종교는 기독교의 복음의 빛에 비추어 그것이 서구문화의 그것에 뒤지지 않는 그 무엇을 발견하면서 소위 '토착화'의 논의는 한국 전통문화와 종교 가운데 기독교의 복음의 빛을 조명하는 그 무엇을 발견하는 일에 심혈을 기울이게 되었다. [(1) 비교종교학–문화인류학적 유형].

이 같은 시도는 복음이 뿌려진 토양으로서의 한국의 전통사회에 대한 가치를 새삼스럽게 확인할 수 있는 좋은 계기였다. 토양에서 발견하는 기독교 복음의 규범적 가치와 어울리는 것들에 대한 발견 노력은 한국의 전통문화와 종교를 부정적인 것에서부터 긍정적인 것, 마치 삼위일체 교리의 정립을 전후로 초대교회 교부들이 '애굽을 탈취하자!(Spoil the Egyptian!)' 라는 구호를 내세우면서 과감히 이방적 요소에 들어있는 어떠한 '선한 것' 을 나름의 기독교적 복음 진리에 합당하다고 생각하면서 과감하게 수용하는 자세를 보였듯이, 이 같은 시도는 기독교의 지평을 넓게 하면서 과거 한국적 문화와 전통을 단절의 차원이 아닌 기독교 복음과의 연속성을 가능하게 하는 새로운 해석의 시도였다고 평가할 수 있다. 이 같은 논의는 주로 한국 사회에 대한 기독교의 복음의 규범성을 더 드러내기 위해서도, 즉 선교적 필요를 위해서도 꼭 필요한 것이라는 인식[(2) 역사신학적–선교신학적 유형]을 가져오기도 하였다.

한편, 이 같은 '토양(전통문화와 종교)' 의 발견이라는 테마가 문화의 특수성, 지엽성의 '상황화' 과정에 묻히면서 복음의 보편성과 일정한 간격을 유지하지 못한 채, 그 해석의 코드를 상대적 개체성에 묻으려는 종파주의적, 파편주의적 제 토착화의 경향성을 극복하기 위한 수단 [(3) 성서신학적–해석학적 유형]이 등장하면서 토착화 신학은 또 다른 국면을 맞이하였다. '복음' 을 주체개념으로서가 아닌 '상관개념' 으로서 이해하는 성서신학적 유형에서는 '민중' 의 콘텍스트를 통한 성서 읽기가 제시되었고 이를 통해 한국의 전통과 종교 속에 묻혀 있는 오클로스들이 바로 복음의 주체들이라는 인식이었다. 그러나 상기한 토착화의 제 이론들이 어디까지나 기독교 복음의 불변의 우선성을 그대로 간직하면서 이를 통해 타문화(한국, 동양문화)를 해석하는 자세를 보이고 있음을 불만족스럽게 생각하는 이들은 이제는 더 이상 '복음' 의 빛을 통한 '문화' 의 해석이 아닌 '복음'과 '문화'의 상호 이해, 그리고 상호 대화를 모색하기에 이르렀다. 기독교의 '복음'은 늘 새로운 '문화'와의 만남을 통하여 '새롭게' 그 의미를 구성해 나갔다. 복음이 규범성이라는 것은 어떤 불변의 닫혀 있는 것이 아니고, '물이 흐르듯' 또한 '새로운 높은 산이 나타나면 그것을 동정하듯' 자연스럽게 흘러가는 것이다. 이를 통해 복음은 새로운 내용을 덧입고 또한 오늘의 내용을 넘어서는 또 다른 규범성을 형성한다. 물론 이것이 나아갈 방향을 모두 다 예상할 수 있는 것은 아니다. 하지만 복음의 규범성은 폐쇄적 자기 만족에서 머무르는 것이 아니라, 모든 '궁극'을 향한 인간들의 진지한 노력과 그 자세들에 대하여 열려 있다. 따라서 '하나님이 인간이 되셔서 인간의 궁극적 물음에 답해주신' 기독교의 복음은 '기독교'라는 종교에 갇혀 있을 수 없고 더 넓은 지평을 향하여 나아가게 된다 [(4)종교다원적-대화론적 유형]는 인식을 형성하고 있는 것이다.

이상의 제 시도들에 대하여 일정한 선을 긋고자 하는 노력이 대두되는 것은 자연스러운 것이었다. 이들에게 있어서 기독교의 복음의 규범성은 '토양'으로부터 영향을 받은 국면에서 보다는 '토양'을 적극적으로 변화, 갱신하는 힘으로서 존재한다. [(5) 문화초월적-변혁주의적 유형]. 기독교의 복음이 개별 문화의 연약함을 밝히고 그것에 대한 조명으로서 '개혁'의 모티프를 제공하는 역동성 속에서 이해될 때 비로소 올바른 토착화가 진행된다고 보았다. 이들은 토착화의 제 3단계를 설정함으로써 소위 '토착화'된 문화 속의 종교, 문화 속의 기독교가 다시금 그의 '교만 (hybris)'한 위치에서 내려와 다시금 '복음'의 규범성 앞에 자신의 모습을 비추어 보아야 한다는 생각을 갖고 있다. 이 때 '복음'은 나름대로 변치 않는 최선의 가치 체계를 보유하고 있다는 믿음을 전제로 한다. 복음의 보편적 가치를 상실한다면 그것이 개별화되는 과정도 별 큰 의미가 없다는 것이 이들이 보는 시각이었다.

2. 한국 토착화 신학 논의에 대한 평가

상기의 한국 토착화 신학에 대한 논의는 1960년대 '토착화(Indigeniz
ation)' 개념과 70년대의 '상황화(Contextualization)' 개념, 그리고 70
년대 말 이후에는 '문화토착화 (Inculturation)' 라는 개념으로의 성장과
정이라고 볼 수 있겠다.[100] 주지하는 바와 같이 한국기독교 신학에 있어
서 1960년대의 '토착화' 개념은 주로 서구 기독교의 시각에서 피선교지
의 문화와 전통을 바라보는 일방적 시각을 어떻게 극복하고 비기독교권
의 제반 문화와 전통을 올바로 해석할 것인가를 묻는 질문으로부터 시작
되었다. 과거 '복음' 과 함께 한국에 소개되었던 소위 '서구문화' 가 기독
교의 복음과 동일한 개념으로 생각되는 나머지 '복음화' 가 곧 '서구화'
의 길을 의미하는 듯한 전통을 가지고 있었음을 반성하는 시도들이 제기
된 것이다. 실제로 서구화가 곧 복음화는 아니었다. 그러나 일부 서구문
화의 우월성을 그대로 가진 채 피선교지의 역사와 문화, 전통 등을 '정복
내지는 지배' 의 대상으로 생각해 왔던 일련의 선교사(史)적 시도들이 있
어 왔다. 이들에게 있어서는 선교를 주로 '변용' 의 차원에서 생각하는 패
턴을 유지하고 있었다. 즉 텍스트(복음)는 항상 고정되고 불변하는 상수
이며 상황(문화)만 가변적인 것이어서 텍스트와 콘텍스트의 만남에서 항
상 텍스트가 우위성을 점하는 패턴이 그것이었다. 이들에게 있어서 문화
가 수행하는 해석의 역동적 요인과 작용은 부차적인 것이며 이차적인 것
으로 머무른다. 한국의 토착화 신학에 무엇보다 문제를 느낀 것은 이 같
은 '문화로서의 토양' 이 없이 '복음' 이라는 씨앗이 스스로 뿌려져 열매
를 맺을 수 있었겠는가라는 물음이었다.

60년대의 '토착화'는 그러한 과거의 시도들을 비판의 대상으로 삼으면서 그 논의의 방향을 '텍스트(복음, 씨앗)' 중심에서 '콘텍스트(상황, 문화, 토양)' 중심으로 전환하는 과정이었다고 요약할 수 있다. 이제 콘텍스트는 더 이상 변화의 대상만이 아니다. 복음(씨앗)이 문화(토양)를 조명할 뿐 아니라 문화(토양)의 해석학적 기능을 강조한다. 복음 이해가 선교사 중심에서 수용자 중심으로 전환되며 토착문화에 의한 복음의 새로운 이해에 역점을 두게 되었다. 신학의 탈서구화와 기존신학의 자리인 서구사회와 문화를 비판하고 토착교회의 고난과 억압당하고 있는 정치, 사회, 문화적 상황으로부터 복음의 새로운 이해와 신학의 산출을 도모한다. '자국문화와 전통'에 숨어 있는 긍정적, '익명의 그리스도인적' 요인에 새삼 눈뜨는 과정으로 나아갔다고 볼 수 있다. 이 같은 '토착화' 논의는 70년대에 들어와 복음(Text)이 전해지는 구체적 상황(Context)에 관심을 두면서 더욱 심화되어 나간다. 기존의 텍스트 우선순위는 콘텍스트의 우선순위로 뒤바뀌게 된다. 어떠한 절대적 가치도 사실 그대로 전해지는 것이 아닌, 그것이 전달될 때 이미 그것을 전하는 이들의 '상황'에 의하여 이미 그 내용이 '상황화' 되는 것이다. 따라서 수용자의 상황성은 절대적 규범으로서의 가치(텍스트)를 읽고, 해석하며, 또한 그것을 적용하는 데 있어서 '우선성'을 갖는다. 여기에 '상황'의 이해에 대한 중요성이 대두되는 것이다. 그러나 이 같은 인식에 있어서 '상황성의 우선' 이라는 명제는 단지 긍정적인 면만을 담지할 수 없는 부정적 국면도 아울러 소유하고 있다. 즉 상황의 비중을 지나치게 강조하는 급진적인 토착화 과정에서 기독교 메시지의 보편성을 일탈하는 소위 '혼합화(Syncreticism)'의 경향으로 나아가는 문제가 바로 그것이라고 할 수 있다. 복음의 보편성이 상황의 특수성으로 대체되면서 보편적 메시지 자체가 상실되는 경향으로 나아간다면 과연 그것이 참다운 토착화가 지향하는 모델일 수 있는가, 절대적 상대주의로 빠져들어갈 수 있는 위험성을 극복하고 복음의 규범성을 어디에서 발견할 수 있는가라는 등의 신학적 문제가 제기된다. 아울러 과거 '지배와 정복'의 모델을 비판하고 나서는 '토착화의 시도'들이 또 다른 의미에서 제 1세계 교회가 저지른 '자국문화의 절대화'라는 순환적 경험의 딜레마에 빠지는 것은 아닌가? 개별 '문화'의 긍정성과 함께 그 부정적 요인을 이야기해야 하는 것이 아닌가?

이 같은 반정립적 사고의 구조 속에서 70년대 후반기에 들어가서는 토착화 논의의 제3세대라고 부를 수 있는 '문화토착화(Inculturation)'라는 개념이 자리를 잡기 시작하였다. 문화토착화라는 개념은 주로 문화의 속성을 규명하는 노력과 함께 제기된 일련의 토착화 과정을 보다 면밀한 분석에 의해 이해하려는 개념이었다. 이들은 '문화는 중립적일 수 없다'는 모토와 '모든 문화는 나름대로의 가치관을 가진다'는 속성을 이해하면서 이제 기독교의 선교나 복음의 전파는 문화적 양상으로 나타나야 하며 또한 이 같은 문화적 양상을 드러냄에 있어서 기존의 소위 '비(非) 기독교 문화'와의 허심탄회한 대화를 통해, 특정 종교의 정복, 강요의 자세를 벗어나 상호이해의 지평을 통한 제 3의 융합문화를 모색하는 방향으로 나아가고자 모색하고 있는 것이다. 이때 '문화란 무엇인가?' 그리고 그 '문화' 속에서 이루어지는 기독교 복음은 어떠한 역학 관계를 가지면서 발전해 나아가는가, 그리고 그러한 발전을 가늠할 수 있는가라는 질문들을 제기하면서 이에 대한 답변을 모색하려 시도한다.

상기한 바와 같이 한국토착화의 제반 논의들은 그 강조점의 차이에 따라 '적응(Acommodation)'과 '동화(Assimilation and Adaptation)'의 국면을 강조하는 논리와 반대로 '변화(Transformation)'와 '갱신(Reformation)'을 강조하는 부류의 대립양상을 보여 왔던 것이 사실이다. 그러나 이제 그 같은 양상을 지양하는 새로운 논리를 개발할 필요를 느끼고 있는 것이다.

3. 토착화 신학 논의를 위한 제언

복음과 문화의 상관성과 이에 대한 바른 이해를 통한 제3의 길에 대한 모색은 무엇보다 '문화'에 대한 올바른 인식에서 출발한다. '문화'는 기본적으로 '자연'에 대치되는 개념으로 출발하고 있다. 즉 문화라는 것은 인위적인 노력을 통하여 얻어지는 어떠한 결과물로서 그것은 자연 상태를 넘어서 존재하는 모든 양태로서 일차적인 의미를 가진다. 문화에 대한 정의를 이러한 각도에서 시도하고 있는 타일러(E.B Tylor)는 '문화는 지식, 신앙, 예술, 도덕, 법률, 관습 그 밖에 인간이 사회의 구성원으로 습득한 능력과 습관을 포함하는 복합적 전체(Complex Whole)'라고 정의하고 있다. 한편 로버트 슈라이터(R. J. Schreiter)는 문화를 '의미 체계'로 이해하고 있다. 그는 '문화는 하나의 거대한 의사소통의 그물망으로서, 그 속에서 서로 영향을 주고 받으며 얽혀져 있는 길을 통하여 언어적, 비언어적 소식을 전달하는 것'[101]이라고 보았다. 여기서 문화란 '메시지의 전달자'로서의 기능을 가지고 있으며 이것을 한 종교의 체계를 전달하는 수단에 적용될 수 있으며 이를 기독교 선교에 적용할 때는 문화가 복음을 형성하고 전달하는 매체로서의 역할을 수행하기도 한다고 말할 수 있다. 이 같은 문화에 대한 정의들을 살펴볼 때 무엇보다도 문화는 고정적인 것이 아닌 유동적인 것이며, 또한 의미체계들의 상호 만남과 교합을 통한 역동성 있는 체계를 지향하고 있다는 것을 발견한다. 또 다른 한편, 문화는 사회 구성원이 습득한 '복합적 의미체계'이기에 그것을 뒷받침하는 소위 내용체계, 즉 나름대로의 세계관을 반영한다. 따라서 문화는 가치 중립적인 것이 아니며 또한 동시에 문화는 그 같은 나름대로의 가치형태를 그 구성원들에게 전달하는 기능을 수행하는 것이다.

이상과 같은 문화에 대한 이해를 바탕으로 우리는 토착화에 대한 논의의 방향을 제시할 수 있겠다. 먼저, 기독교의 문화 갱신과 창조는 복음과의 만남에서 수행되며 복음은 자기 안에 문화비판과 개혁의 단서와 기준을 제시한다는 점이다. 그러나 동시에 현실에서는 복음이 이미 해석자의 문화에 조건적으로 이해되는 점을 고려할 때 그 같은 상황을 받아들이면서 한 문화에서 제한적이면서 편향적인 해석은 필연적으로 용납되어야 한다는 점이다. 그러나 이 같은 편향성이 어디까지나 복음의 보편성을 침해할 것인가라는 염려를 미리하는 방법으로서가 아니라, 가장 특수하고 가장 개별적인 시각에서 복음을 해석하는 것이 결과적으로 복음의 보편성과 그 규범성을 가장 잘 드러내 줄 수 있다는 믿음을 잃지 않는 시각이 필요하다는 점을 강조한다. 이 때 비로소 복음과 타문화의 대화의 가능성이 존재하는 것이며 실제로 팔레스타인 지역에서 머무르던 예수의 복음의 메시지가 여타 이방지역에 전파되는 과정에서 교회는 '성령'의 도우심으로 유대교의 울타리를 넘어서 '헬레니즘', 그리고 더 나아가 여타종교와의 대화를 통해 궁극적으로 '문화토착화의 이념'을 실행할 수 있었다고 믿는 것이다.

IV. 나가면서: 한국기독교의 향후 전망과 과제

한국에서 기독교가 짧은 선교 기간에 양적으로 쉽게 착근한 직접적 원인과 개신교 초기 신앙 형태의 형성에 직접 영향을 끼친 주요 요인 중 하나는 초기 한국 선교사에 의해 들여온 '경건주의와 복음주의'라고 교회사가 민경배는 지적하고 있다. 한국에 들어온 선교사들은 한마디로 복음주의자들이라고 말할 수 있고, 부흥회적인 생태의 선교사들이라고 말할 수 있다. 이 말은 긍정적인 공헌을 말하는 데도 할 수 있는 말이지만 동시에 부정적인 면을 언급하는 데도 똑같이 불가피한 내력을 가지게 된다. 신학의 빈곤, 교회론의 약화, 사회부재의 영혼구재, 정치 무관심의 정숙주의, 합리성의 결여, 그리고 이원적인 신앙의 전제가 그것이다. 그런데 이 복음주의적인 경건주의 신앙은 한국인 본래의 정신적 유형에 상통하는 바가 많았다. 개화기에 있어서 한국기독교는 복음 선교와 신교육을 통하여 무엇으로도 대치할 수 없는 인간 개체의 존엄성을 강조하여 한국민으로 하여금 각존적(覺存的)인 개체의 자아의식화 과정을 도왔다. 이것이 한국민의 의식구조에 끼친 가장 큰 변혁이요 공헌임을 인정해야 한다. 기독교는 선교의 과정에서 교회와 신앙고백 곧 전통을 전제로 하여 이루어진다. 따라서 서구에서 자라난 기독교가 동양에 전해질 때 서구 교회의 전통과 신앙고백을 이식하는 형식을 취한다. 이 전통은 이미 형성된 것이었으므로 이를 받는 쪽에서는 서구문화와 같이 보인다. 그러나 비록 시대에 따라 그 신앙 고백을 새롭게 표현한다 하더라도 이미 고백된 것을 토대로 그 계승이 이루어지는 면을 간과할 수 없다. 이 점에서 기독교는 단지 한 문화권의 경험과 삶의 내용을 넘어선다. 그러한 면에서 '복음'의 보편적 국면을 간과할 수 없다.

그러나 이 같은 '변화', '갱신'의 모델과 함께, 한국기독교는 또 다른 모델, 즉 '적응', '동화'의 토착화 모델의 과제를 나름대로 수행하여 왔다. 각기 민족의 전통적 문화는 인류가 갖고 있는 고귀한 문화적 유산 가운데 하나라는 인식은 아무리 강조해도 지나칠 수 없다. 이러한 입장에서 기독교는 세상의 빛이며 어떤 문화에 대하여서도 이방인이 아니다.

'WCC뉴델리대회 봉사부 보고서'라는 세계교회연합회의 선언을 음미해 볼 필요를 느낀다. 한백문화재단에서 조사한 '한국문화의 토양'에 대한 조사 보고서에서 동양문명의 특성은 '유불도(儒佛道) 삼교(三敎)의 복합'이며, 여기에는 동양문화의 중요한 특성인 '조화론적인 관념' 혹은 '관용과 중용'이 깊이 숨쉬고 있다고 전하고 있다. 이 같은 한국문화의 특성을 이루고 있는 '습합현상'은 '자연과 인간의 조화, 이성과 감성의 조화 등, 조화론적(평화주의적) 문화지평을 향하는 것'에서 유래하였다는 것이다. 에드위 O. 라이샤워는 이에 한 걸음 더 나아가 동양문화권 속에 있는 한국 문화가 중국 문화권의 절대적 영향 아래 있었음에도 양 문화의 본질에 있어 상호간의 차이가 심하고 문화상의 특이성을 보지(保持)하는 그 원인을 원시문화 바탕의 전통과 언어 구조의 차이에서 찾고 있다. 한국 문화는 동양 문화 최고의 원시적 기반을 형성한 심미적, 예술적인 샤머니즘 문화, 곧 동북아시아의 시베리아 문화를 그 모태로 삼고, 현실적이고 주지적인 중국의 유교 문화와 신비적이고 형이상학적인 인도의 불교문화를 종합한 세계 문화의 용광로였다는 것이다. 이러한 한국의 문화사적 위치는 특별한 의미를 갖는다. 세계 최고 고등 문화의 마지막 정류지로서 한국문화는 나름대로 큰 가능성이 있다.

마지막으로 상기한 한국민족성의 종교 습합적 경향성과 이에 따르는 복음 선교의 과제를 지적하고자 한다. 물론 종교 습합성이 한국 민족에게만 배타적으로 주어진 특질만은 아닐 것이다. '아마도 유대인, 희랍인, 애굽인들도 다 종교혼합적이다'라고 지적하는 존 게이저는 이를 '종교혼합적 현상(Syncretic milieu)'이라고 하였다.[102] 그러나 한국인들은 이러한 점에서 특별한 면모를 지니고 있는 점을 부인할 수 없다. 이와 같은 종교 습합 현상은 한국에서 기독교 선교가 성공을 거둔 중요한 원인 중 하나였다. 한국인의 심성에 기독교는 곧 '이방종교'가 아닌 그것을 품에 안고 끌어안을 수 있는 또 하나의 '자기 확대'와 같은 것이었다. 그러나 오늘의 기독교 배후에 이와 아울러 많은 기독교 계통의 이단적 사이비 신흥종교의 범람 등의 문제도 지적되어야 하겠다. 한국기독교는 이상과 같은 한국의 역사적, 지정학적 여건에 대하여 창조적으로 응전하면서 세계 최고의 문화들의 핵심을 포촉, 소화, 흡수하여 승화시켜 새로운 참신한 제3문화로서 출현할 가능성을 배태하고 있다. 그러나 이에 실패할 때, 한국 문화는 각개 고등 세계문화의 생명력이 모두 탕진 고갈된 형태만을 받아들여 형식적이고 사대주의적이며 배타적인 타율문화로 전락해 버릴 위험이 있음을 지적하고자 한다. 문화 속의 기독교, 그것이 자신의 변화를 두려워하거나 혹은 미리 어떠한 선험적 결정을 앞세워 자기 수호적 자세로 나아가는 닫혀진 체계로서의 자기 보지(保持)가 아닌, 특히 다문화와 다종교의 복합적 현실 속에서 '갈 바를 알지 못하고' 나아가지만, 그 너머에 복음의 신비한 역동성과 창조력이 숨쉬고 있다는 강한 믿음을 소유하는 '에큐메니칼 시대' 속에서, 또한 '포스트 모던 시대' 속에서 살아가는, 그리고 이를 통해 몰트만적 '전 피조물의 해방의 가능성'을 묻는 제 3의 합일을 모색하는 참다운 토착화의 정신으로 무장한 이들의 출현을 기대해 본다.

주주

1) "종교간의 이해와 협조를 호소하기 위한 이 박람회에서 주목을 끌었던 이는 네오 힌두이즘의 지도자 스리 라마크리슈나와 스와미 비베카난다였으며 수수끼 다이세 쯔가 스승의 수행원으로 참석하였다." 변선환, "신학의 과제로서의 한국종교", 『한 국기독교학회편 종교다원주의와 신학적 과제』, 서울:대한기독교서회, 1990, p. 3.

2) '토착화 신학' 이 주로 기독교의 케리그마와 그것을 수용하는 상황 사이에서 일어 날 수 있는 다양한 형태의 상황을 다루면서 그 논의의 핵심이 주로 문화와 관련을 맺는 것이기에 보다 넓은 의미에서 '문화 신학' 이라는 말을 사용하게 된다. 또한 최근의 '토착화 신학' 의 논의의 핵심이 기독교와 타종교간의 관계 설정이라는 점에 착안하여 주로 '종교간의 대화' 의 형태를 설정하고 있기에 이를 '종교신학' 이라고도 부르고 있다. 본 고에서는 주로 이 같은 '토착화신학', '문화신학', '종교신학' 이라는 용어를 그때 그때의 필요에 따라 거의 동일한 의미로 사용하도록 한다.

3) 신명기에 기록되어 있는 모세의 주장에서 우리는 이 같은 형태의 '정복주의' 를 잘 살펴볼 수 있다. "너희 하나님 야훼께서 이제 너희가 들어가 차지하려는 땅에 너희를 이끌어 들이시고, 너희보다 인구가 많고 강대한 헷족, 기르가스족, 아모리족, 브리스족, 히위족, 여부스족, 이렇게 일곱 족속들을 너희 앞에서 모조리 쫓아 내실 것이다. 너희 하나님 야훼께서는 그들을 너희 손에 붙여 꺽으실 것이다. 그때 너희는 그들을 전멸시켜야 한다. 그들과 계약을 맺지 말고 불쌍히 여기지도 말라. (신 7:1-3)" 모세의 출애굽은 가나안의 이교도들과의 만남을 눈앞에 두고 있었고 이들과의 조우에서 생길 수 있는 문화의 융합, 야훼 신앙 이외의 타종교에 대한 수용등의 가능성을 배태하고 있었다. 이에 대한 모세의 태도는 단호한 '정복주의' 적 기치를 세우는 즉, 문화적 배타주의, 자기 정체 제일주의 등의 도식으로 정리할 수 있는 그 무엇이었다.

4) "주변 국가들이 왕정을 채택하고 훈련된 군사들을 거느리며 침략을 일삼자 이스라엘 백성들은 왕정을 요구하게 되었고 이에 초대 왕으로 사울이 등장하였다." 종교

교재편찬위원회, 『기독교의 이해』, 대구: 계명대학교 출판부, 1995, p. 71 참조.

5) R. H. 베인튼, 『전쟁, 평화, 기독교』, 서울: 대한기독교출판사, 1981, p. 62.

6) 공의가 없는 이들의 거짓에 대하여 구약성서는 "그 발은 행악하기에 빠르고 무죄한 피를 흘리기에 신속하며 그 사상은 죄악의 사상이라 황폐와 파멸이 그 길에 끼쳐졌으며 그들은 평강의 길을 알지 못하며 그들의 행하는 곳에는 공의가 없으며 굽은 길을 스스로 만드나니 무릇 이 길을 밟는 자는 평강을 알지 못하느니라(사 57:7-8)"라고 말하고 있다.

7) Peter Berger, "The Sacred Canopy", *Elements of a Sociological Theory of Religion*, Garden City, N.Y.; Doubleday, 1969. p. 25. 종교에 대한 정의나 종교에 대한 접근법이 이와 비슷한 것으로는 R. Bellah, "Religious Evolution", *American Sociological Review 29* (1964) pp. 358-374등을 참조할 것

8) Peter Berger, 상게서, 존 G. 게이저, 김쾌상 역, 『초기 기독교 형성과정 연구』, 서울: 대한기독교출판사, 1980, pp.23-27에서 중용.

9) 실제로 원시 기독교에서 이 같은 문제에 관해 양 극단적 견해를 펼치는 부류가 등장하고 있다. 구약의 모든 전통을 문자적으로 승계하자고 주장하는 보수적 기독교 지도자들의 기록이 갈라디아서 2장 등에 나타난다. 반면 유대교 전통을 강조하는 원시 기독교의 문헌들을 폐기하고 바울서신과 유대교적 전통을 강조하지 않는 마가복음만을 신약의 경전으로 받아들이는 '마르시온주의(Marcionists)' 들이 나타난다.

10) " 하르낙 (A. Harnack)이 그리스적 사유와 정신생활을 소유하고 있었던 고대 그리스도 교회의 교리 형성에 끼친 지대한 의의를 주목하고 복음서는 헬레니즘화되었으며, 교리는 복음서의 지반 위에서 생긴 그리스적 정신의 산물이라는 것을 주장했다" 토를라이프 보만, 허혁 역, 『히브리적 사유와 그리스적 사유의 비교』, 왜관: 분도출판사, 1975, pp.21-22.

11) "동쪽 아라비아 지역에서 일어나는 불가사의한 표징을 보자. 거기에는 불사조라 불리는 새가 있다. 그 불사조는 유일한 것이고, 500년 동안 산다. 그리고 그 새가 사멸될 때, 즉 죽을 때가 되면 그 새는 향과 몰약과 다른 향료들로 자신의 관을 만

들어 시간이 이르면 그 안에 들어가 죽는다. 그러나 그 썩은 살에서 벌레가 생겨 죽은 피조물이 습기로부터 영양분을 얻고 날개가 자란다… 우주의 창조자가 훌륭한 신앙의 확신을 가지고 그에게 거룩하게 봉사한 사람들의 부활을 성취하기는 하겠지만 그가 한 마리의 새에 의해서까지 그의 약속의 명확성을 우리에게 보여준다는 점에서 비추어 볼 때, 우리가 그것을 아주 경이롭게 생각하지 않겠는가?" 클레멘트, 『고린도교회에게 보내는 첫 번째 서신』, p.25-25. 헨리 비텐슨, 박경수 역, 『초기 기독교 교부』, 서울: 크리스챤 다이제스트, 1997 p. 55에서 중용.

12) 속사도교부들 중 이그나티우스는 그를 박해하는 외부의 음모에 대하여 "여러분들이 나를 방해하지 않는다면 나는 자신의 선택으로 그리스도를 위해 죽습니다. 나는 여러분들이 나에게 '부적절한 친절'을 보이지 않기 바랍니다. 내가 야수들에게 던져지도록 두십시오… 그때 나는 참으로 그리스도의 제자가 될 것이고, 이때 세상은 나의 육체를 보지 못할 것입니다"라고 반응한다. 헨리 비텐슨, 상게서, p. 68 참조.

13) 폴 틸리히, I. C 헤넬 역음, 송기득 역, 『그리스도교 사상사』, 서울: 한국신학연구소, 1984, p. 52 참조. 여기에서 틸리히는 당시 로마의 지성적 분위기를 대변하는 인물로서 의사이며 철학자였던 셀시우스(Celsius)를 소개하고 있다. 그는 '기독교는 환상적인 미신과 단편적인 철학의 혼합물이며, 이 같은 미신을 추종하는 것은 로마의 위대함과 권력의 터전을 위태롭게 하며 또한 세계가 악마의 세력으로 넘어가는 것을 완전히 막을 수 있는 유일한 세력 (당시 지성세계를 유지하고 있는 로마의 철학 분위기)을 위태롭게 하는 일'이라고 여겼다.

14) 폴 틸리히, 상게서 p. 55.

15) 헨리 비텐슨, 상게서, p. 88.

16) 상게서, p. 89.

17) 영지주의의 체계, 기원, 교리 등에 관한 입문서로는 Robert M. Grant, *Gnosticism and Early Christianity*, New York: Oxford University Press, 1960)과 Hans Jonas, *The Gnostic Religion: The Message of the Alien God and the Beginning of Christianity*, Boston: Beacon Press, 1958을 참조할 것.

18) 이 같은 하르낙의 주장에 대하여 단지 영지주의를 '헬레니즘'과의 연관에서 볼 것이 아니라 보다 다양한 기원, 즉 당시 유행했던 여러 종교적 요소들을 함께 혼합한 양태의 종교로 보아야 한다는 주장도 함께 제기되었다. 이를 위해서 Grant, G Nosticism: Gershom Gerhard Scholem, Jewish Gnosticism, *Merkabah Mysticism and Talmudic Tradition*, New York: Jewish Theological Seminary, 1960을 참고할 것.

19) 초대교회에 있어서 '정통(Orthodox)'과 '이단(Heresy)' 개념에 관한 논의를 위해서는 필자의 논문 이상훈, '그러면 누가 전통을 이야기할 것인가?- 종교 현상학에 관한 한 비판으로서' 계명신학 제 7집 1993. 3 을 참조할 것.

20) 후스토 L. 곤잘레스, 이형기.차종순 역, 『기독교사상사 (1)』, 서울: 대한예수교장로회출판국, 1990, p.182 참조.

21) 강일구, '기독교 언어의 발생과 그 역사적 의미', 〈기독교언어문화논집 제 1집〉, 1997. 12 pp. 91.

22) K. Barth, Fides quaerens intellectum. *Anselms Beweis der Existenz Gottes im Zusammenhang seines theologischen Programms*, Zuerich, 1966, p. 62.

23) 칼 바르트, '성서안의 새로운 세계', 〈복음주의신학총서 제 1권〉, 서울: 한신대출판부, 1964 p. 38.

24) K. Barth, Fides Quaerens Intellectum, Op. Cit. p. 21.

25) 김균진, 『헤겔과 바르트』, 서울: 대한기독교출판사, 1984 p. 191.

26) 고가르텐(Gogarten)은 '세속화란 신의 계시에 속한 영역을 인간의 경험의 영역으로 전환시키는 제반 시도' 라고 규정한다.

27) K. Barth, *Bekenntnisschriften und Krichenordnungen der nach Gottes Wort reformierten Kirche*, W. Niesel 편, 김균진, 『헤겔과 바르트』, 상게서 p. 194에서 중용.

28) 바르트의 신학에 있어서 문제점에 대하여 몰트만는 다음과 같은 점을 꼽고 있다. " 바르트의 기독론은 미래지향적이기 보다는 회고적인 신학이라는 지적이다. 바

르트는 기독교 신앙의 종말론적 전망을 바라보는 데 실패했다. 바르트 사상에 있어서 교회가 소망하고 있는 미래적 완성은 종종 하나님의 영원하신 목적, 혹은 이미 예수 그리스도 안에서 이루어진 하나님의 계시의 의미를 열어 보여 주는 것 이외에 아무것도 아니다. 이런 사고로 인해 바르트는 역사 속에서의 하나님의 활동, 인간의 실존과 역사의 개방성, 그리고 장차 올 하나님 나라를 소망하면서 하나님의 순례자적 백성으로 살아가고 일하는 출애굽공동체로서의 교회의 본질을 전적으로 음미하는 데 실패하고 있다고 보여진다." Juergen Moltmann, *The Way of Jesus Christ: Christology in Messianic Dimension*, London: SCM Press, 1990, pp. 230-232.

29) Paul Tillich, *Systemetic Theology*, Vol 1, Chicago: University of Chicago Press, 1951, p. 235.

30) 폴 틸리히 (Paul Tillich)는 그의 '조직신학'을 '상관방법' 즉 Method of Corrlation에 의해 서술한다고 밝히고 있다. 이 같은 방법은 그가 초대 교회의 '변증론자(Apologists)' 들이 사용하였던 신학적 방법, 즉 다른 편(사람)에 내포되어 있는 물음과 기독교가 주는 대답 사이에 (다시 말해서 물음과 대답 사이에) 상관관계를 묻는 형식과 일치한다고 밝히고 있다. 틸리히 (Paul Tillich), I. C 헤넬 엮음, 송기득 역, 『그리스도교 사상사』, 서울: 한국신학연구소, 1984, p. 55 참조.

31) Paul Tillich, *Systematic Theology*, vol. 3, The University of Chicago Press, 1963, p. 86.

32) Paul Tillich, *Systemetic Theology*, Vol 1 p. 215.

33) Paul Tillich, *Systemetic Theology*, vol. 1 pp. 174-185.

34) Paul Tillich, *Biblical Religion and the Search for Ultimate Reality*, The University of Chicago Press, 1955, p. 85.

35) 김경재, 『폴 틸리히 신학연구』, 서울: 대한기독교출판사, 1987, pp 7-8. 여기에서 김경재는 폴 틸리히를 뉴욕의 유니온에 초대했던 라인홀드 니버 자신도 틸리히의 존재론적 신학방법론에 대하여 우려했다는 일화를 소개하고 있다. Reinhold Niebuhr, Biblical Thought and Ontological Speculation in

Tillich's Theology, in *The Theology of Paul Tillich*, ed. by Charles W. Kegley, Macmillan Company, 1964, pp. 216-227 참조.

36) 김경재, 상게서, p. 5.

37) 이러한 시대 구분은 미국 신학계에 본훼퍼를 처음 소개한 가세이(J. Godsey), 그리고 본훼퍼의 전기 작가인 베트게 (E. Bethge) 등이 시도했던 시대 구분 방법이다. 참조, 박봉랑, "기독교의 비종교화", 『본훼퍼 연구』, 서울:범문사, 1975, p. 16.

38) 본훼퍼의 신학을 해석함에 있어서 그의 삶의 전기와 후기를 통해서 그의 사상을 일관하는 교회론적-기독론적 신학을 중심으로 그것의 연속성을 강조하는 입장이 있는 반면, 다른 한쪽에서는 그의 생애의 후기, 특히 '옥중서신'에서 나타나는 그의 급진적 세속화론에 비중을 두고 전기와 후기의 단절을 주장하는 견해들이 공존한다. 전자의 입장은 주로 베트게(E. Bethge), 가세이 (J. Godsey), 몰트만 (J. Moltmann), 라이스트(B. Reist), 윌켄 (John Wilcken), 메이어 (Rainer Mayer) 등에 의해 제기되고 있고, 후자의 입장은 뮬러(H. Mueller), 해밀톤 (Hamilton), 그리고 필립스 (J. Philips) 등과 같은 학자들에 의해서 지지를 받고 있다.

39) Martin E. Marty, *The Place of Bonhoeffer*, N.Y.: Association Press, 1964, p. 28. 여기에서 마티는 19세기의 자유 신학자들 특히 슐라이에르 마하, 칸트, 리츨, 헤르만, 트뢸치 등이 문화 창조를 가능하게 하는 힘을 인간에게 선험적으로 주어진 이성, 감정, 또는 의지 즉 자유라고 생각해 왔고 이러한 자유를 근간으로 기독교적 진보사관 내지 초자연적 세계상을 정치 등의 세속적 삶 안에서 자신의 삶의 현실과 무리없이 일치시키려는 일련의 노력을 기울이면서 이를 신학적으로 정당화하려는 노력을 기울였던 바, 이러한 사조를 19세기의 문화 개신교(Kultur Protestantismus)라고 명명하고 있음을 지적하면서 이같은 19세기적 사조의 변환이 20세기에 들어와서 시도되고 있음을 논하고 있다.

40) Dietrich Bonhoeffer, The Communion of Saints, N.Y.: Harper & Row, 19 63, p. 85.

41) Martin E. Marty, 상게서, p. 57.

42) 디트리히 본훼퍼, 손규태 역, 『기독교윤리』, 서울: 대한기독교서회, 1974, p.

163.

43) 상게서, p. 60.

44) 상게서, p. 171.

45) 상게서, p.173.

46) 프리드리히 고가르텐, 『우리 시대의 절망과 희망』, 서울: 대한기독교서회, 1977, p. 186-187.

47) Harvey Cox, *On not leaving it to the Snake*, New York: The Macmillan Company, 1967에서 제기하고 있는 논지의 핵심.

48) 상게서.

49) 남미의 기독교 신학의 소위 '토착화'는 주로 스페인과 포르투갈 계통의 카톨릭 교로부터 시작된 문화의 이식이 그들 자신의 토착적 문화와의 갈등을 노출시키면서 주로 정치와 경제 그리고 문화의 '식민통치와 그 지배'로부터의 '해방(Liberation)'을 기치로 시작되는 '해방신학(Liberation Theology)'의 형성으로 나아가고 있다. 반면 아시아 신학은 그 지역과 문화적 배경, 그리고 종교적 다원성 등으로 인하여 그 양상이 그리 단순하지 않다.

50) Chirstian Encounter with People of Other Beliefs, in *Asian Christian Theology*, Emerging Themes, 1980.

51) Paul Devanandan, *The Gospel and Renascent Hinduism*, London, 1959, p. 47.

52) 이 같은 '상황신학'으로서 제 1세계 국가들에 대한 정치적, 경제적 수탈에 대한 저항으로서의 남미의 해방신학, 아시아의 생태계의 회복을 위한 '물소신학', 한국의 정치, 경제적 특수 상황 속에서 생겨난 '민중신학' 등의 일련의 신학적 분위기를 꼽을 수 있다.

53) J. Hick, *Problems of Religious Pluralism*, Hong Kong; MacMillan, 1985, p. 39.

54) 상게서, p. 42.

55) Paul F. Knitter, "No other Name?", *A Critical Survey of Christian*

Attitudes toward the World Religion, New York; Orbis, 1985, p. 166.

56) Raimundo Panikkar, *The Intra-Religious dialogue*, New York: Paulist Press, 1978, p. 50.

57) Raimond Panikkar, 상게서, pp. 18-19.

58) Wilfred Cantwell Smith, *Towards a World Theology*, Philadelphia: The Westminster Press, 1981, p. 182.

59) 윤성범, 복음 토착화에 대한 전이해(前理解), 기독교사상 제 7권 제 6호 (1963, 3) p. 32.

60) 윤성범, 상게서, p.35

61) ----, 『기독교와 한국사상』, 서울: 대한기독교서회, 1964, p. 6.

62) 윤성범, 환인, 환웅, 환검은 곧 하나님이다, 〈사상계〉 1963. 5월호 p. 259.

63) 윤성범, 상게서, p. 260.

64) 윤성범, 상게서, p. 270.

65) 이 점에 있어서 윤성범은 "앞으로의 우리의 신학은 신학적인 본질 문제와 아울러 개개 국미의 다름을 따라 그 국민이 가지고 있는 특이서의 문제가 직접 신학을 수립하는 데 형식적인 계기가 될 것이다. 그러한 의미에서 한국의 신학은 한국을 바로 이해하는 한에서만 성립될 수 있을 것이다. 신학의 바른 깊은 응당 '나' 라는 주체성의 문제가 거듭 강조됨으로써만 제시되어질 수 있을 것이다… 그리스도교 신학의 앞으로의 방향은 이러한 복음의 내용과 문화 내지 재래종교적인 터전(바탕)과의 상호 접종 가운데서 '교회적인 신학' 내지 교의학이 성립될 수 있을 것이다. 그 민족에게 유익되지 않는 신학은 엄밀한 의미에서 raison d'etre을 가지지 못하게 될 것이다"라고 정리한다. 윤성범, 현대신학의 과제- '토착화 문제' , 〈기독교사상〉, 1962. 8-9월 p. 13.

66) 유동식, "기독교 토착화에 대한 이해", 〈기독교사상〉, 1963. 4월호 p. 66.

67) 유동식, 상게서.

68) 유동식, "복음과 재래종교와의 대화 문제", 〈기독교사상〉, 1963. 11월호 p. 56.

69) 이 같은 주장의 근거로 유동식은 빌립보서에서 나타나는 예수의 자기비하주제,

즉 케노시스 주제, 바울의 "내가 모든 사람에게 자유하였으나 스스로 모든 사람에게 종이 된 것은 더 많은 사람을 얻고자 함이라"는 태도, 그리고 요한복음의 성육신 모티브 등의 성서적, 기독교적 표현들을 제시하고 있다. 유동식, 상게서 p. 59 참조.

70) 유동식, "기독교 토착화에 대한 이해", 〈기독교사상〉, 1963. 4월호 p. 67.

71) 유동식, "한국 문화와 신학사상", 『강원용편 한국신학의 뿌리』, 서울: 문학예술사, 1985, p. 266.

72) 유동식, 상게서, p. 263.

73) 이장식, 기독교 토착화는 역사적 과업, 〈기독교사상〉, 1963. 6월호 p. 123.

74) 이장식, 상게서, p. 133.

75) 이장식, 상게서, p. 136.

76) 이장식, "한국근대화운동과 복음의 토착화", 〈기독교사상〉, 1967년 11월호 p.375

77) 안병무, "한국신학의 가능성—성서신학에서의 가능한 길", 〈현대신학〉, 1967. 12월호 p. 30에서 제기하는 전제 등을 참조할 것.

78) 안병무, 상게서, p. 399.

79) 안병무, "한국의 신학의 현황과 과제", 〈신학사상〉, 1973. 제1호 p. 24.

80) 안병무, 상게서, pp. 25-26.

81) 안병무, "예수사건의 전승모체", 〈신학사상〉, 1984, 겨울 제 47호 p. 108 .

82) '그리스도중심적 포용주의' 이론의 대표적 학자라고 할 수 있는 칼 라너는 '익명의 그리스도인(The theory of anonymous Christian)' 개념을 사용하고 있다. 라너에 의하면 타종교 속에 포함되어 있는 구원에 이르는 지혜들로 무장한 이들은 그들이 그것을 의식하는지의 여부와 상관없이 이미 익명의 그리스도인으로 인정될 수 있다는 생각이다. 이러한 개념을 사용함으로써 칼 라너는 종래의 기독교가 보여주는 독존적 배타주의에서 탈피할 수 있는 길을 열어 놓았다고 주장한다. 그러나 한스 큉(Hans Kueng), 폴 니터(Paul Knitter), 김경재 등에 의하면 이 같은 포용주의는 여전히 기독교를 중심으로 하는 '종교제국주의적 배타주의'를 완전히 탈피한 것이 아니라고 비판한다. 김경재에 의하면 이 같은 포용주의는 종교다원

주의가 아니며 그것은 일종의 종교우월주의 또는 뜨거운 선교의 열광적 광신주의의 이면이다. 그는 진정한 종교다원주의는 우월감이 숨어 있는 포용주의적 차원을 넘어서 동등한 위치에서 선교의 차원이 아닌 대화의 차원을 유지하여야 한다고 주장한다. 김경재, "종교다원주의와 예수그리스도의 주성", 〈신학연구 27집〉, p. 403 참조.

83) 이상의 '전피조물의 해방'의 가능성에 대하여 몰트만(J. Moltmann)은 다음과 같이 언급하고 있다. "만일 대화가 민중의 생활과 해방의 관심 속에서 행하여진다면 대화는 민중을 위한 희망의 징조이다. 문화적 토착의 의미에서 참으로 인도적, 중국적, 일본적, 인도네시아적, 아랍적, 아프리카적 그리스도교가 생겨나야 한다. 세계종교와의 대황에서 그밖에도 불교적, 힌두교적, 회교적, 아니미즘적, 유교적, 신도적 그리스도교도 생길 것이다. 예수를 그리스도로 믿기 위해서는 유다교적 기초가 존재했다. 예수를 로고스로 믿기 위해서는 희랍적 근거가 존재했다. 예수를 영혼의 왕으로 숭배하기 위해서는 게르만적 기초가 있었다. 이 같은 기초는 당시 단적으로 문화적인 것뿐만 아니라 오히려 종교적으로 확인되어 있었다. 문화와 종교는 분리될 수 없다. 따라서 오늘날 사람들은 예수에 대한 신앙을 위해서 힌두교적, 회교적, 불교적 근거를 물어야 할 것이다." 이같이 문화 속에서의 종교의 의미를 얻기 위하여 오늘날 보다 분명한 지향점이 제시되어야 하는 바, 그것은 바로 다름 아닌 어떤 특정한 지역이나 종교만을 포함하는 것이 아닌 '전 피조물의 해방'이 그 목표여야 한다는 것이다. " 세계종교와의 대화는 그리스도교에게 있어서 오실 당신의 나라를 위한 전 피조물의 해방이라는 보다 큰 틀 속에 속한다. 그 대화는 이스라엘과의 대화 및 자유롭고, 정의롭고, 살기좋은 세계를 위한 정치적 사회적 열정에 의하여 같은 문맥에 속한다. 그리스도교의 대화의 윤곽은 세계종교의 가능성과 힘에 있어서의 해방하고 구원하려는 그 나라의 장래로 향해야 한다. 그것은 그리스도교만이 그 대화에서 얻을 수 있는 윤곽이다"라고 그 지평을 설정한다. Juergen Moltmann, Kirche in der Kraft des Geistes, *Ein Britrag zur messianischen Ekklesiologie*, Muenchen; Chr. Kaiser Verlag 1975, p. 185.

84) 변선환, "불교와 기독교의 대화", 〈기독교사상〉, 1982년 9월호 p. 165.

85) 변선환, 상게서, p. 165.

86) 한국의 기독교와 한국의 대승불교간의 대화의 가능성을 논하는 글에서 변선환은 "교리적 차원 너머에 있는 보다 근원적인 실존적 존재론적 차원에서 서로의 종교 체험을 통하여 서로 배우며 자기의 전통을 풍부하게 재해석해가는 것을 통하여 근원적인 변혁을 가져오도록 하여야 한다는 보다 근원적인 공동과제 앞에서 열려 진 대화와 협동을 향하여 함께 전진해 나갈 수 있다"고 주장한다.

87) 변선환, "비서구화와 제3세계신학—특히 스리랑카의 알로이시우스 피에리스 신 부를 중심으로", 〈신학사상〉, 1984년 가을호, p. 550. 여기에서 변선환은 아시아 인들에게 있어서 남미의 '해방신학' 이 주장하는 것처럼 사회경제적 제반 환경과 종교를 정점으로 하는 문화 일반의 개념과의 어떠한 이분법적 분열이 존재하지 않는다고 지적하고 있다. 즉 아시아인들에게는 본래 종교와 정치(해방)을 구별하 는 이원론적 도식이라는 것이 없다고 주장한다. 그러면서도 동시에 1960년대 이 래 한국에서 논의되고 있는 '토착화신학' 은 아시아의 종교성과 아시아의 현실 곧 빈곤과의 만남에서 '구원의 비밀' 을 밝혀야 하는 과제를 등한시함으로써 민중들 의 한을 적절하게 다루지 못하고 있다고 비판한다.

88) 변선환, 『비서구화와 제3세계신학』, p. 557.

89) 변선환, 『불교와 기독교의 대화』, p. 167.

90) 변선환, 상게서, p. 179.

91) 전경연, "기독교 역사를 무시한 토착화이론은 원시화를 의미", 〈기독교사상〉, 1963년 5월호, p. 22.

92) 전경연, "기독교문화는 토착화할 수 있는가?", 〈신세계〉, 1963년 3월호, p. 86.

93) 김의환, "'성신학' 에 할 말 있다.", 〈기독교사상〉, 1973년 4월호, p. 108.

94) 한철하, "토착화 문제를 둘러 싼 사상적 제 혼란", 〈신학지남〉1963년 9월호, p. 29.

95) 위의 글, pp. 32-33.

96) 박봉배, "한국 기독교의 토착화," 〈기독교사상〉, 1971년 1월호 p. 72.

97) 위의 글, pp. 72-81.

98) 이종성, "기독교 토착화론에 대한 신학적 고찰", 〈기독교사상〉, 1963년 11월 호 p.27.

99) 위의 글, p. 29.

100) Shoki Coe, Contextualizing Theology, *Mission Trends 3. Third World Theologies*, hg. V.G.H Anderson/ Th. F. Stransky/ N.Y. Ramsey. (Toronto. Grand Rapids, 1976, pp.19-24에서 주로 사용하고 있는 개념 정리를 참조할 것.

101) R.J. Schreiter, *Abschied von Gott Europaier*, p. 84. 슈라이터는 이 문화적 개념을 인류학자인 기어츠에게서 빌려 사용하였다. D. Geertz, *Dichte Besch reibung*, Frankfurt: Beitraege zum Verstehen Kultureller Systeme. 3. Aufl. 1994, p. 9.

102) John Gager, *Moses in Greco-Roman Paganism*, 1972.

제 **3** 부

현대와 기독교 변증

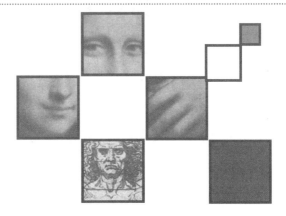

제 6 장
현대와 기독교 변증

– 사회주의의 해체, 그 이후

일반적으로 유럽에서 시작한 근대 문명의 원류를 그 정신사적 맥락에서 더듬어 볼 때 그 중요한 한 사건으로서 1789년의 불란서 대혁명이 내걸었던 명제, 즉 '자유', '평등', '박애'의 이념을 주목하게 된다. 이상의 명제 중 전통적으로 소위 '제1세계'라고 불리웠던 구라파와 북미의 서구사회는 '미국의 독립헌장' 등에서 그 예를 찾아 볼 수 있듯이 주로 '자유'

의 가치 개념에 초점을 맞추어 사회적 발전을 모색하였다면, '제2세계'라고 불리우는 사회주의권에서는 계급과 부(富) 등의 효율적 배분을 통한 '평등'의 이념 실천에 보다 더 무게를 두어왔다고 분석할 수 있다. 그후 정확히 200년이 흐른 1989년의 '베를린 장벽의 붕괴'로 상징되는 사회주의권의 재편 등으로 시작된 일련의 사건들은 '근대의 마감'이라는 역사 인식을 갖기에 충분한 세기적 사건들이었으며, 또한 이를 통해 인류가 배운 교훈은 '개인과 사회의 보다 더 나은 삶의 질을 위한 뚜렷한 효율의 제고(提高) 없는 평등'의 기치는 단지 수사적(修辭的) 차원에 머무르는 공허한 구호에 그칠 수밖에 없다는 점이었다. 동시에 물리적, 기계적 '평등'의 추구의 이면에는 또 다른 계급적 불평등 구조가 필연적으로 수반된다는 교훈이었다.

한편, 돌발적 요소를 함유하고 있었던 사회주의권의 재편과 같은 극적인 사건들이 표면적으로 나타나지는 않았지만 소위 '자유 이념의 추구'로 통칭되는 서구사회에서도 시장의 확대나 개개인의 가능성에 대한 신뢰의 확장이라는 인류사적 공헌에도 불구하고 그에 못지 않은 많은 부작용으로 나타난 부정적 측면을 노출(露出)하고 있다. '자유'의 이념이 '책임'을 동반하지 않는 지나친 개인주의로 나타나는 제 현상, 반정립적 사고의 패턴을 더 이상 용인하지 않는 현대의 다원주의가 빚어내고 있는 '도덕적 상대주의', '물질과 부의 축적, 그리고 프로이드(S.Freud)와 듀이(J. Dewey)적 도구주의 인간 이해로부터 연유하는 '자아성취(Self-Actualization)'의 모토가 결과적으로 가져다주는 '향락지상주의적 히도니즘(Hedonism), 그리고 현대 과학들이 통전적 과학의 제 원리들을 포기한 채 실험실 속에서의 환원적 원리에 만족하는 '축소지향적 기계주의' 등의 현상 등으로 나타나면서 이에 대한 우려의 소리가 높아지고 있는 것이 사실이다. 사실, 카르테시안(Cartesian)적 명제를 맹목으로 추구하였던 근대의 서구정신이 노출하고 있는 이 같은 병리적 현상들은 서구 사회적 근대화를 목표로 심혈을 기울여 달려왔던 한국사회에도 이상과 유사한 역기능적 요소들을 함께 경험하고 있는 것이다.

우리 사회에서 이와 같은 값비싼 대가를 치루면서 경험한 지난 세기의 과오를 극복하고 발전적 공동선을 추구하기 위한 방향은 어디에서부터 시작되어야 할까? 그것에 대한 답으로는 1)먼저 서구의 근대 정신의 실험 중 미완으로 남겨둔 '자유'와 '평등'의 어느 일방적 가치의 추구가 아닌 '자유'와 '평등'의 동시적 추구에서 그 실마리를 찾을 수 있지 않을까? 작금 논의되고 있는 소위 '포스트모던'적 사유의 경향은 이상의 역사적, 문화적 반성을 통해 제기되어 온 반성적 사유의 결과라고 볼 수 있다. '자유 속의 평등', 또는 '평등 속의 자유'의 이념의 실천적 가능성을 진지하게 모색하여야 할 것이다. 그러나 보다 중요한 대안으로서는 2) '자유'와 '평등'의 이념에 가려 인류 역사의 전개 속에서 상대적으로 소외되었던 '박애' 전통의 부활을 논의해야 할 것이다. '박애'를 실천하는 방법과 이에 대한 구체적인 장(場, Locus)에 대한 모색은 종교의 역할과 함께 모든 책임있는 이들의 진지한 성찰적 대안으로 제시되어야 할 것이다.

I. 근대 정신의 태동과 그 배경

오늘날 우리 주변에서 논의되는 근대 혹은 근대화에 관한 담론의 출발은 일반적으로 근대라고 불리우는 역사 속의 특정한 시점에 대한 시공간적, 그리고 정신사적 정체성 규명에서 출발하는 것이 보편적 형태로 자리잡고 있는 형국인 듯 하다. 세계사적 지평 속에서 논거의 틀을 유지할 때 과연 '근대'라고 불리우는 특정한 시기는 어떠한 모습으로 인류의 역사 경험 속에 함께하고 있는지 그 시대를 여타의 다른 시대와 구분짓는 특정한 준거의 틀은 무엇인지, 단절없는 지속적 흐름이라는 시간의 속성을 고려할 때 과연 특정한 시기와 또한 그 이전과 이후를 인위적인 재단(裁斷)으로 논의하는 것이 가능한 일인지 등의 논의들이 역사학의 주요 쟁점이 되어 왔다는 것은 주지의 사실이다.

역사학자 드로이젠(J.G.Droysen)은 기존하는 사회의 구조가 변화하는 것은 우연적인 것이 아니요, 각 시대에 따르는 필연적인 것이라는 점에서 역사에서의 연속성(連續性)을 그의 역사기술의 핵심 주제로 삼았다.[1] 그에 따르면 역사의 발전은 결코 반복이 아니다. 그것은 역사의 운반자요 담당자로서 인간이 미래를 향하여 새로이 내어 딛고 나아가는 길 위에 항상 처해 있는 것이었다. 우리의 눈에는 우연적인 것처럼 보이는 것이라도 그 너머에는 일정한 역사의 법칙이 내재되어 있어 그러한 법칙 속에서 역사는 지속적이고 연속적인 하나의 흐름을 구성하고 있다는 것이다. 이러한 역사의 흐름을 일련의 인과관계의 법칙으로 생각하는 역사관에 대한 찬반을 떠나 일단, 본 고에서는 과연 '근대성' 혹은 '근대'라고 불리우는 인간 역사의 경험이 어떠한 특정한 시점 혹은 사건으로 연유하였을까에 대하여 답하고자 할 때 우리는 소위 '카르테시안'적 시발을 언급하고자 한다는 점에서 기존의 학문적 결실들과 큰 편차를 보이지 않는다. 즉, 근대의 시발에 대하여 '나는 생각한다, 고로 존재한다 (Cogito, ergo sum)'를 주장하였던 데카르트적 명제의 의미는 근대와 근대 정신을 가장 함축적으로 잘 표현하고 있는 상징성을 내포하고 있다고 여겨지는 것이다.

데카르트의 명제로 인해 시작된 '사유의 주체로서의 한 개인'에 대한 발견은 상기한 드로이젠식의 역사 연속적 사유에 의하면 과거 중세적 봉건시대의 구조에 대한 새로운 변화를 가져오는 역사 진보적 '필연적' 돌

출, 그것이었다. 전인적(Wholistic)인간에 대한 이해가 결여되었던 중세 봉건 시대의 기본적인 전제는, 인간이 신과 그의 질서 속에 편성된 권위의 위계적 구조 아래 철저히 종속되어 있었고 이에 따라 인간과 자연, 그리고 그 너머의 신에 대한 구조는 다분히 한쪽으로 무게 중심이 쏠리는 구조를 형성하고 있었다. 인간의 일상적 행위는 '목적론적(Teleological)' 동기만이 정당화될 뿐이다. '등산을 위한 등산'은 고려할 수 없다. 인간이 산을 오르는 것은 언제나 그 정상 너머에서 기다리는 신의 존재를 체득하기 위한 하나의 과정일 뿐이다. 또한 육체와 정신의 복합적 구조 속에 실재하는 인간의 전인적 구조는 언제나 '사실주의적(Realistic)' 접근에서 보다 특정한 시각에 의해 특정한 부분이 강조되는 심미적 일탈의 구조를 보지(保持)하고 있다. 인간의 이성은 독자적 영역 안에서 자유롭게 구사될 수 있는 도구는 아니었다. 이성보다는 기존 위계적 권위, 사실성보다는 심미적 비약, 자립과 자율보다는 합목적적(Teleological) 종속이 바로 카르텐시안적 '코기토'가 저항하고자 했던 과거의 세계관이었다. 따라서 이같이 '사유하는 자아'에 우주의 중심을 갖다 놓는 일은 '이성'의 권위가 그 어떠한 여타의 권위를 넘어서는 '독립적' 지위를 구축함을 의미하는 일이었고, 아울러 이로부터 인간의 제 영역에는 소위 '합리적' 그리고 '도구적' 이성의 발견이 무엇보다 중요한 과제로 대두되었다.[2]

종교적 영역으로부터 이성을 축으로 하는 자아의 일정한 독립을 쟁취하여 소위 토마스 아퀴나스식의 '은총-자연'의 구도를 '자연-자연'의 구도로 끌어내리는 인간 의지의 지향성은 향후 가속도가 붙기 시작하였다. "…이러한 움직임의 씨가 사람의 정신에 뿌려진 것은 볼테르, 백과사전파 내지 이와 동일한 (계몽)철학자들에 의해서였다. 그 최초의 수확은 프랑스 혁명이었고, 완전한 결실을 보게 된 것은 19세기였다. '이성의 시대'가 온 것이다. 이 현상은 일반적으로 정신적, 예술적, 그리고 과학적 생활의 세속화 과정이 완성되는 문명의 제3단계에 상응하는 것이다"[3]라고 문명사가(文明史家) 드 뷰스는 진단한다. 뷰스는 상기 카르테시안적 문화의 맥이 1)정신적 영역, 2)예술적 영역, 3)과학적 영역에서 고루 확산되어 소위 '세속화(Secularization)'의 일정한 과정을 거친다고 보았다. 이 같은 세속화의 과정은 고대 농경사회, 중세 봉건사회를 거친 제3의 문명 단계, 즉 합리적 이성이 지배하는 '진보적 문명' 사회를 낳았다고 본 것이다. 드 뷰스의 지적에서 흥미로운 부분은 이성의 확산 과정을 일련의 '세속화'의 과정으로 진단하고 있는 점이다. 즉 '본래의 종교적 영역의 사상이나 통찰력 혹은 경험을 인간 이성 자체의 것들로 바꾸는 과정'으로 이해하였다는 점이다.

이 점에 있어서 언제나 선두에 서 있는 부분은 '정신적 영역'이었다. 볼테르와 백과사전파, 그리고 일련의 (계몽)철학자의 계보를 거치면서 '이성'은 더욱 단단한 자율의 영역을 점유하였다. '나의 테마는 인간 정신의 역사'라고 설파한 볼테르는 역사적 세계 속에서 창출된 '정신(l'esprit)'을 분명히 인식하고자 노력하고 있다. 그에게 있어서 일차적 관심은 '시대의 정신(l'esprit du temps)'과 '국민의 정신 (l'esprit de nations)'을 파악하는 일이었다. 이 같은 '정신'의 핵심을 이루는 자율적 이성은 인간의 역사에 있어서 '진보'를 이루게 하는 확실한 근거를 이룬다. 그는 "우리들은 다음의 것을 믿어도 좋을 것이다. 즉, 이성과 산업은 항시 더욱 더 진보하고 유익한 기술은 개선될 것이다. 인류가 받는 해악 속에서 적지 않게 인류를 괴롭히는 편견은 점차 각국의 통치자 사이에서 소멸할 것이다…"라고 역설한다.[4] 삶에 대한 계몽운동 관점의 전형적인 표현이라고 종종 취급되어 온 유명한 '인간정신진보론(Essay on the Progress of the Human Spirit)'을 남긴 철학자 꽁도르세는 사실상 철학적 스펙트럼에 있어서 가장 낙관적인 장미빛 목표에 위치하고 있다. 그는 비록 세계가 아직까지 어둠과 무지와 고통과 미신에 휩싸여 있지만 장차 다가올 미래의 사회는 이 모든 어둠을 떨쳐 버린 '진보와 희망'의 세계가 될 것을 강조하고 있다.[5]

'예술의 영역'에서의 변화에 관하여 크리스토퍼 도슨은 "휴머니즘이란 적절한 이름으로 불리워진 새로운 생활태도가 처음엔 이탈리아에서 나중엔 서유럽 전역에서 일어난 것이 바로 그때였다. 실상 그것은 전체 유심론자들의 초월적 생존관에 대한 반작용이었으며 신적인 것, 절대적인 것에서 인간적인 것, 한정된 것으로의 귀환이었다. 사람은 영원이라는 순백의 빛으로부터 지상의 따뜻함과 색채로 돌아섰다. 그는 자연을 참으로 문명의 초기 단계에 사람들이 섬기고 숭배했던 신의 신비스러운 힘으로서가 아니라 과학과 기술에 의하여 그가 알 수 있으며 또 자기 자신의 목적에 이바지할 수 있게 그가 사용할 수 있는 합리적 질서로서 재발견하였다"[6]라고 심미적으로 묘사하고 있다. '영원이라는 순백의 빛'으로부터 '지상의 따뜻함과 색채'로의 전환. 이것은 근대의 시발에서 뚜렷하게 볼 수 있는 색채의 전환이었다. 그러나 이러한 전환은 비단 색감에서의 전환에 그치지 않는다. 회화의 사실적 구도의 탄생과 무엇보다도 그 주제에 있어서 인간의 몸과 정신, 그리고 자연의 아름다움에 대한 발견이 새삼스레 강조되고 있다. 이전까지 '천상적인 것'에 대하여 언제나 '열등한' 인간의 육체와 배경의 자연은 이제 더 이상 주변의 부속물이 아닌 당당히 캔버스의 한가운데 중심으로 자리 잡고 있다. 이 점에 있어서 선구자였던 레오나르도 다빈치는 '실험은 자연과 인간 사이의 참다운 통역자이다'라고 설파한다. 그에게 있어서 과학적 실험을 통한 결과는 기존의 형이상학적 전제에 대신하여 '경험적 지식'을 배태하는 것이고, 이 결과는 어떠한 오류도 없는 것이라는 인식을 엿볼 수 있다. 그에게 있어

서 오류는 오직 인간의 나태와 무지에 있는 것이었다.[7]

'기계학은 수학적 과학의 천국이다. 왜냐하면 그 속에 후자의 열매가 수확되기 때문이다' 라고 상기한 레오나르도 다빈치적 과학의 개념은 여타 일반 과학의 영역, 특히 자연과학의 영역에서 상당한 결실을 보고 있다. 이러한 자연과학의 영역에서의 발전과 진보는 파스칼의 확율 이론, 하비(Harvey)의 생물학, 마르칠로 말퍼지(Marcello Malpighi)의 해부학 (1661년), 레뵌후에크(Anthony Van Leeuwenhoek)의 현미경발명 (1665), 로버트 보일(Robert Boyle)의 물리학적 화학, 그리고 뉴턴의 '프린키피아(1687년)' 에서 나타나고 있는 중력의 원리와 미적분의 체계 등으로 이어지는 일련의 역동적 인간 정신의 산물이었다.[8] 특히 뉴턴의 '우주적이고 통일적인 힘' 으로서의 중력에 대한 발견으로 촉발된 과학의 진보는 '과학의 본질로부터 과학의 방법에로-혹은 오히려 본질을 통하여 방법으로 방향을 전환시키는,' 따라서 '현상의 원인들이 분명치 않다면 과학자들은 그 결과들을 연구하는 것으로 만족해야 한다' 는 '과학의 형이상학으로부터의 해방' 을 가져다 주는 결정적 기여를 하고 있다.[9] 자연과학은 이제 더 이상 형이상학적 존재의 실존을 전제로 하는 '열려진 체계 안에서의 자연 원인의 제일성(Natural Causes in Open System)' 에 얽매일 필요없이, 스스로 '닫혀진 체계 안에서의 자연 원인의 제일성 (Natural Causes in Closed System)' 에 몰입할 수 있는 독립적 공간을 확보하고 있었다.[10]

II. 근대정신의 전개

'전통의 형성' 과정을 추적하여 이에 대한 이론적 틀을 마련하고 있는 홉스바움(Eric Hobsbawm)의 이론에 의하면 전통은 일련의 과거와 연관되어지는 어떠한 사건이나 사상에 대하여 지속적인 '유형화(Formalization, 有形化)'와 '의식화(Ritualization, 儀式化)' 작업을 통해 형성된다.[11] 이러한 의미에서 근대정신의 발현 이후, 이를 '근대'라는 이름의 형식으로 유도했던 몇몇 유형화와 의식화 작업의 시도들을 제시해 보는 일은 나름대로 의미있는 일이라 할 수 있다. 이 같은 작업은 인간의 삶의 질과 패턴을 규정할 수 있는 핵심적인 몇몇 부분에서 목격할 수 있다. 상기한 17세기에서 시작된 '근대정신'의 발흥은 18세기에 들어와 경제의 분야에서 생산과 소비의 영역에서 혁신적 변화를 가져왔던 '산업혁명'과 정치적 분야에서 왕정정치의 붕괴와 시민계급의 출현을 가능하게 만들었던 일련의 정치적 '혁명'에서 급속히 유형화와 의식화의 과정을 걷고 있다.

'산업혁명'이 근대의 정신적 이념을 어떻게 '유형화'하였는지에 관해 논의하면서 브레이클만(Blakelmann)은 다음과 같이 지적하고 있다:

전통적인 생산형태와 경영방식을 부수고 나온 산업혁명은 정신혁명이 전재되지 않고는 불가능한데, 이것은 곧 계몽과 자유주의였다. 즉 이미 존재하고 있던 자유경제의 이념에 이르고자 한 자본주의적 영리추구였다. 정치적인 자유만이 아니라, 경제적인 영역에서 자유가 기본 요구였다. 새로운 운동은 절대주의의 독점적인 중상주의를 반대하여 나타났다…. 경영적인 면에서 본다면 이 정신은 경제적 합리주의의 정신을 형성한다. 현대적이고, 기술-합리주의적인 정신이 출현한 것이다. 이 새로운 정신이 곧 전 대중적인 삶의 사고 방식을 지배했다. 개인의 이익이 존중되며, 낡은 사회적 결합을 떼어내며, 개인의 이익의 총합이 전체 이익을 만들어 낸다.[12]

'자유'와 '합리성'에 관한 근대적 사유의 양상은 한 개인의 영역에서 부터 시작되어 보다 더 넓은 영역으로의 사회화 과정을 거치면서 '자본주의적 영리추구'를 뒷받침하는 이데올로기로 자리 잡게 되었으며, 이러한 '기술-합리주의' 정신은 기술의 혁신을 통한 농업생산성의 증가를 배태하였고, 이러한 생산력의 증가로 인한 잉여 노동력이 산업 노동자군을 형성하였고 때마침 찾아온 기계화의 결과 가내공업을 공장제가 대체함으로써 경제가 급격하게 팽창되는 공업화를 경험하면서 일련의 산업구조의 재편을 가져왔던 것이다. 이러한 점에서 당대에는 산업혁명이란 말이 일상적인 차원에서는 사용되지 않았고, 대신 '진보와 기계'라는 말이 유행이었다는 지적은 낯설지 않다.[13]

산업혁명이 유럽에 '근대'라는 전통을 유형화하는 작업에 결정적 역할을 했다고 가정했을 때, 이와 같은 변화의 구체적 현현의 장(場)은 역시 개개인의 삶의 행태의 변화에서 찾을 수 있겠다. 다시 말해 산업혁명기에 정착되어진 공장제 기계공업은 근대 유럽인들의 삶에 근본적인 변화를 야기시켰다. 무엇보다도 기계 공업으로 인한 근로자들의 양상은 생활패턴에서 시간의 규격화와 표준화를 만들어 내었다는 점이다. 일과 여가가 분리되어 있지 않던 중세적 삶의 패턴에서부터 이제 여가는 일과 분리되었다. 아울러 집과 일터가 현격하게 구분되어 있지 않았던 이전 시대의 산업구조로부터 일터와 집의 분명한 구분이라는 공간 개념의 새로운 변화도 아울러 경험하게 되는 바, 이것은 농경사회의 자연의 순환적인 리듬이 인위적인 생활리듬으로 변화되는 것을 의미하는 것이었다.[14] 전산업사회의 노동습관은 이제 '공장'과 '시계'로 특징지어지는 새로운 작업장의 '공간'과 '시간' 윤리로 바뀌게 되었다. 일단 시공간의 새로운 해석의 경험으로 대두된 근대 정신의 구현은 인간 삶의 패턴을 '자연적' 영역으로부터 '인위적' 영역으로 재빨리 편입시키는 결정적 계기가 되었다고 말할 수 있다.

　이상의 '산업혁명'이 주로 '진보'와 '자유'로 대변되는 근대 정신에 대한 외적 삶의 패턴을 재구성하는 '유형화' 작업에 앞장섰다고 평가한 다면, 이에 비해 근대 유럽의 정치사 가운데 등장하는 이른바 '정치 혁명 (Revolution)'은 근대 정신의 내면적 '의식화(Ritualization)'라는 점에 결정적 역할을 했다고 평가해 볼 수 있겠다. 주지하는 바와 같이 '산업혁명'은 생산성의 증가와 이를 통한 자본의 형성과 축적, 그리고 또한 이를 기반으로 새롭게 사회의 핵심세력으로 성장하는 소위 '신흥계층군'을 배출하는 직접적 계기가 되었다. 아울러 이러한 신흥계층은 기존의 봉건적 틀과 계급을 유지하고자 하는 세력들과 필연적으로 이해가 상충되는 현실을 겪게 되었던 바, 이에 대한 극적인 표출이 '혁명'의 형태로 나타나게 되었던 것이다. 영국에서의 명예혁명, 그리고 프랑스에서의 '대혁명(1789)'은 이러한 의미에서 우리의 주목을 끌기에 충분하다. 특히 프랑스의 대혁명은 그것이 '절대군주'의 권위주의적 통치에 대항하여 '근대 시민계급'의 부상에 결정적 역할을 수행한 점에서 '근대주의'를 확고하게 심는 계기가 되었다는 평가를 받고 있다.

　프랑스의 '대혁명'이 내건 기치는 '자유', '평등', 그리고 '박애'라는 이념이었다. 자유에 대한 이념은 왕권과 그의 통치로 상징되던 당시 '바스티유 감옥'의 창살과 벽을 훼파하여 권위주의적 질서에 대한 저항의식을 보여주었던 시민의식의 발발이라는 극적인 형태로 나타났다. 이러한 자유의 이념은 역사적 과정으로 살펴볼 때 주로 유럽과 북미주 등의 소위 '제1세계'로 급격히 퍼져 나가 '아래로부터', '보다 많은 시민의 참여' 등의 정치 행태를 지향하는 '민주'의 이념과 그 맥을 같이 하고 있다. 한편 '평등'에 대한 기치는 과거 봉건의 잔재로 남아 있는 계급의식, 계층과 성 그리고 신분의 차별 등에서 오는 일련의 억압구조의 해소라는 당위성을 근거로 폭넓은 동조자를 얻게 된다. 그런데, 이러한 '평등'의 이념은 구 소비에트공화국을 위시한 동유럽의 사회주의국가의 지배이념으로 확대 발전되었다.[15] '자유'와 '평등'의 이념은 이처럼 역사의 도정 속에서 구체적인 통치체계로 발전되면서 결정적으로 '의식화(Ritualization)'의 길을 걷게 되었다고 볼 수 있다. 이 때, 근대정신의 또다른 축인 '박애'의 정신이 다른 두 가지 이념의 경우처럼 실천적, 제도적 구체화의 형태를 가질 수 있었느냐에 대한 논란은 근대정신을 반추하는 논의에 실제로 유효하다. 북구라파에서 시도하고 있는 '복지국가'의 형태가 아마도 이러한 '박애' 이념의 정치적 실체화의 산물이라고 볼 수 있기는 하겠으나 여전히 논란의 여지는 있다고 보여진다.

한편, 과학사가 토마스 쿤(Thomas Kuhn)은 과학에 있어서 일정한 패러다임을 형성하는 과정을 설명하면서 소위 '정상과학'으로 성숙하는 일련의 여건을 다음과 같이 설명하고 있다. "패러다임이 그 위치에 올라서는 것은 전문가들의 그룹이 시급한 문제라고 느끼게 된 몇 가지를 푸는 데 있어서 그 경쟁 상대들보다 훨씬 성공적이었기 때문이다. 그렇지만 보다 성공적이었다는 말은 어느 한 문제를 완전히 해결했다든가 또는 보다 여러 가지 문제에 대하여 눈에 띄게 성공적이었다는 뜻은 아니다. 어느 패러다임의 성공은 시초에는 주로 발췌된, 그리고 아직 불완전한 사례에서 찾아 낸 성공의 약속일 따름이다. 정상과학이란 그런 약속의 실현으로 이루어지는데, 현실화는 패러다임이 특히 눈에 띄게 밝혀주는 그런 사실에 대한 지식을 확장시킴으로써, 그리고 그런 사실과 패러다임의 예측 사이에 들어맞는 정도를 증진시킴으로써, 그리고 패러다임 자체를 더 한층 명백히 밝힘으로써 달성되는 것이다."[16] 이 같은 쿤의 이론을 우리의 주제와 관련하여 적용해 본다면 '근대' 혹은 '근대 정신'이 자신의 토대로 삼았던 '합리주의', '도구적 이성' 그리고 이에 근거하는 일련의 '자유', '평등', '박애' 등의 실천적 모토는 실제로 그 시발에 있어서 과거의 형이상학적, 기존질서적 권위주의적 체계를 대체하는 일련의 새로운 대안으로 출발하였던 것이 사실이다. 하지만 이 같은 시작은 상기한 '유형화'와 '의식화'의 과정들을 거치면서 이제 '근대'라고 불리우는 보다 광범위한 틀을 확장하는 일에 더욱 박차를 가하게 되었으며 아울러서 일단 이 같은 틀이 형성된 이후에는 정상에 우뚝 선 '정상과학'의 입장과 같이 '근대 이후(Post-modern)' 담론의 활발한 전개로 인해 과거의 패러다임(합리주의적 도구 이성 등에 기반하는 근대성)이 모든 새로운 발견들과 새로운 인문학적, 사회학적 욕구들을 수용하고 설명할 수 있다고 여겨질 수 없는 국면으로 발전하기까지 상당기간 동안 인류사에 있어서 '지배정신'으로 자리 잡게 되었던 것이다.

Ⅲ. 근대 정신과 그 모순

오늘날 근대 정신과 그 모순에 대한 비판적 시각은 주로 '근대 이후(Post-Modern)' 담론의 형태로 제기되고 있다. 근대성에 대한 비판적 시각을 제시하는 데이빗 라이온은 먼저 근대와 근대성을 다음과 같이 정의하고 있다. "근대성이란 16세기 중반 이후에 많은 차원에서 일어났던 집단적 변화에 관한 모든 것이다… 근대 정신은 모든 관습적인 방법에 대해서 물음을 제기한다. 그리고 근대성은 자아를 흔들어 놓는다. 근대성은 이성의 이름으로 세계를 정복하기 시작했다. 확실성과 사회질서는 새로운 기반 위에 세워져야 할 것이다… 근대의 성취는 놀라운 것이다. 몇 십년이라는 기간 동안 구라파에는 하나의 변화가 시작되었는 데, 그것은 전례도 없고 돌이킬 수도 없는 그런 방법으로 세계를 변화시킬 것이다."[17]

이 같은 근대의 소위 '과학적' 연구는 '역사적 확실성과 가치중립적 객관성을 요구하기 위하여 자체의 수사학적 성격을 부인하고 그 자체의 역사성도 가리워버리고 마는 그런 질문의 양상을 순수이성의 이름으로 촉진시켜 왔다'고 데이비드 트레시는 진단한다.[18] 순수이성이라는 이름 때문에, 그리고 보편성에 대한 요청 때문에 가치 중립적 물음을 물어야 한다는 이러한 근대적 입장은 다양한 '탈' 근대적 담론들, 가령 철학적 해석학, 지식 사회학, 이데올로기 비판, 비판이론과 같은 담론들에 의해 집요하게 도전 받아오고 있는 것이다.

비판의 논거는 무엇보다도 먼저 근대성을 이루고 있는 심장에서 출발하고 있다. 즉 데카르트의 코기토와 칸트의 순수이성 등, 근대성을 대변하는 인식론적 토대주의는 이제 레비 스트라우스(Levi Strauss)등의 소위 '심층적 구조'에 대한 이론에 의해 심각한 도전의 국면을 맞이하고 있다. 구조주의 이론에 의해 인간의 인식과 그 표현으로서의 언어라는 것이 시공을 초월한 보편타당성을 함유하고 있다는 근대적 이상주의는 정면으로 비판받고 있는 것이다. 레비 스트라우스에 의하면 인간의 사고와 그 표출로서의 언어는 어디까지나 한 인간이 몸담고 있는 역사와 문화 그리고 그로 인해 발생되는 제반 환경의 결과물일 뿐이다. 비트겐슈타인(Wittgenstein)은 이러한 상대적 인간의 인식의 근원을 주로 삶의 양식(Forms of Life)의 차이와 그로 인해 발생되는 문법(Grammar)의 차이에서 설명하고 있다. 또한 푸고(Fuco)는 인간의 권력지향적 의지에 대한 고찰을 통해 인간의 인식은 환경과 형편에 좌우되는 상대적인 것이라는 한계성을 도출하고 있다. '나는 생각한다, 고로 나는 존재한다'의 코기토는 '나는 실존한다 (구조적으로), 고로 사고한다'라는 실존주의적, 구조주의적, 해석학적 제반 도전 앞에 심각한 수정의 필요를 느끼게 된 것이다.

포스트모던적 시각은 사유의 확실성과 종결성에 대한 거부, 곧 여하한 근거나 중심을 부정하는 반-근거주의(Non-foundationalism)에서 시작된다. 이러한 근거에 대한 거부는 이미 니체의 「즐거운 학문」의 '미친사람'이 선포한 '신의 죽음'과 '열려진 지평'에서도 논의된 바 있다. 테일러는 데리다의 다음과 같은 말을 인용하면서 포스트모던적 정서를 잘 요약해주고 있다. "우리는 우리가 지금 있는 곳, 그곳이 어디에 있든지, 그곳에서 시작하지 않으면 안된다. 흔적(Trace)에 대한 사유는… 절대적으로 출발점을 정당화하는 일이 불가능함을 우리에게 이미 가르쳐 주었다. 우리가 어디에 있던지 우리가 있는 곳에서 시작해야 한다. 즉 우리가 이미 우리 자신이라고 믿고 있는 텍스트 내에서 말이다."[19] 이 같은 인식은 근대와 근대성이 초월적 중심으로서의 신이 사라진 자리에 절대적 주체로서의 인간을 대신해 앉혀 놓았지만 이것은 결국 또 다른 실체적 중심에 의한 자리바꿈에 불과한 것이며 아직 완전한 의미에서의 중심의 해체는 아니라는 사실을 지적하고 있다. 인간이 어떠한 상황에도 변하지 않는 절대적 입장에서 중심을 이루고 있는 '순수 객관성' 내지 '순수 중심성'에 대한 근대 이후의 시각은 다소 냉소적이다. 위의 데리다의 언급은 '절대적으로 출발점을 정당화하는 일의 불가능함'을 그 핵심으로 하고 있다. 정당화는 곧 중심화이다. 또한 토대주의적 사고를 가능하게 하는 근거가 된다. 그러나 데리다에게 있어서 이 같은 정당화는 불가능한 것이다. 즉 출발점의 절대화란 존재하지 않는다. 대신 어디까지나 '어디에 있던지 그 곳에서 시작해야 하는 상대성이 존재할 뿐이다. 그 같은 상대성은 역사와 문화 그리고 다양한 인간 실존의 배경과 환경에 영향을 받는 '자아(Self)'의 구성에서 시작되는 것이다.

'자아(Self)'의 정체를 존재론적인 시각에서부터 관계론적인 시각으로 들여다 볼 때 무엇보다도 근대적 이성에 대한 비판적 안목은 근대 이성의 억압성에서 출발한다. 전통적 근대 정신 속의 합리주의는 이성 이외의 인간의 다른 측면들, 예컨대 감정이나 무의식 등 소위 '비합리적'인 것들을 배척한다는 점에서 억압적일 뿐 아니라 전통 사회들이 지니고 있는 다양성을 부정한다는 의미에서도 억압적이다. 이 점에 대하여 길희성은 다음과 같이 말한다. "전통사회 속에서의 전통은 그 절대성의 주장으로 인해 억압적이었음을 부인하기 어렵다. 그러나 전통을 대체하고 전통의 억압으로부터 인간을 자유롭게 한다는 '해방'의 기치를 들고 나온 근대적 이성이 또 하나의 억압적 기재로 전락해 버렸다는 점 또한 부정하기 어렵게 되었다. 이러한 비판은 물론 '전통주의자'들의 몫은 아니다. 그러나 여하튼 근대적 획일주의가 문제시되는 오늘의 입장에서 보면 전통의 다양성은 역으로 '해방적' 성격을 가지고 있는 것이다."[20]

한편, '근대적 이성의 억압성을 문제 삼는 것은 근대성의 지평 속에서 전통을 바라보는 시각에서 오는 것만은 아니다. 이성의 힘을 신뢰하고 나섰던 근대주의자들 자신이 이성에 반기를 든 것이다'라는 길희성의 지적은 시의적절하다. 장-프랑소와 료따르는 탈근대적 논조에 대한 하버마스의 의구심에 대하여 답변한 '질문에 답하여 : 포스트모더니즘이란 무엇인가?'에서 "표현할 수 없는 것이 존재한다는 사실을 표현하는 '기술적 전문성'에 몰두하는 예술을 모던이라고 칭하겠다"[21]고 꼬집고 있다. 표현할 수 없는 것이 존재할 때, 그것은 표현 너머의 '신비' 혹은 '이성너머'의 세계 그 자체로서 존재하는 그 무엇이다. 그러나 '이성적'권위의 억압성은 그러한 영역마저도 자신의 '전문성'을 들어 그것에 몰두하려는 일련의 시도를 아끼지 않고 있다. 료따르에 의하면 그러나 그것은 일종의 동경과 향수에 근거를 두고 있는 하나의 거대한 '예술'이어서 그 같은 전문성을 근거로 하는 예술도 때로는 사유의 확실성과 종결성에 대한 자기 확신을 거둘 수 없는 '표현 너머의 영역'의 존재를 인정할 수

밖에 없다는 것이다. 이 같은 '탈근대' 적 시각에서 인식의 지평을 새롭게 구성하는 시도들에 의해서 제기되는 근대와 근대성에 대한 제 모순들은 크게 다음의 영역들에서 '발상의 전환'을 요구받고 있다.

1. 인식론 영역에서의 전환

상기한 바와 같이 18세기 후반기부터 자연과학이 크게 발전함에 따라 자연과학적 방법을 가지지 않은 학문의 분야는 그들의 학문성을 의심받게 되었다. 즉 학문의 진위를 판단하는 잣대는 자연과학의 방법이기 때문에 경험적으로 증명될 수 없는 사물들을 연구하는 분야의 학문들은 학문이 아니라는 혐의를 받게 된 것이다. 그러나 자연과학적 방법이 주도하는 학문의 개념은 19세기 후반기에 이르면서 변천하기 시작하였다. 다양한 인간의 삶과 현실은 자연과학적 방법에 의해서만 연구될 수 없으며 따라서 자연과학의 방법 및 표상과 부합하는 학문만이 학문이라고 주장할 수 없다는 비판이 일어났다. 이러한 사상의 흐름 속에서 딜타이(W.Dilthey)는 자연과학에 대한 정신과학의 차이를 주장하면서 "역사적 사회적 현실을 그의 대상으로 가진 학문들의 전체"를 가리켜 정신과학이라고 정의하였다. 그리고 정신과학은 분석적 연구방법이 아니라 이해하는 연구방법, 즉 erklaren하는 방법이 아니라 verstehen하는 연구방법을 갖는다고 주장하였다.[22]

최근의 현대 과학철학의 논지를 따르면 대상과 이론간의 명확한 분리를 주장하는 소박한 경험주의는 폐기되고 있다. 라카토스(Imre La kat os)에 의하면 "고전 경험론자들이 지닌 올바른 정신이란 이론의 모든 편견에서 자유로운, 어느 한 쪽을 지향하는 내용을 갖고 있지 않은 텅빈 백지"이고, 이 때에 과학의 객관성이 확보된다고 보았다. 그러나 라카토스는 "기대감에 의해 형성되지 않은 감각이란 존재하지 않는다"고 주장하면서, 어떠한 과학이론도 일종의 편견을 지닐 수밖에 없다고 보며, 과학철학자 칼 포퍼(K. Popper)도 "순수한 관찰의 지식은 무의미하다"고 말한다.[23] 이렇게 볼 때, 오늘날 학문의 세계에 있어서 널리 인정되고 있는 것은 보편 타당성이나 절대성이 아니라 상대성, 가설적 성격이라고 생각할 수 있다. 모든 학문은 하나의 가설적인 성격을 가지고 있으며, 모든 학문의 연구 결과는 잠정적이고 상대적인 것에 불과한 것이다.

이기상은 하이데거의 철학적 위치를 평가하는 글에서 일반적인 근대 서양의 철학적 사조를 비판하면서 "서양 형이상학은 인간이 눈 앞에 세울(표상(表象))수 있는 것만을 존재하는 것으로 간주했다. 이런 식의 시각에서는 '존재'의 의미도 '그 자리에 있음(현전(現前)'으로 해석될 수 밖에 없다. 인간이 자신의 눈앞에 세울 수 없는 것은 존재하는 것이 아니다. 존재하지 않는 것은 사유할 수도, 경험할 수도, 그것에 대해 말할 수도 없다. 철학/학문/과학은 당연히 존재하는 것만 다를 뿐, 존재하지 않는 것, 즉 무(無)에는 관심도 없고 관심을 가질 수도 없다. 왜냐하면 없는 것인데 어떻게 없는 것을 다룬단 말인가? "존재는 '있고' 무는 '없다'"이보다 자명한 진리가 어디에 있겠는가? 그렇지만 바로 여기에서 우리는 '있음'과 '없음'에 대해 물음을 한번 던져야 한다. 그 '있음'의 의미는 무엇이고 그 기준은 무엇인가 하고, 과연 인간이 사유할 수 없으면, 경험할 수 없으면, 말로 잡을 수 없으면, 눈앞에 세울 수 없으면 없는(무) 것인가? 그것은 너무 인간 중심적인 태도가 아닌가?"[24] 하이데거의 인식에 의하면 이성 중심, 존재자 중심, 그리고 인간 중심적 사유와 인식의 한계를 깨닫지 못한 채 계속 달려온 서양의 근대 이성은 이제 종말의 시점에 와 있다. 이제는 '존재와 무'를 함께 물을 수 있는, '경험 너머의 존재'를 함께 포촉할 수 있는 포괄적 인식의 지평이 요구되는 시점에 놓여 있다. 이러한 의미에서 하이데거가 '존재의 지평'과 '사유의 지평'의 영역 안으로 초대하고 있는 무(無), 공(空), 허(虛)의 존재들은 인간 중심적 사유의 영역을 뛰어넘어 '존재와 무'를 함께 아우르는 실체에게로 접근하려는 노력을 포함할 것을 제안하고 있다. 아울러 이 같은 초대는 동서양의 지리적 차이를 뛰어넘어, 아니 오히려 동양적 인식의 지평에서 전통적으로 논의되어 왔던 영역들의 새로운 자리와 그 발견을 향하여 열려 있는 셈이다.

2. 과학방법론 영역에서의 전환

근대의 성립 이래로 가장 눈부신 업적을 남긴 부분은 다름이 아닌 과학의 영역이라고 말할 수 있다. '자연에 대한 인간 지배의 가속화'라는 점에 있어서 근대 이래로 진행되어 온 과학적 진보는 개개인의 삶의 패턴에 급격한 변화를 가져다 줄 만큼 발전을 거듭하여 왔다. "과학은 객관적 인식이라는 점에서 분야를 막론하고 민족을 막론하는 보편 언어가 될 수 있었다. 근대 과학이 생기기 전에 앎은 주로 삶의 지혜를 중심으로 한 것이었고, 인간의 총체적 구원을 위한 것이었다. 그래서 마음 씀씀이가 앎에 영향을 주는 것이었고, 그만큼 주관인 것이다. 학문의 중심은 인문학이었고, 그 중에서도 신학이나 철학 특히 윤리학이 중심을 이루었다. 그리고 거기서 찾은 진리는 민족이나 지역에 따라 모두 달랐다. 그러나 근대 이후에 앎의 표본이 자연 과학이 되면서 진리는 훨씬 객관적인 것으로 바뀌었다. 그래서 과학은 보편적 진리의 표현 수단으로서 인류의 공통 언어가 된다. 그 점에서 과학은 인류의 의사소통에 큰 기여를 했다. 말하자면 일반적 합의를 이끌어 낼 수 있는 인식 영역이 생긴 셈이다. 오늘날 세계 모든 민족의 일상 생활이 모두 같은 모습으로 바뀌는 것도 과

학의 열매다. 그리고 거기에 과학의 공헌과 한계가 있다"[25]고 양명수는
평한다. '계몽주의적 합리성'과 '근대적 합리주의'가 지향했던 것은 모
든 역사적 우연성과 문화적 특수성으로부터 해방된 보편 인간
(Universal man)이었다. 이러한 인간상은 오늘의 시점으로 이어지면서
민주주의와 시장경제의 전 세계적 지배를 위한 '세계화'의 구호로 현실
화되고 있기도 하다. 근대 이후 급속도로 세계는 과학적 보편주의가 지
배하고 있고 소위 '일반적 합의' 문화의 형성에 이처럼 근대의 과학은 일
조하고 있는 것이다.

근대 과학의 발전의 연속선 상에 있는 현대 과학의 발전은 실로 눈부시
다. "20세기에 접어 들면서 현대과학은 1900년 플랑크(Max Planck)의
양자가설과 1905년 아인슈타인(Albert Einstein)의 특수상대성 이론의
발표로 새 장을 열게 된다. 사실상 이 두 발표는 역사적인 과학 사건으로
기록되는 데, 그것은 이 발표를 계기로 이어진 연구의 결실로 현대 물리
학의 핵심이론인 양자 이론과 상대성이론의 완성을 보게 되었기 때문이
다. 이 이론들은 기존의 뉴턴(Newton)패러다임에 의한 고전과학이론의
한계를 극복하고, 미시세계에서 거시세계에 이르기까지 자연현상을 폭넓
게 설명하는 이론적 기반을 마련하였다"고 과학사가 모혜정은 진단한
다.[26] 그러나 현대 과학의 발전이 어디 이 같은 영역에서뿐인가. 분자 생
물학과 생명공학의 분야에서는 '생명복제'의 길을 활짝 열어 놓고 있다.
소위 '인간게놈' 프로젝트는 이제 2005년까지는 모두 완성되는 목표를
향하여 달려가고 있다. 컴퓨터와 정보과학은 2000년대에 들어서 약 10억
명이 인터넷 사용 인구가 될 것을 예상하고 있다. 과학기술의 진보는 로
켓의 발전으로 인한 우주의 탐색, 유전자 공학의 발달로 인한 식량생산의
향상, 의학 부문의 획기적 발전으로 인한 수명의 연장, 그리고 각종 편리
한 기기의 개발로 인한 생산성의 확대 등의 기대를 갖게 한다.

그러나 이상의 과학적 진보에 마냥 장미빛 미래를 설계할 수 없는 것이 또한 현대인의 고민이기도 하다. 그것은 인공물질 생산에 의한 환경파괴와 지구온난화 현상, 원자핵이나 생물의 군사적 이용, 인간복제의 가능성으로 불거질 생명윤리의 혼동, 정보과학의 발달로 인한 정보 독점에 따른 인종간의 격차, 사생활 침해, 컴퓨터 만능에 따른 인간소외와 정신질환 등의 문제가 대두될 수 있을 것이다. 유전공학과 생식기술이 융합되면 원하는 맞춤형의 인간을 만들어 낼 수 있다는 식의 무한정한 욕구를 지향하는 내일의 과학이 그 적절한 절제와 윤리의 덕을 발견하지 못한다면 인류의 미래에 심각한 어두운 그림자를 드리울 것이라는 예견은 결코 기우가 아니다. 개체로서의 생물을 대상으로 하는 위험도 위험이지만 보다 더 큰 위험은 전체 생태계의 위험으로 이어질 무분별한 화석연료의 사용, 그리고 자연 질서의 파괴 등에 대한 문제를 제기하는 것이다.

이제 과학은 '닫혀진 체계에서의 자연원인의 제일성'을 탐구하는 틀에서 벗어나야 한다는 지적을 받고 있다. 과학의 본래 목적은 그것의 활용이 아니라 앎을 통한 자연의 이해에 있다고 볼 때 근대적 과학과 그 연장선 속에서의 현대과학이 미처 포괄하지 못했던 또 다른 영역, 즉 인간 중심에서 전체 생태계 중심으로[27], 실험실 속에서 갇혀 있던 인과법칙의 미크로코즘의 세계로부터 전 우주와 그 너머의 현상까지를 포괄적으로 탐구하는 매크로코즘으로, 그리고 파괴와 정복의 대상으로서의 자연이 아닌 보존과 재생의 관점으로 접근하는, 그래서 상생(相生)의 덕목을 모색하는 전통적 동양의 유산과의 진지한 만남을 모색하기를 요청받고 있는 것이다.

3. 윤리 영역에서의 전환

근대 윤리의 목표는 특정한 그룹이나 주위 환경, 그리고 인간관계 등의 제약으로부터 얽혀지는 개개인의 상실에 대한 저항, 곧 독립적이며 자존적인 성숙한 인간의 추구였다고 정의할 수 있다. 이 점에 대하여 맥킨타이어(A. MacIntyre)는 다음과 같이 말하고 있다. "근대 이전의 전통 사회에서는 한 개인은 그가 속한 다양한 사회 그룹에의 소속 여부 혹은 타인에 의해서 규정되어진 자아의 정체에 힘입어 자신의 존재를 인식하였다. 나는 누구의 형제이며 사촌이고 손자이며 어느 가문 혹은 어느 지역의 한 멤버로서 존재하는 것이다. 이러한 '타자' 들은 인간 사회에서 우연이 존재하는 것들이 아닌 '진정한 자아' 의 발견을 위한 필수적인 것들이었다. 그것들은 자아의 실체의 한 부분이며 때때로 부분적으로 또는 전체로서 한 개인의 의무와 책임이 분여되는 존재들인 것이다. 개인은 이 같은 관계의 연속되는 고리 안에 놓여 있는 것이고 이들을 떠나서는 그 누구도 독립된 한 개체로 설 수 없는, 그래서 이방인이요, 낯선이에 불과한 것이었다."[28]

근대 정신의 '코기토' 와 '순수이성' 의 명제는 이상의 근대 이전의 관계적(Related) 인간에 대항하는 새로운 실체론적(Substance) 인간으로의 전환을 야기하는 계기가 되었다. 근대 이전의 가문과 전통의 틀 속에서 규정되었던 개인의 정체성은 이제 더 이상 그 같은 외적 환경을 필요로 하지 않는 성숙하고 독립된 한 실체로서 어떤 권위도, 또한 어떤 외적 질서의 도움도 필요로 하지 않는 자존적 개체의 틀 속에서 정의되었다. 이제 독립된 개체로서의 한 개인은 권위주의적 존재가 요구하는 목적론적(Teleological) 세계관의 틀을 벗어나 개인의 합리적 이성을 존중하면서 그 실체 안에서 자존을 구가하게 되었던 것이다.

그러나 이제 '근대 이후'의 인식론이 제기하는 '이성'의 상대적 위치를 맞이하는 '탈근대'적 개체는 그 존재의 기반이었던 '이성'의 절대성이 흔들리면서 심각한 '규범 상실'의 위기를 함께 겪고 있는 것이다. '신의 절대 권위'를 대신하여 실체로서 존재하는 '이성의 절대 권위'는 이제 더 이상 독립된 인간의 자존적 안온함 가운데 머무를 수 없게 되었다. 금세기에 들어와 인간은 양차 대전을 거치면서 더욱 인간 이성의 합리성에 심각한 의문을 제기하지 않을 수 없게 되었고 이제 그 같은 혼란은 사회 전반에 깊이 침투되어 '새로운 질서'를 희구하는 갈망으로 나타나고 있다. 프로이드적 자아욕구의 실현을 지향하는 근대적 인간은 성의 도구화에 찬물을 끼얹는 'AIDS'의 창궐 등으로 심각한 도전을 받고 있다. 가정과 집단의 이해를 떠나 독립과 자존적 자유를 구가하던 '개인'은 이제 사회의 기본 단위를 이루는 가정의 급속한 붕괴를 야기하는 병리적 '개인주의'의 철학적 근거가 되었다는 이유로 점차로 설 땅을 잃어 버리고 있다. 개인의 절대 권위를 떠받들어 왔던 이성의 합리성은 이제 저마다의 고립된 섬에서 자신의 진리에 만족하는 '상대적 진리', '상대주의적 가치관'으로 전락되어 버릴 수 있다는 위기감에 노출되어 있는 것이다.

'인간의 얼굴을 한 합리성'은 어디에 있는 것일까? 하버마스와 그의 동료들은 이제 근대성의 완성을 위해 새삼스럽게 근대 이성의 '합리성'의 회복 가능성을 조심스럽게 모색하고 있다.[29] 하버마스의 '의사소통 합리성'이나 악셀 호네트의 '상호 인정의 합리성 모색'이 그 같은 모색의 일환으로 제시되고 있다. 그런데, 그 모색의 결과로 제시되는 '의사 소통의 합리성'이나 '상호 인지' 내지는 '상호 인정'의 합리성을 극도의 대립적 관계에 놓여 있는 이해 당사자들 사이에는 어떻게 적용될 수 있는지에 대한 모색은 여전히 미궁에 놓여 있다. 또 다른 한편으로 탈근대의 담론에서 지향하는 '공동체주의'가 그 대안으로서 모색되고 있다. 그러나 이러한 '공동체주의'에 대한 비판적 시각 역시 만만치 않다. 공동체와 공동체의 집단 이익이 상충될 경우 과연 상대주의적 선(善)의 문제는 극복될 수 있는 것인가? 다수의 공동체가 지향하는 '정의'는 종종 '집단 이해'를 추구하는 상대적 선(善)을 위한 위장된 구호에 그치는 것은 아닌가? '정의'를 규정할 때 이것은 누구의 정의이며 어느 편에서 바라다보는 시각에서의 '정의'인가? 서구의 근대 윤리학은 존재론을 포기했기 때문에 절대적 개념의 윤리적 기반을 상실하였다고 보았을 때 이제 사물의 존재 구조와 유리된 '대체 윤리학'의 자의성은 어느 정도 예견할 수 있는 것은 아닐까?

이제, 이 같은 근대와 근대성이 남긴 피로 현상에서 새롭게 과학의 영역으로 이양해 버렸던 참된 형이상학적 질서를 회복하는 일이 그 대안의 핵심으로 모색되어야 하는 것은 아닐까? 존재론적 세계의 인식을 포기한 근대성을 넘어서 이제는 의미, 그리고 세계와 사물의 근원적 규범성의 확립에서 그 대안을 모색하는 과제에 대하여 성실한 입장에 서야 하는 것은 아닌가? 이 같은 규범성은 이제 '독립된' 자존의 인간의 자리에서 내려 앉아 다시금 '관계속'에서 존재하는 인간 자아의 발견으로 이어질 수는 없는 것인가?

이상의 질문들에 대하여 우리는 '거대담론'으로서의 형이상학적 존재론의 발굴과 이와 궤를 같이 한다고 믿어지는 '성서적 가치관'에 천착하려는 전환을 모색하고자 하는 것이다. 이제, 이상의 문제의식을 가지고 다음 장에서는 성서적 가치관을 근간으로 파생하는 기독교적 역사관과 세계관을 다루어 보고자 한다.

주

1) Droysen, J.G, *Geschte der Nachfolger Alexanders*, Geschichte des Hellenismus, 1. Teil, Hamburg, 1836 의 서문에서 밝히고 있는 그의 역사 기술의 핵심 주제.

2) 피터 게이와 로버트 웹은 "데카르트의 힘의 커다란 원천은 의심할 바 없이 그의 절충주의적 태도 즉 연역적 추리에서 경험에의 호소로 그리고 수학에서 실험으로 발전하려는 그의 의지였다. 합리주의도 또한 그의 힘의 원천이었는데 데카르트 이전에 누구도 그렇게 효과적으로 권위주의적 사고방식에 대해 공격하고 그렇게 우아하게 이성 자체의 자율을 주장해 본 적이 없다"라고 데카르트의 위치를 평가하고 있다. Peter Gay & Robert k. Webb. *Modern Europe to 1815*, p. 게이 & R. 웹, 박무성 역, 『서양근세사』, 서울: 법문사, 1983, p. 301.

3) J.G. 드 보, 민석홍 역, 『서양의 미래』, 서울: 을유문화사, 1974, pp.166-167.

4) 이광주, "근대적 역사사상의 전개", 『서양사학사론』, 서울:법문사, 1977, p. 138에서 중용.

5) Peter Gay & R.K Webb. 상계서, p. 426.

6) C. 도슨, 『역사의 원동력』 (상), 민석홍 나종일 공역, 서울: 삼성미술문화재단, 1971, pp.133-134.

7) C. 도슨, 상계서, p. 134.

8) p. 게이, R.K.웹, 상계서, pp. 414, 415 참조.

9) 상계서, p. 418.

10) 이러한 논의에서 전제가 되고 있는 중력에 대한 뉴턴의 입장은 '중력은 먼 거리, 즉 진공의 공간을 가로질러 작용하는 것인데, 어떻게 그 신비가 설명될 수 있는가?' 라는 일종의 파라독스에서 연유하고 있다. 즉 뉴턴의 위대한 중력의 발견과 그를 파악하는 이론에도 불구하고 실제로 그것의 성질은 전혀 알려지지 않고 있었기 때문에 이 같은 그의 이론은 비판가들에 의해서 '스콜라주의자들의 불가사

의한 이론의 특질을 과학에 재도입'한 것으로 공격을 받았다. 그러나 뉴턴은 '불가사의'의 한계에 대하여 두려워하지 않았고 이러한 이유로 그는 현상으로 나타나는 사실들에 의해 항시 실험으로 되돌아가며 항시 실험을 통해 그 결과를 체크한다는 '실험과학'의 지평, 즉 '가설없는 과학'의 지평을 열었다고 볼 수 있다. 참조, p.게이 & R. K. 웹, 상게서, p. 418.

11) Eric Hobsbawm & Terence Ranger, *The Invention of Tradition*, Cambridge: University Press, 1983 p. 4.

12) Guenter Blakelmann, *Die soziale Frage des 19 Jahrhundert*, Berlin; Lether Verlag, 1981, pp. 22-24.

13) 양동휴, 『산업혁명과 기계문명』, 서울: 서울대학교출판부, 1997 p. 25.

14) 김문겸, "근대산업사회에서의 노동과 여가", 『근대사회의 여가문화』, 서울:서울대학교출판부, 1997, p 14.

15) 토마스 오든은 그의 책 『Two Worlds』에서 '근대정신'의 원류로 프랑스혁명이 내걸었던 혁명의 구호를 꼽으면서 그 이념이 각각 소위 '제1세계'와 '제2세계'의 지배이데올로기로 확대, 발전하였다고 설명하고 있다. 이같은 이데올로기의 극적인 파국은 사회주의 국가의 경우 1989년의 베를린장벽의 붕괴가 가지는 의미의 상징성으로 나타나고 있는 반면, 소위 자본주의국가들의 경우 그 지배이데올로기의 파국이 사회주의국가들의 경우와 같이 극적인 형태를 띄고 있지는 않지만 이제 포스트모던의 입장에서 심심치 않게 등장하는 모더니티에 대한 비판의 형태로 우리 앞에 제시되고 있다고 설명하고 있다. Thomas C. Oden, *Two Worlds*, Downers Grove: Intervarsity Press, 1992 pp. 32-35.

16) 토마스.S. 쿤, 김명자 역, 『과학 혁명의 구조』, 서울: 정음사, 1981, p.51.

17) David Lyon, *Postmodernity*, Minneapolis: University of Minnesota Press, 1994, p. 21.

18) David Tracy, *Plurality and Ambiguity: Hermeneutics, Religion and Hope* New York: Harper and Row, 1987, p. 31.

19) Mark C. Taylor, Erring, *A Postmodern A/theology*, Chicago: The

University of Chicago Press, 1984, p. 3.

20) 길희성 외 지음, 『전통, 근대, 탈근대의 철학적 조명』, 서울: 철학과 현실사, 1999, p.8.

21) 장-프랑소와 료따르, 『포스트모던이란 무엇인가?』, 서울:민음사, 1991, p. 132.

22) 김균진, 『기독교조직신학 1』, 서울: 연세대학교 출판부, 1991, 10면.

23) Gregory W. Dawes, *Theology and Religious Studies in the University*: 'Some Ambiguities' Revisited' in Religion 1996, pp. 55-56.

24) 이기상, 하이데거의 철학-인간 중심 이성주의의 종말 선언- 〈조선일보〉, 1999, 11.4 제 19면.

25) 양명수, 과학과 윤리-죄와 벌의 인과 관계를 중심으로-『한국기독교학회편 21세기 과학과 기독교 복음』, 제 28차 한국기독교학회정기학술대회 자료집) 1999, p. 148.

26) 모혜정, "21세기 과학과 기독교 복음", 상게서 p. 9.

27) 물리학자이며 신학자인 폴킹혼(J. Polkinghorne)은 그의 저서 '과학시대의 신론'의 서두에서 "오늘날 신을 믿는다는 것은 어떤 의미가 있는가?" 라는 질문을 던지면서 "우주 역사의 배후에는 이것을 주관하는 창조주의 의지와 목표가 분명히 있으며, 인간은 이것을 자연의 이해를 통하여 알아낼 수 있다"고 언급하고 있다. 이러한 '열려진 체계로의 접근'은 단순한 중세적 권위주의에로의 회귀가 아닌, 과학과 함께 지향할 수 있는 통전적 세계의 이해라는 점에서 새로운 시사점을 제시하고 있다. 폴킹혼, 이정배 역, 『과학시대의 신론』, 서울: 동명사,1998, p. 3.

28) Alasdair MacIntyre, *After Virtue*, Nortre Dame, Indiana: University of Notre Dame Press, 1984, pp. 33-34.

29) 하버마스의 제자이며 프랑크푸르트학파의 제3세대 선두주자로 알려져 있는 악셀 호네트(Axel Honneth)는 근대성의 완성으로서의 합리성 추구를 '상충하는 이념이나 주의에 대한 정당한 상호 인지 내지는 인정(Recognition)' 등의 개념 안에서 수렴하고자 한다. 그러나 이 같은 '상호 인지 혹 인정'이 극한적으로 이해관계가 상충되는 이질적 집단에서의 만남에 어떻게 적용될 수 있을지에 대한 구체

적 대안을 제시하지 못하고 있다. 참조 Axel Honneth, *The Ethical Life of Modern Democracy: Completing Modernity as a Moral-Political Task*, 'Uncertain Modernity: The Quest for Rationality with a Human Face' 제하의 '한국정신문화연구원' 주최 '해외저명학자 초청세미나(1999. 10.7)' proceeding.

제 7 장
성서적 역사 인식, 그리고 세계관

– 역사 인식의 중요성

역사란 무엇인가? 역사의 주체자는 누구인가? 역사 속에는 어떠한 원리가 내재하고 있는가? 우리는 과연 매일의 삶에서 얼마나 소위 '역사의식'을 가지고 살아가는가? 이러한 일이 왜 필요한 것인가? 일반 세계사와 기독교의 구속사는 어떠한 관계가 있는 것인가? 우리가 '기독교 역사관' 이라는 주제로 우리의 논의를 시작하고자 할 때 이상과 같은 많은 질문 앞에 서게 되는 우리 자신을 발견하게 된다. 과연 우리 인간들에게는 역사의식이 필요한 것인가? 이러한 질문에 대한 답변은 굳이 어려운 일은 아닐 것이다. 인간은 역사와 함께 살아왔고 지금도 역사를 만들어가고 있으며 더구나 미래를 지향하는 인간의 과제는 당연히 과거와 현재의 삶을 돌이켜 봄으로써 보다 나은 미래를 꿈꾸고자 한다.

또한 기독교인으로서 역사를 이해하는 것은 보다 중요한 의미를 포함하고 있다. 기독교는 어떠한 이론적인 가설이나 추상적인 사상에 근거하여 세워진 종교가 아니라 분명한 예수 그리스도의 사건과 그의 제자들로 이어지는 역사적 사실들을 근거로 하여 '살아계신 하나님'을 고백하는 종교이기 때문이다.

I. 기독교 역사관

1. 역사란 무엇인가?

역사라는 말을 정의할 때 우선 크게 두 가지 어의를 갖는 단어를 떠올릴 수 있다. 희랍어의 '히스토리아'(Historia)와 독일어의 '게쉬히테'(Geschichte)가 그것이다. 전자의 개념을 처음 사용한 사람은 희랍의 고대 역사가 헤로도투스(Herodotus)와 투키디데스(Thuchydides)인데, 그들에 의하면 이는 "발생한 사건의 원인을 탐구하는 것, 탐구한 결과, 탐구한 내용"이라는 뜻을 담고 있다. 이 말은 과거 일어난 사건의 인과관계를 현재라는 시점에서 조명하여 보는 조직적인 역사의 연구로서 이러한 시도는 그들을 최초의 역사가라 부르는 근거를 제공하기도 하는 것이다. 후자의 개념 역시 마찬가지로 '일어난 일' 또는 '발생한 사건'을 의미하는 동시에 그 같은 일이나 사건에 관한 '지식과 설명'이라는 뜻을 내포하고 있다. 이들을 정리해 보면 역사란 객관적인 측면, 즉 인간의 과거와 관련되어 발생한 사건과 주관적인 측면, 즉 일어난 사건에 대한 의미있는 인과관계의 추론과 이에 대한 재구성, 의미있는 서술이라는 측면을 가지고 있는 것이다. 휘튼대학의 케이언즈(Earle E. Cairns)교수의 말을 빌리면 "역사는 고고학자료, 문서자료, 현존자료 등으로부터 과학적인 방법으로 수집되고 조직화된 사실에 근거를 두고 사회적으로 의의가 있는 인간의 과거에 대한 해석이 가해진 기록"이라고 정의할 수 있다[1]는 역사에 대한 정의를 내리는 글에서 "역사란 끊임없이 움직이는 과정이고, 인간의 역사는 끊임없는 변화의 과정"이라고 보고 있다. 만일 인간사회에 변화가 없다면 역사는 성립하지 못한다는 것이다. 역사라는 말이 갖고 있는 두 가지 의미, 곧 사건으로서의 역사와 기록으로서의 역사는 모든 인간 사회의 끊임없는 변화를 전제로 하고 있다고 보고, 다만 역사는 현재의 변화가 아니라 과거의 변화를 대상으로 하고 과거의 인간 행위, 그것도 사회적으로 중요한 영향을 끼친 행위를 대상으로 한다고 보았다. 즉 과거의 사실이 역사의 대상이라는 것이다[2]. 사회는 역사가에 대해 이중의 중요성을 갖는다고 카아(Carr)는 말한다. 첫째로 역사가는 과거의 사회를 연구대상으로 한다는 것이고, 둘째는 역사가 자신도 특정한 시대의 특정한 사회에 속해 있어서 그 사회의 관심과 가치관을 반영하지 않을 수 없다는 것이다. 이러한 의미에서 역사는 "역사가와 사실 사이의 상호작용의 부단한 과정이며 현재와 과거의 끊임없는 대화"인 것이다[3].

그러면 이러한 역사에 대한 정의는 예수 그리스도의 사건이라는 독특한 역사의 사건에 가장 중요한 의미를 두고 전역사를 해석하는 기독교적 역사관에서도 똑같이 중요한 의미를 지닐 수 있는 것인가? 과연 기독교의 역사관은 과거 사건에 대하여 분명한 객관적인 사실에 기초하고 있는

가? 이미 언급한대로 역사가가 과거의 사실을 연구한다는 점에서 역사의 연구방법 원칙을 실증사학적 입장에서 제시한 근대 역사학의 아버지라고 불리우는 독일의 역사가 랑케(Leopold von Ranke)의 이상은 매우 의미심장한 구호가 아닐 수 없다. 즉 '실제로 그것은 과연 어떠했는가?(Wie es eigentlich gewesenist)'를 규명하는 실증의 방법을 통해서만이 역사가 재구성될 수 있다는 역사고증의 방법은 실제로 그 이후 모든 역사가들의 기본적인 방법론이 될 만큼 설득력이 있는 구호였다고 볼 수 있다. 그러나 이렇듯 과거 사실의 객관적 실증을 주창한 실증주의 사학은 앞서 언급한 역사의 또 다른 측면, 즉 '역사의 의미 추구'라는 점에서 주관적인 측면을 소홀히 취급한 느낌을 받는다. 물론 기독교인과 비기독교인을 막론하고 그들이 가지고 있는 관점의 차이에도 불구하고 역사 인식에 있어서 필요한 사료를 참조한다는 점에서 양자는 모두 과학적으로 증명할 만한 공정한 법칙을 사용하여야 한다는 것은 말할 필요도 없다. 마스덴(George M. Marsden)은 이에 대하여 다음과 같이 말하고 있다. "한 역사가의 기독교적 가치 체계는 그가 기술하기 위하여 선택한 사실(사료)에까지 영향을 미친다. 그러나 이 말은 기독교인이 기독교적인 신앙전승에 충실하기 위하여 역사 그 자체까지 왜곡할 수 있다는 것은 아니다. 역사가들은 모두 자기 나름대로의 관점과 목적을 가지고 있기 때문에 어느 정도 편향적이거나 왜곡이 불가피하다. 그러나 선입관을 가지는 것이 불가피할지라도 역사가들은 부단히 초연한 자세로 모든 이용할 수 있는 자료를 신중히 검토하고 그것이 자기의 선입관과 편견에 맞지 않더라도 발생하는 사건을 공정하게 기술하려고 노력함으로써 그런 경향을 극복할 수 있다.[4] 하지만 역사에 있어서 보다 중요한 문제는 역시 역사인식의 문제가 아닐 수 없다. 이에 대하여 마이네케(F. Meineke)는 다음과 같이 지적하고 있다." 동일인이 서술한 역사라 할지라도 그의 청년시절, 노년시절의 사상적 변화에 따라 달라질 수 있으며, 그 자신의 역사적 인식의 차이에 따라 그 해석 태도 역시 달라질 수 있다.[5] 또한 종교사가로 알려진 버터필드(Herbert Butterfield)는 이것에 대하여 다음과 같이 말하고 있다. "역사적 탐구는 어떤 객관적인 사실의 확립에 있는 것이 아니라 살아 있는 생명들에 직면하여 그것들의 의미를 탐문하고 타인의 삶의 관심을 이해하는 데 있을 것이다."

콜링우드는 실증주의 역사가들을 비판하면서 "역사가의 일이 의부의 사건을 발견하는 것으로 시작될 수 있으나 거기서 끝나서는 안된다. 그는 사건이 행위라는 것과 자신의 주된 사명이 그 행위의 집행자의 생각을 알기 위해 행위 속에서 사고하는 것임을 명심해야 한다"라고 주장하였다.[6] 그가 주장하는 바는 역사 속에 일어난 단지 객관적인 사실의 조명에만 역사가의 임무를 제한할 것이 아니라 역사 내적 행위 속으로 들어가서 그 의미를 탐구하는 것이라고 보았던 것이다. 콜링우드에게 있어서 이러한 역사의 의미탐구는 고대사회의 역사관이 단순히 순환적(Cyclical) 역사관에 의한 역사의 특별한 의미부여를 상실한 역사관임에 비해, AD 4~5세기, 특히 어거스틴에게서 보는 선적(Lineal) 역사관의 혁명을 가장 중요한 역사관의 하나로 꼽도록 유도하기도 하였다.

이상에서 '역사란 무엇인가?' 라는 제목으로 역사의 의미를 생각해 보았다. 아울러 이러한 역사의 의미들 속에서 기독교의 역사관이 갖는 위치를 생각해 보았다. 기독교는 역사를 떠나서는 이해될 수 없는 종교이다. 블로흐(M. Bloch)의 말처럼 "기독교는 그 자체가 하나의 역사적 종교이다. 기독교는 그 근본적 교의를 역사적 사건에 기초를 두고 있다는 점에서 다른 어떤 종교와도 특이한 성격을 드러내 주고 있다. 사도신경에 '나는 본디오 빌라도 치하에 십자가에 못박혀 죽으시고 사흘만에 부활하신 예수 그리스도를 믿나이다' 를 보라. 그 그리스도 자신이 하나의 역사적 인물인 것이다"라고 생각할 수 있다. 그러한 면에서 "기독교의 진리성은 역사 속에 단단히 고정되어 있다"는 로버츠의 말을 되새겨 볼 필요가 있겠다.

2. 역사에 있어서 주체의 문제

우리의 논의는 역사의 주체는 과연 누구인가 라는 물음으로 발전하고 있다. 역사가 인간들의 과거의 삶을 통해서 이루어진 하나의 일련의 사건들이 모아져서 이루어진 것이라는 점에서 역사의 주체를 묻는 질문에 일반적으로 '인간의 자유의지' 라고 답하는 것은 기본적으로 예견되었던 사실이다. 역사의 기본 단위를 이루고 이를 구성해 나가는 주체로서의 인간 개개인의 역할은 아무리 강조해도 지나치지 않을 것이다. 종종 예로 들고 있는 로마 역사의 한 에피소드를 구성하는 시저(Caesar)의 루비콘강의 도하 사건(Cross the Rubicon)이나 한국의 역사에 있어서 이성계의 위화도 회군 사건 등의 예를 들어 보더라도 한 개인의 의지적 결단으로 역사의 과정에 커다란 변화를 이루었다는 사실은 역사를 이루고 있는 기본 단위로서의 인간 개개인의 의지적 결단의 중요성을 일깨워 주는 점들이 아닐 수 없다.

일찍이 어거스틴은 역사를 정의하면서 "역사는 아담의 타락으로 말미암아 시작되었다"고 주장하였다. 그가 목도한 역사는 반드시 정의가 승리하는 역사도 아니었고, 아벨의 후손들이 행복하게 함께 거처하는 이상향의 현현은 더욱 아니었다. 첫사람 아담의 범죄는 인간들에게 또 다른 범죄의 의지적 결단을 유도하였으며 이러한 일련의 사건들의 집합으로서의 역사는 그야말로 선과 악이 공존하는 투쟁의 역사요, 파괴와 건설이 함께 숨쉬는 '모든 가능성의 총체' 로서의 역사를 의미하는 것이었다.

한마디로 역사는 인간에게 주어진 의지의 잘못된 사용을 통해서 시작된 것이었다. 이러한 아담의 타락이 없었다면 인간은 약속된 파라다이스 속에서 흥망성쇠의 고락이 없는 영원한 '하나님의 도성'을 이루었을 것이기 때문이다. 이러한 점에서 어거스틴 역시 역사에 있어서 중요한 주체적 요소는 '인간의 의지적 결단'이라고 보았다 할 수 있다.

그러나 현대의 역사가들은 이러한 인간 개개인의 의지를 역사를 구성하는 가장 기본적인 요소라고 인정하면서 또한 그것에만 만족할 수 없는 다른 변수들을 제시하고 있다. 즉 역사를 이루고 있는 어떠한 법칙이나 규칙 등의 발견과 이에 따른 보다 과학적인 방법으로서의 역사에 대한 접근이 바로 그것이다. 이들의 주장에 따르면 금세기에 들어서 발생했던 양차대전의 경우만 보더라도 그러한 큰 전쟁이 발발하기까지 일련의 제 원인들이 보다 과학적인 방법에 의해서 규명될 수 있다고 주장한다. 이러한 제반 원인들은 상당히 명약관화한 것이어서 어떤 역사가는 이미 20세기가 시작되기 수년 전에 20세기에 들어서 큰 전쟁이 발발할 것이라는 예견을 하기도 하였다. 오늘날의 세기에 와서는 강대국들의 냉전구도가 '이데올로기의 종언'과 함께 곧 무너질 것이라는 학자들의 예견을 우리 시대에서 목도하기도 한다. 이러한 경우 역사의 주체는 단순히 한 개인의 의지적인 결단을 넘어선 무엇인가 보다 큰 단위를 이루는 법칙으로서의 역사가 존재하는 것과 같은 생각을 할 수 있게 한다. 이러한 보다 큰 단위로서의 역사 법칙이 토인비가 이야기하는 '도전과 응전'과 같은 법칙이든지, 혹 '탄생, 성장, 성숙, 쇠퇴와 죽음'이라는 하나의 유기적인 삶과 같은 것으로 역사를 이해한 스팽글러(Oswald Spengler)의 순환의 법칙이든지, 혹 역사를 '세계정신의 자기구현'이라고 정의한 헤겔의 변증법적 역사관이든지 이들은 모두 역사 속에서 역사를 이루고 있는 주체로서의 단위를 한 인간의 의지를 뛰어넘는 일련의 제반 법칙들 속에서 찾아보고자 했던 것이다. 그리고 인간들의 자유의지의 결정들은 이러한 일련의 제반법칙들 속에서, 그러한 법칙에 따라서 움직이는 것들로 설명하고자 하였다.

그러나 이러한 과학, 혹 법칙으로서의 역사는 언제나 역사 속에서 소위 '우연'에 관한 사건들이 발생한다는 사실에 대하여 어떻게 설명할 수 있을지 어려움을 느끼게 마련이다. 이에 대하여 버터필드(Herbert Butterfield)는 다음과 같은 예를 들고 있다. "(역사에서 법칙을 확고히 믿는 학자가) 왜 수상이 그 거리를 걷게 되었는지는 설명할 수 있었다. 그리고 지붕에 붙어 있던 타일이 늘어졌다가 어떤 순간에 떨어진 데 대해 과학적 설명을 할 수 있었다. 그러나 이 두 사건이 연결되어서 수상이 마침 그곳에 이르렀을 때 그 타일이 떨어져 맞아 죽었다는 사실은 어떻게 설명할 수 없었다." 이러한 좀 극단적이라고 느껴지는 예는 역사에서의 소위 '법칙'이 그렇게 단순한 공식처럼 천편일률적으로 적용되기에는 무리가 있음을 알게 해준다. 그렇다면 역사는 이처럼 어떤 정돈된 법칙이 없는 단지 우연에 의해서 지배되는 산물에 불과한 것인가? 역사를 지배하는 주체는 '우연'인가?

성서의 커다란 주제는 하나님이 자신을 역사에 드러내 보이는 방법에 관한 것이다. 성서의 증언은 역사가 단순히 인간들의 의지적인 행위의 결과로만 흘러가도록 남겨두는 것이 아니고, 또한 역사 속에 섭리의 손길을 배제한 폐쇄된 의미의 제 법칙들에 의한 자존적 존재로 역사를 이해하는 것도 아니며 더구나 역사가 우연에 의하여 지배되고 있다고 보고 있지 않다. "하나님께서 어떻게 일상적인 세속 역사 속에서 자신을 드러내셨는가?"에 대한 물음과 대답이 성서의 주요 테마인 것이다. 성서에서 등장하는 '하나님의 백성'들은 하나님을 본질적으로 역사의 하나님으로 고백하였다. 그들은 '하나님의 역사설계는 인간의 자유와 조화를 이루면서도 인간의 자유에 구속되지 않는 하나님으로 고백하였다. 하나님 안에 역사의 시작과 종말이 있음을 고백하는 것이 이들의 고백이기도 하였다. 이들에게는 역사는 분명한 섭리 속의 방향과 목적이 있는 것이었다. 이러한 의미에서 역사 속에서 역사하는 주체로서 하나님의 섭리를 함께 고백하는 것은 기독교인과 비기독교인의 역사이해에 결정적인 차이를 제공하고 있다. 마스덴은 "기독교인과 비기독교인의 역사 해석에 있어서의 제일의 차이점은 '하나님이 역사를 주관하시며 그 속에서 활동하신다' 라는 고백의 유무의 차이이다"라고 지적하고 있다.

철학사가 에밀 브레이에(Emil Brehier)는 하나님의 섭리를 배제하는 이신론적(理神論的) 역사관과 섭리를 인정하는 섭리사관의 차이를 다음과 같이 요약하였다. "우리는 기독교 신앙과 전혀 양립할 수 없는 새로운 인간관이 소개되었음을 분명히 보게 된다. 우주의 놀라운 질서를 창조하고 유지한 조물주 하나님(God the architect)은 자연 속에서 발견되었기 때문에 기독교 드라마의 하나님, 즉 아담에게 '죄지을 능력과 명령을 거역할 힘' 을 주신 하나님이 설 자리는 이제 사라지게 되었다. 하나님은 자연 안에 계신 분이지 더 이상 역사 속에서 섭리하시는 분이 아니다. 그는 자연주의자와 생물학자가 분석한 불가사의 속에 계시지 더 이상 인간의 양심 속에 계시면서 그의 임재 앞에서 느낄 수 있는 감정인 죄, 수치심, 은혜 등을 일으키시지 않는다. 그는 인간이 스스로의 운명을 책임지도록 버려두셨다." 역사의 주체자로서의 하나님의 영역을 배제하고 인간이 스스로 닫혀진 구도 속에서 기계적인 역사를 창출한다는 사상은 현대인들에게 얼핏 매력적이기는 하지만 그 결과는 많은 파괴적인 양상을 창출하였다는 것도 염연한 사실이다.

역사의 주체자는 누구인가? 인간의 의지적인 결단인가? 스스로 존재하는 역사법칙인가? 섭리를 주관하는 하나님이신가? 우리가 어떠한 사건을 만나게 되었을 때 우리는 이상의 세 가지 관점에서 각각 그 사건의 의미를 조명할 수 있다. 이를테면 우리가 A라는 장소에 왔다고 하자. 우리는 그 이유를 묻는 물음에 대하여 "내가 오고 싶어서 왔지요"라고 대답할 수 있고, 또한 "차가 나를 여기까지 데리고 와서"라고 대답할 수도 있다. 그리고 또한 "하나님의 뜻으로"라고 대답할 수도 있다. 이 모두가 가능한 대답일 것이다. 그러나 처음 두 가지의 답변에 머무르는 차원을 성서는 분명히 경계하고 있다. 전술한 어거스틴도 인간의 자유의지의 중요성을 역설하였지만 그것을 뛰어넘는 분명한 하나님의 섭리를 고백하기를 잊지 않았다. 성서 속의 이스라엘 백성들은 자신들의 '죄과로 인해 하나님의 심판이 자신들에게 임하였다'는, 즉 자신들의 이웃 국가보다도 자신들이 더욱 사악하다는 고백을 하는, 그것을 할 줄 아는, 그래서 그들에게 주어지는 역사 속에서 고난의 의미를 이해하는 백성들이었다.

3. 역사의 제 유형

역사를 이해하는 방법에 있어서 역사 안에 어떠한 원리가 존재할 것이라는 생각은 고대로부터 현대에 이르기까지 꾸준히 제기되어 온 문제였다. 동양과 서양을 망라해서 나름대로의 역사에 대한 원리들을 이해하려는 시도가 바로 그것이었다. 이러한 일련의 시도들을 분석해 볼 때 우리는 유사한 유형들이 있음을 쉽게 발견한다. 즉 고대로 올라갈수록, 그리고 동양으로 올수록 역사는 보다 순환적이며 반복적인 역사의 유형을 가지고 있으며 현대에 가까운 서양의 전통은 보다 진보적이며 발전적인 개념의 역사관을 가지고 있다. 성서적 기독교적 역사관은 이러한 양쪽의 사이에 놓이게 된다.

1) 순환사관

순환사관에서는 '역사는 어떠한 진보나 발전 없이 지나간 과거의 사회나 역사가 반복하여 출현한다' 는 사고체계를 가지고 있다. 이러한 가르침의 배후에는 주로 '신화' 의 구조에 의하여 세계의 원리를 이해한 헬라적 요소가 자리 잡고 있었다. 즉, 헬라의 신화에 나오는 여러 신들은 이 땅의 인간들과 희노애락을 같이 하면서 함께 역사를 만들어가는 존재들이었다. 이들은 어떠한 초월적인 존재나 도덕적 근거로서의 신들이 아니었고 인간들과 거의 비슷한 운명에 사로잡힐 뿐 아니라 또한 결혼을 하여 또 다른 신들도 낳을 수 있는 그러한 존재들이었다. 이들은 단지 죽지 않고 능력면에서만 인간보다 뛰어나다. 인간들은 바로 이러한 신들에 의해서 지배당하고 있는 것이다. 이 같은 세계관의 특징은 다분히 인간의 삶을 운명의 지배 아래에서 그 그늘을 벗어나지 못하는 존재로 이해한다는 점, 그리고 인간의 역사 또한 도덕적 의미나 교훈 혹 의미가 있는 것이 아니라 단순히 운명의 굴레 아래 순환 내지는 반복하는 것으로 생각하고 있다는 점이다.

순환사관은 동양에서 그 모습을 어렵지 않게 발견할 수 있다. 고대 중국의 역사가들은 왕조사를 집필하면서 수없이 역사의 무대에 등장했다가 사라지는 왕조의 역사들을 '하늘의 순리' 라는 차원에서 생각하였다. 왕조의 첫째 왕들은 이 사명과 함께 역사의 무대에 등장했고, 필연적으로 이 사명을 망각하는 왕조의 마지막 왕은 멸망으로 운명지어졌으며 새로운 왕조는 또 다른 '하늘의 사명' 에 입각하여 이 땅에 등장하게 되는 것이다. 이러한 정치사관뿐만 아니라 불교나 힌두교 등에서 보는 종교사관에 있어서도 인간의 역사는 다시 순환의 과정을 통하여 이 땅에 끊임없이 되풀이되는 것으로 이해하였다. 고대 인도의 종교에서는 한 싸이클이 네 개의 '유가(Yugas)' 로 구성되어 각각 첫 번째 '유가(Yuga)' 는

4,000년, 두 번째는 3,000년, 세 번째는 2,000년, 그리고 마지막은 1,000년의 역사로 구성되었다고 보고 이들의 흥망성쇠를 이어 또 다른 싸이클이 시작된다고 보았다. 이것은 조로아스터교와 같은 종교에서 세대를 네 가지의 연속적인 세대로 구분하여 각각 금 · 은 · 철 그리고 이들의 합금의 시대로 구분하여 각각 흥왕과 쇠퇴의 연속과정을 대표하는 시기로 생각하는 이치와도 비슷한 것이었다.

이러한 고대의 역사관을 어느 정도 극복하려는 의지가 고대 희랍의 역사가들 사이에서 등장했던 것은 사실이다. 페르시아 제국의 확장과 헬레니즘의 위기를 주로 그의 역사서술의 주제로 삼았던 헤로도투스(Herodotus)의 경우 자신의 역사탐구의 목적을 크게 세 가지로 서술하였다. 즉 첫 번째로 사실(Fact)의 탐구, 두 번째로 가치(Value)의 탐구, 그리고 마지막으로 원인(Causation)의 탐구라는 어느 정도 진일보한 역사의식을 보여주고 있다. 특별히 그는 '원인의 탐구' 라는 역사서술의 주제와 관련하여 이오니아의 자연과학과 역사정신을 연계시킴으로써 역사의 과학적 이해를 어느 정도 염두에 둔 듯 하나 토인비의 지적처럼 헤로도투스도 궁극적으로 시간을 순환으로 생각하는 데에는 예외가 아니었다. 최초의 '과학적 역사가' 로 불리우는 투키디데스(Thucydides)에 와서 역사가 보다 과학적인 연구의 대상으로 발전한 것은 사실이었다. 그는 자기 이전의 역사서술의 약점이 철학적 객관성을 주장하면서도 신화의 차원에 머무르고 있었다는 것을 잘 알고 있었다. 사물들을 바라볼 때 투키디데스는 그 사물들 자체의 관찰에 끝나지 않고 사건들과 사건들, 또는 인간들과 환경들의 상관관계를 밝히는 데 주력하였다. 그러나 그가 "나는 과거에 일어난 사건을 분명하게 이해하고자 하며 미래의 어느 시점에서 같은 형식으로 반복될 그 사건이 어떻게 진행될지를 분명히 알고자 하는 사람들을 위해 역사를 집필한다"라고 고백했을 때 그 역시 역사를 순환적으로 이해하는 역사가의 큰 틀을 벗어난 것은 아니라는 사실을 보여준다. 이같이 고전적 사가들이 '진정으로 인간과 그들 행위의 동기를 규명하는데 있어서 실패했음'을 선포하고 이에 대한 참 원인의 규명을 모토로 등장한 것은 다름 아닌 히브리적 · 기독교적 사관이었다.

2) 히브리적 · 기독교적 사관

히브리적 · 기독교적 사관은 고전세계의 순환사관과는 그 모습에 있어서 큰 차이가 있었다. 순환사관의 헬라전통과 달리 히브리적 · 기독교적 역사전통에서는 이 세상의 역사 속에 자신을 적극적으로 개입시키는 야훼 하나님에 대한 믿음을 중요한 모티프로 삼았다. 기독교 역사관의 원류가 되기도 하는 히브리적 역사관 속에는 세상의 시작으로부터 기원하는 출발의 시점과 역사의 의미에 대한 해석을 포함하고 있다. 인간의 역사 속에는 분명한 '역사적 흐름'이 존재하였고 무엇보다도 그 역사 속에는 분명한 의미가 내재해 있었다. 하나님은 창조의 주인으로서 그의 백성들과 언약을 통해 연결되어 있으며, 이러한 언약 속에서 그는 히브리 조상들을 여행으로 인도하고 또한 약속의 땅을 기업으로 주기도 하는 '사랑의 하나님'으로 나타나는 것이다. 역사의 시작은 어느 시공상의 한 시점에 이 세상을 무(無)에서부터 창조하시는 야훼 하나님의 계획과 함께 시작되고 자신들을 세상 속에서 '선민'으로 부르시는 과정을 통하여 그들을 훈련시키시고, 때때로 채찍질하신다. 또한 그들에게 십계명의 전달자로, 계시로 나타나시는 하나님은 또한 공의의 하나님으로서 최종의 역사과정에 있어서 그의 선하신 목적대로 심판주로서 역사를 심판하실 것이라는 믿음을 가지고 있었다.

이 같은 히브리적 역사전통을 계승하면서 기독교 사관은 배태되었다. 기독교는 선하신 하나님의 창조에 대한 히브리 전통을 그대로 수용하였다. 그러면서도 기독교 역사 속에는 인간의 타락과 그에 따르는 인간의 현존에 대한 보다 엄격한 현실 이해가 뒤따른다. 예수 그리스도는 바로 이러한 인간들의 '죄인으로서의 현실'을 타개하기 위해 적극적으로 역사 속에 개입하시는 하나님의 의지의 확고한 계시인 것이다. 히브리인들이 구세주를 대망하였다면 기독교는 이 구세주가 오셨음을 선포하는 데서 시작한다. "하나님 자신이 인간이 되어서 역사 속에 개입하셨다"는 것이 그들 선포의 내용이었다.

히브리적 · 기독교적 역사 이해는 초대교회 시대에서부터 주변 세계와는 분명히 다른 목소리를 가지고 역사와 세계를 이해하는 초석이 되었다. 초대교회의 교부 순교자 저스틴(Justin Martyr)과 알렉산드리아의 클레멘트(Clement)와 같은 이들은 유대인과 이교도들에 대항하여 하나님의 구원행위의 연속성 즉, 히브리적 전통의 완성자로서의 기독교의 모습과 역사 속에서 하나님께서 인간을 교육하신다는 기독교 사관의 교육적 목적을 변호하였다. 반면에 이레네우스(Irenaeus)는 성서의 문자적 계시 너머에 보다 심오한 소위 '영지(靈智)'가 존재한다고 믿는 영지주의자들에 반대하여 창조와 계약의 통일성을 주장하였다. 이 속에서 이레네우스는 창조에 함께하시는 하나님께서는 역사 속에서 예수 그리스도의 참 인간됨을 입고 오시는 바로 그분과 동일한 분임을 강조하고 있다. 오리게네스(Origenes)는 로고스론을 이용하여 역사를 통일된 전체로 파악하였다. 즉, 세상 창조의 순간에 이미 로고스로서 예수 그리스도가 함께 계셨음을 강조한다. 한편 유세비우스(Eusebius)와 오로시우스(Orosius)는 로마의 평화에 기초한 제국의 신학을 수립하기도 하였다. 기독교를 공인한 로마제국은 더 이상 '적그리스도'의 표징이 아닌 '하나님의 나라의 지상의 실현'으로 이해될 수 있었던 것이다.

히브리적 · 기독교적 역사관이 고대 근동의 '순환사관'을 대신하여 소위 '직선적 사관(Linearity)'으로 분명히 자리 잡은 것은 고대 말기, 중세 초기의 어거스틴의 신학적 작업의 결과에 힘입은 바 크다. 어거스틴은 주후 410년 여름 알라릭이 고트족을 이끌고 세 번째로 로마를 침공하는 것을 목도하면서 이 책임을 기독교인들에게 묻는 이방인들에 대하여 기독교신앙의 변증을 위하여 역사철학·신학적인 저서 「신의 도성」을 집필하게 된다. 이 책은 모두 22권으로 되어 있는 방대한 저서로 그의 「고백록」과 함께 대표적 저술로 알려지기도 하는데, 이 속에서 어거스틴은 두 도성, 두 국가, 하나님의 종들과 세상의 자녀들, 사랑의 나라와 자만(自慢)의 나라 등의 주제를 다루고 있다. 그는 세상에서 선인과 악인에 관계없이 좋은 일과 나쁜 일이 일어나게 마련이지만 중요한 것은 그것을 어떻게 받아들이고 어떻게 대처하느냐에 대한 자세의 차이라고 보았다. 그리스도인들은 어떠한 경우에도 '하나님 도성(City of God)'의 영원함을 아는 자들이다. 이 세상은 바로 이 하나님의 도성에 속하는 자와 그렇지 않은 자가 서로 뒤섞여 있다. "이 두 도성은 최후심판에서 서로 분리될 때까지 이 세상에서는 서로 섞여 있고 또 꼬여 있는 것이다."

어거스틴의 역사이해는 이처럼 최종의 시한을 향해 의미와 목적을 가지고 진행되는 역사 안에서의 의미를 강조하고 있다. 이 속에서 고대의 인간들이 '계속적으로 돌고 돌면서 입구도 출구도, 시작도 끝도 알지 못하고' 있었던 역사관을 청산하고 '하나님의 섭리 속에서' 운명을 극복하는 도덕적 의지의 인간과 역사가 창출되는 것이다. 인간은 다른 동물과 다르게 분명한 의지가 있는 것이다. 이 의지 속에서 '하나님의 도성' 안에 거하는 도덕적 인간의 모티프를 발견한다. 즉 '하나님 사랑(Amor Dei)'으로서 '자기사랑(Amor Sui)'을 극복하는 도덕적 결단의 주체자요, '뜻 없는 운명에의 굴복'을 거절하는 하나님 나라의 건설자인 것이다.

3) 진보사관

진보사관은 일종의 히브리적·기독교적 사관의 세속화(Secularization) 형태라고 볼 수 있다. 기독교사관이 역사를 시작과 종말이 있는 '직선적(Linear)' 의미로 보고 있는 것과 같이 진보사관 역시 역사는 발전을 향하여 나아가는 '직선적 의미'를 가지고 있다고 생각한다. 그러나 진보사관에서는 역사 속에 개입하시는 하나님에 대한 언급이 없다. 역사는 자체적으로 발전을 거듭하여 스스로 더욱 밝은 미래를 향하여 나아간다. 인류의 역사는 인간이 스스로 성인이 되어가는 역사이다. 따라서 성인이 되어가는 역사 속의 인간들은 스스로 더 큰 자유를 쟁취하는 역사의 주인공인 셈이다. 고대사회일수록 인간은 제왕이나 권력자에 의하여 자유가 구속되는 삶을 살아왔다. 그러나 역사의 흐름을 따라 인간은 스스로의 투쟁을 통해 더 많은 자유를 구가할 수 있게 되었고 이러한 계속적인 흐름은 미래로 나아갈수록 더욱 뚜렷하게 나타날 것이다.

진보사관 속에는 이처럼 인간의 가능성에 대하여 확고한 신념을 가지고 미래를 늘 더욱 밝은 것으로 그리고 있다. 진보사관이 어떠한 두 시점 사이의 인간의 순례자적 여정을 그린다는 점에서는 히브리적·기독교적 사관과 흡사한 면모를 가지고 있긴 하지만 이들에게는 역사의 시작은 창조도 아니요, 또한 역사의 종말도 심판도 아닌 것이다. 이들에게 있어서 물론 어느 시점에서 인간의 진보를 역행하는 짧은 기간이 없는 것은 아니다. 이를테면 서양의 역사에 있어서 소위 '중세암흑기(Dark Age)'는 바로 그러한 시기였다. 이 기간 동안 인간의 자유는 심하게 구속되었고 발전을 향한 인간의 역사는 잠시 퇴조하였다. 그러나 이러한 기간은 일시적일 뿐이다. 결국 인간은 더 나은 역사의 길로 나아가도록 되어 있다. 진보를 향하는 인간의 욕구를 막을 수는 없는 것이다.

진보사관은 주로 18세기의 소위 '계몽주의' 사상의 시대적 배경을 등에 업고 등장하기 시작하였다. "나는 생각한다. 고로 존재한다"라는 데카르트의 명제에서 볼 수 있듯이 이들은 인간을 역사의 중점에 놓고 모든 것을 생각한다. 기독교에서 이야기하는 하나님의 개입으로서의 소위 '계시'도 다름 아닌 인간의 역사 자체인 것이다. 따라서 '계시'는 인간 이성의 연장인 셈이다. 계시와 함께 '섭리'에 대한 개념 또한 새롭게 해석되었다. '섭리' 자체가 부인되는 것은 아니지만 이 말은 원인과 결과를 규명하는 자연적 인과관계의 틀 속으로 갇혀버리고 말았다. 이를테면 버넷 (Burnet) 같은 사람은 다음과 같이 이야기한다. "만일 우리가 자연적 섭리(Natural Providence)에 대해 보다 공정한 사고를 유지한다면 사물의 기원에 대하여 이야기할 때 필요 이상으로 기적이라든지, 제1원인 등을 언급함으로써 그 인과관계의 사슬을 너무 짧게 끊어서는 안될 것이다." 이처럼 섭리를 재해석하는 인간의 이성은 늘 합리를 추구하는 믿을 만한 기능을 수행한다. 이성의 역할로 인간의 미래는 더욱 밝은 행복을 보장받는 것이다. 이러한 계몽주의 사상은 19세기에 이르러서 주로 헤르더 (Herder), 레씽(Lessing), 그리고 헤겔(Hegel)의 역사관에 힘입어 더욱 발전하게 되었다.

헤겔(Hegel)의 역사관은 진보사관에 있어서 특히 괄목할 만한 기여를 하였다. 헤겔에 의하면 역사는 '세계정신의 자기구현' 과정인 것이다. 이는 정(正), 반(反) 그리고 합(合)의 자기 변증법의 과정을 따라 제3의 가능성을 항상 도출하는 역사의 연속이다. 따라서 역사의 최종 발전 단계는 항상 자기가 살고 있는 현세(現世)라는 시점에서 경험할 수 있다는 결론 아래 헤겔은 쉽게 자신이 몸담고 있는 프러시아왕국을 진보의 종결점으로 보기도 하였다. 역사가에 있어서 에드워드 기브온(Edward Gibbon) 같은 이는 "세계의 각 시대는 인류의 참다운 부(富)와 행복, 지식과 덕을 증대시켜 왔고 지금도 증대시키고 있다는 유쾌한 결론"이라는 말을 적어넣고 있다. 이것은 이들이 진보사관이 시대적 정신이었던 때에 저작활동을 했다는 점에서 항상 이러한 진보의 개념에 영향을 받고 있었음을 말해주고 있다.

역사와 철학에 있어서 진보의 개념은 일단 자율화되기 시작하는 인간이성의 영역과 내재적인 역사발전의 모티프에 힘입어 사회 제반의 다른 영역에서도 함께 발견되기 시작하였다. 특히 자연에 있어서 다윈(Charles Darwin)의 '진화'의 개념은 그때까지 헤겔 등이 역사는 진보하는 것이지만 자연은 진보함이 없는 확연히 구분되는 개념이라는 등식까지 뛰어넘는 새로운 가설을 소개하는 셈이었다. 다윈에 의하여 자연도 진화한다는 개념이 소개되면서 '진보'에 대한 신념은 더욱 가속화되었다. 아담 스미스(Adam Smith)는 노동력의 창출에 있어서 가장 획기적인 발전에 대한 원인의 분석으로 그의 「국부론」을 메우고 있다. 사회·경제의 국면에서도 발전과 진보의 개념이 주류를 이루고 있는 셈이었다. 루소는 「에밀」(Emile)에서 자연의 좋은 영향의 경험이 어떻게 이상적으로 아동을 자라게 하는가에 대한 낙관론을 교육학적으로 펼치고 있다.

19세기에 들어와서는 이러한 진보사관의 영향이 신학의 여러 분야에서도 나타나게 된다. 슐라이에르 마허는 구원에 이르는 은총을 설명하면서 '신앙은 신에 대한 절대의존 감정'임을 역설한다. 이 속에서는 그는 종래의 '구원이 위로부터 임한다'라는 기본적인 공식을 거부하고 인간의 주체적 선택을 더 중요한 구원의 요인으로 인식한다. 리츨에 이르러서는 예수 그리스도의 인간적 완성이 그를 하나님께서 적극적으로 아들을 삼는 배경임을 이야기하면서 이러한 예수 그리스도의 본을 따라서 우리도 인간적인 자기 완성으로써 비로소 구속에 참여하게 된다고 보았다.

20세기에 들어와서 비로소 이 진보사관은 커다란 딜레마를 맞이하게 된다. 즉 20세기의 양차대전을 겪으면서 끔찍한 학살의 장면을 목격하는 인류는 진보사관에 심각한 회의를 느끼게 된다. 어떻게 이성의 합리성을 추구하여 찬란한 미래를 약속하는 인간의 행위가 600만 이상이나 되는 인간들을 가스굴에 쳐 넣어 생으로 죽일 수 있단 말인가? '진보'의 의미가 이러한 끔찍한 결과를 의미하는가? 칼 바르트는 19세기 자유주의 신학의 한 가운데서 '아니오!'(Nein)를 외치면서 성서, 특히 로마서에 나타난 인간성의 부패에 대하여 신랄하게 고발하고 있다. 역사의 교훈 앞에서 인간은 다시금 심각히 자신들의 심성을 장미빛 낙관으로 보아왔던 시각을 겸허히 반성하기에 이른 것이다.

기독교사가(史家)인 라토렛(Latourett)은 이에 대하여 다음과 같이 이야기하고 있다. "기독교의 역사관이 반드시 진보를 부인하는 것은 아니다. 분명한 것은 진보가 일어나고 있는지 어떤지를 이야기하기 전에 먼저 진보를 측정할 수 있는 기준이 있어야 한다는 사실이다." 라토렛에게 중요한 것은 바로 이 진보의 기준이었다. 이 기준이야말로 기독교 고유의 역사인식의 준거인 바, 이렇게 그 기준을 이야기하고 있다. "기독교의 측정 기준은 기독교에만 적용되는 것으로서 예수 그리스도 안에서 자신을 나타내신 하나님의 형상에 얼마나 가까이 갔느냐는 것이다." 그에게 있어서 어느 한 시대가 진보를 구가했다는 것은 예수 그리스도 안에서 자신을 계시한 하나님의 형상에 가까이 갔음을 의미하는 것이었다. 이러한 의미 안에서 소위 '진보사관'은 수많은 값비싼 역사의 교훈을 통해서 비로소 그 원래의 뿌리가 되었던 히브리적 · 기독교적 사관과의 화해를 다시금 약속할 수 있게 될 것이다.

4) 역사주의

다음으로 살펴볼 역사관은 '역사주의(Historicism)'라고 불리우는 일련의 주장이다. 역사주의는 주로 계몽주의 이래로 등장했던 이성을 신뢰하고 이를 바탕으로 역사의 진보를 주장했던 진보사관에 반기를 들면서 등장한다. 역사주의에서는 진보사관의 역사가들이 이성을 기초로 하여 더 밝은 인류의 미래에 대한 가능성을 이야기하면서 주로 간과했던 각 시대별 · 지역별 역사에 대한 철저한 탐구를 주장한다. 이들에 의하면 각 시대별 · 지역별 역사는 단순히 더 밝은 다음 세대의 역사를 위한 디딤돌 정도로 취급되어서는 안된다는 주장이다. 한 사회, 한 단체가 가지고 있는 현재의 상황은 철저히 역사적 산물이기 때문에 역사의식을 가지고 이를 조명하지 않을 때 이로 인해 상황에 대한 오해를 가져올 수 있다고 보았다. 역사는 단순히 직선적으로 진보되어지는 것이 아니라 각 시대의 역사는 각 시대별로 자체 안에서 목적이 되어야 한다는 것이다. 역사가 랑케(Ranke)는 이러한 의미에서 "모든 시대는 직접 신에게 접속되어 있다…"고 주장한다. 이러한 지역별 · 시대별 역사의 중요함을 강조하는 역사주의는 18, 19세기의 내셔널리즘(Nationalism)의 사상적 근간이 되기도 하였다.

역사주의 사관의 옹호자들이 진보사관에 특히 동의하지 않는 부분은 역사를 이해함에 있어서 '이성'을 중요시했던 그들의 태도이다. 역사주의가 보는 역사는 단순히 가설에 입각하여 순수한 이성적 추론을 거쳐 추출되는 수학적 공리와 같은 산물이 아니었다. 역사는 인간들이 그 속에서 실제로 남겨 놓은 '삶'의 흔적이며 어떠한 가설이나 공리가 아닌 것이다. 한 물건의 이모저모를 가장 잘 알 수 있는 사람은 그 물건을 만든 사람이듯이, 역사는 사람들이 만들어낸 산물이기 때문에 우리가 사람의 어떠함을 올바르게 파악해야만 역사를 올바르게 이해할 수 있다. 이러한 의미에서 역사를 올바르게 이해하는 방법은 이성적 추론을 통해서가 아니라 '심정적 직관'을 통해서이다. 인간의 심성 속에 시대를 뛰어넘어서 그 어떠함을 파악할 수 있는 방법은 이성적 분석보다는 '이해'라고 불리우는 직관을 통해서 가능하다는 것이다.

역사주의 사관의 대표적인 인물들로는 18세기 이태리 프로렌스의 비코(Giambattista Vico), 독일의 가데러(Johann Christoph Gatterer), 그리고 간접적으로 역사주의에 영향을 끼쳤던 아이디얼리즘(Idealism)의 칸트(Imnumuel Kant), 낭만주의의 괴테(Goethe) 등이다. 비코는 데카르트의 방법론을 배격하는 일에서부터 그의 역사주의를 펼쳐 나간다. 역사는 수학의 공리와 같은 것이 아니다. 한 개물을 가장 잘 이해하는 사람은 다름이 아닌 그 물건을 만든 사람이다. 인간은 실험을 통하여 자연의 오직 일부만을 이해할 뿐이다. 오직 창조의 주인인 신만이 전체적인 사실에 대하여 알고 있다. 역사적 지식은 과거의 사람들을 이해할 수 있는 우리 인간들 자신의 마음을 잘 연구함을 통해서 가능하다고 보았다. 비코는 히브리인들의 역사에 그들의 신이 개입하심을 인정했다. 그러나 그는 그 외의 다른 나라의 역사에서는 인간들이 그들 역사의 주인이라고 봄으로써 기독교적 역사관을 부인한다. 역사에서 인간이 주체라는 사관은 포이에르바하(Feuerbach)를 거쳐 다음에 등장하는 칼 마르크스(Karl Marx)에게 영향을 주게 된다.

칸트에 이르러 모든 것을 이성의 진보에서 찾으려던 진보사관은 일단 제동이 걸린다. 칸트에게 있어서 인간의 마음 혹 정신은 인간 밖의 세계를 통해서 받아들여지는 감각적 인상들에 '범주들' 을 제공한다. 이러한 범주들(이를테면 단·복수의 개념, 원인, 그리고 필연 등)을 통해서 인간은 인간의 경험들을 조직화하는 것이다. 인간의 이성의 기능은 단순히 생각하고 분석하는 것 이상이다. 인간의 총체적 '정신' 이 지식을 얻는 데 있어서 매우 중요한 역할을 하는 것이다. 이것은 실천이성을 포함한다. 이와 같이 넓은 의미의 소위 '관념들' 이 세상을 이해함에 있어서 필수적이기 때문에 이것은 관념주의(Idealism)라고 부를 수 있다. 칸트의 관념

을 통한 지식의 획득은 감정, 상상력, 통찰력, 직관 등의 덕목을 중요시

하는 역사주의와 쉽게 손을 잡을 수 있게 되었던 것이다. 또한 괴테 등의

낭만주의자들이 생각하는 모든 만물에 신성이 있다는 사상 역시 역사주

의가 선호했던 사상이었다. 자연을 포함하여 인간의 역사, 그리고 모든

사물들을 이러한 애정으로 바라보고 싶어했던 것이다.

이러한 역사주의의 방법론인 '직관'에 문제의식을 느끼고 이를 뒷받침

하여 인식의 해석학적 통일을 가져오고자 시도했던 것은 딜타이였다. 왜

냐하면 딜타이 자신도 역사에 있어서 실존적인 인간의 경험을 가장 중요

하게 생각했지만, 그는 개개인의 '직관'에 역사해석을 맡기는 것은 너무

나도 주관성이 강한 것이고 따라서 자의적인 역사 해석을 야기할 수 있

다는 문제점을 또한 알고 있었다. 실제로 헤르더(Herder), 드로이센

(Droysen) 등의 자의적 역사해석에 힘입어 독일은 군국주의를 표방할 수

있게 되지 않았던가! 19세기의 국수주의적 민족주의(Nationalism) 운동

들 역시 개별 국가를 지나치게 목적으로 보는 역사주의적 방법론에 기인

한다고 할 수 있다. 딜타이는 이러한 자의적 역사해석을 막는 해석학적

원리를 제공하려고 시도하였으나, 얼마나 많은 역사주의 사가들이 통일

성 있는 해석학적 원리를 가지고 있었는지는 의문이다.

5) 마르크스주의 사관

이제 마지막으로 마르크스주의 사관을 살펴보자. 마르크스(Karl

Marx)의 이론을 이해하는 것은 그의 선구자격이었던 헤겔의 역사관을

이해함이 없이는 불가능하다. 헤겔은 카아(E.H.Carr)가 지적하듯이 기

독교사관의 섭리의 법칙을 이성의 법칙으로 바꾸어 놓은 장본인이었다.

그는 아담 스미스의 '보이지 않는 손'의 철저한 추종자였다. 헤겔은 세계

정신의 합리적 목적에 대해서 이야기할 때 개인이 '자기의 욕망을 충족

시키는 과정 속에서 동시에 그 이상의 일을 달성한다'고 보았다. 그에게 있어서 역사상의 발전은 자유의 개념을 향한 발전이었다. 그러나 이러한 "발전 개념의 공식은 갖추었지만 그 내용은 없는 것과 같다"고 19세기 러시아의 문인이었던 헤르젠(Alexandr Ivanovich Herzen)은 비판한다.

아담 스미스와 헤겔의 제자였던 마르크스는 세계가 합리적인 자연법칙에 의해서 지배되고 있다는 사고방식에서 출발한다. 헤겔의 입장과 같은 것이긴 했지만 그는 이보다 좀더 실천적이고 구체적인 방법을 취한다. 그는 "법칙에 지배되는 세계가 인간의 혁명적인 이니셔티브에 대응하면서 합리적 과정을 통하여 발전한다"는 견해를 견지한다. 마르크스의 결론적인 주장을 종합해 보면 역사는 다음과 같은 세 가지 법칙을 따라서 전개된다고 한다. 즉 이 세 가지는 불가분의 관계를 이룸으로써 한가지 합리적 과정을 연출한다고 보았다. 첫째는 역사가 객관적인, 주로 경제적인 법칙을 따라서 전개된다는 것이고, 둘째는 이에 대응하여 변증법적 과정을 통하여 이룩되는 사상의 발전이며, 마지막으로 이에 따른 계급투쟁의 형태 하의 실천이라는 것이다.

역사의 진보의 과정은 헤겔식의 관념을 통한 것이 아니라 눈에 보이는 구체적인 경제적 조건의 진보로 말미암고, 이러한 진보는 계급투쟁의 실천을 통한 변증법적 과정을 거쳐 최종적으로 역사 속에서 실현될 것이라는 마르크스의 역사관은 자본주의의 분배적 모순을 극복하고 이른바 '사회적 공산주의'의 실현으로 역사의 진보가 가시적으로 나타날 것이라는 것이다. 모든 갈등은 정신적인 것보다는 경제적인 욕구에서 시작되었다. "국가 안의 모든 갈등, 민주주의와 귀족정치, 군주정치 간의 갈등, 선거구 내의 갈등 등은 단지 서로 다른 계급들이 싸우는 진짜 갈등이 환영적인 형태로 보여짐에 지나지 않는다"고 보았다. 이러한 의미에서 마르크스의 역사관을 계급투쟁을 통한 '유물사관'이라고 부르고 있다. 그리고 이는 또 다른 형태의 진보사관으로 구분할 수 있을 것이다.

마르크스주의는 후에 레닌의 러시아혁명을 거치면서 소위 지구상에 '공산주의'의 출현으로 가시화되긴 했지만, 그의 유물사관은 처음부터 끊임없는 비판의 소리를 면할 수 없었다. 역사 속의 수많은 위대한 예술적 성취도 단지 빵, 의복, 집을 얻기 위한 인간의 행위였는가? 셰익스피어의 희극 속에 등장하는 많은 인물들은 오로지 빵을 위한 인간들이었나? 미국의 역사 속에서는 단순히 인간의 경제적 욕구가 인간의 행위의 전부가 아님을 보여주는 극적인 노예해방이라는 사건이 있지 않은가? 무엇보다도 작금의 20세기 후반의 역사에서 나타나는 사회주의국가의 해체는 어떻게 설명할 수 있는가? '역사주의'가 그래도 인간 속의 '정신'을 통한 이상을 잃지 않고 이를 추구하는 노력을 보이는 데 비해서 마르크스주의는 이에서도 한참 벗어나 있는 셈이다.

이상의 역사에 있어서 제 유형들은 그 강조점에 있어서 다소의 차이는 있지만 히브리적·기독교적 사관을 제의하면 역사의 유형을 순환에 의한 '운명의 힘'이나 인간 자신이 신적 개입을 배제한 이성, 혹 총체적 '정신', 그리고 이를 넘어선 '물질'의 원리 속에서 찾고 있다. 히브리적 기독교적사관이 역사 속에 하나님의 개입을 '섭리'의 차원에서 고백하고 있는 것은 단지 이스라엘이라는 특수한 선민집단의 역사 속에만 그치는 것은 아니다. 물론 '구속사로 불리우는 성서 속의 하나님의 계시의 역사는 히브리적·기독교적 사관의 중심을 이루는 가장 핵심적인 사안임에는 틀림이 없으나 하나님께서 히브리인, 혹 기독교인들만의 하나님이라는 자의적인 역사이해는 배제되어야 할 것이다. 그렇다면 일반 세계사와 성서 속의 구속사는 어떠한 관계를 맺고 있는 것인가? '기독교적 역사관'을 이야기할 때 이에 대한 분명한 답이 요청되는 것이다.

4. 일반사와 구속사

최근의 기독교 역사신학의 범주에는 일반 세계사와 구속사의 관계를 조명하고자 하는 일련의 노력들을 찾아볼 수 있다. 이는 '하나님의 선교 (Missio Dei)'라는 신학의 출현과 특히 로마 카톨릭의 '제2 바티칸 공의회 신앙선언' 이후에 더욱 활발히 거론되는 신학적 주제로서 하나님께서는 '세상의 창조의 주인' 이실 뿐 아니라, 그 세계의 '관리자'라는 신학적 통찰로부터 유래하고 있다. 즉 세상의 창조와 함께 시작된 역사 속에서 이스라엘을 선택하기 위하여 그의 조상 아브라함을 불러 갈대아우르를 떠나게 하시고 그의 후손들을 훈련시키시어 급기야 예수 그리스도를 세상에 보내시는 파노라마식의 구속사에 있어서 하나님께서 직접 그 입안자와 관리자가 되시는 것은 말할 나위도 없지만, 더 나아가 구속사적 경륜과는 상관없어 보이는 일반 세계사의 흥망성쇠에도 하나님의 실제적 주관이 내재해 있음을 고백하는 시각이다.

이러한 일반 세계사와 구속사와의 관계를 규명함에 있어서 판넨베르그(Pannenberg)는 구속사와 세계사의 통일성을 언급하면서 "구속사를 일반적인 사건과는 다른 종류의 영역으로 구분하는 것은 있을 수 없다. 예수 그리스도 안에 미리 앞당겨 일어난 구속사는 세계사와 마찬가지로 원칙상 이성에 의하여 인식될 수 있다. 그것이 사실상 인식될 수 있는가의 문제는 별개의 것이다"라고 주장하고 있다. 이러한 의미에서 판넨베르그는 구속사와 일반 세계사의 질적 구분을 용인하지 않고 있는 셈이다. "물론 하나님은 이 세계와는 전혀 다르다. 그러나 하나님이 자신을 계시한다는 것은 하나님이 이 세계 안에 있음을 뜻하며, 역사는 그의 창조세계 속에서 일어나는 하나님의 행동이다. 역사의 모든 사건들은 하나님 자신이 일으키는 구원의 사건들이요, 이 사건의 역사가 곧 세계사이다. 그러므로 역사, 곧 세계사는 하나님의 계시이다." 판넨베르그는 성서 속의 묵시 사상가들이 바로 구속사를 보편사, 곧 보편적 세계사로 확대시킨 인물들의 대표적인 예라고 보았다.

그렇다면 피와 음모, 그리고 암투 등으로 점철되는 세계사의 부분들도 구속사의 연장이라고 볼 수 있다는 말인가? '구속사는 일반 세계사와는 구분이 되지만 그 속에서 전개되는 것'이라는 것이 주로 오스카 쿨만 등의 구속사학파에 속하는 학자들의 입장이다. "구속사는 역사 안에서 전개되며 이러한 뜻에서 구속사는 역사에 속한다. 구원사는 역사 옆에 나란히 있는 또 하나의 역사가 아니다. 구속사는 점진적 감소와 점진적 확대의 형식으로 일어난다. 즉 창조-인류-이스라엘-남은 자들-예수 그리스도라는 감소의 형식으로 일어나며, 예수 그리스도-사도들-최초의 공동체-유대인들과 이방인들의 교회-세계라는 확대의 형식으로 일어난다"고 한다. 이에 비해 바르트는 구속사를 '모든 역사의 지속적 위기'라는 형태로, 또한 불트만은 역사의 의미를 보편사 속이 아닌 '개인의 실존' 속에서 각각 찾고 있다.

이상의 이론들을 통해서 얻을 수 있는 관점은 '하나님의 구속사는 세계사와 구분은 되지만 분리되지는 않는다'는 점이다. 즉 구속사는 세계사의 밖이나 개인의 실존에서만 이루어지는 것이 아니라, 전역사를 포함하는 미래적 지평을 가지고 전개되며 따라서 종종 세속사의 역사과정 속에서 구속사적인 영적모티프가 발견된다는 사실이다. 이에 대하여 라토렛(Kennet Scott Latourette)교수는 「기독교와 역사이해」(The Christian Understanding of History)에서 기독교신앙과 학구적 역사가 통합될 수 있다고 믿었다. "기독교는 전체 인류를 배경으로 놓고서 이해되어야 한다. 기독교의 전망은 그 범위에 있어서 우주적이기에 기독교 역사를 개괄하려는 사람은 누구든지 그 서술의 주요 단계마다 그것을 우주적인 배경에 비추어 관찰하도록 노력해야 한다"고 보았다. 그러한 의미에서 크리스토퍼 도슨(Chhstopher Dawson) 이 「역사의 원동력」(The Dynamics of World History)에서 역사의 핵심적인 원동력은 종교라고 하면서 동양문명에도 비판적인 차원의 기독교적 역사 해석 연구가 적용될 수 있다고 말한 것은 나름대로 의미가 있다고 하겠다.

구속사는 본질적으로 보편적 역사와 동일시되어서는 안될 것이다. 구속사는 역사 내에 있는 한 과정을 이루고 있기 때문이다. 그러나 이 좁은 한 과정은 그것으로 끝이 나는 것은 아니다. 이것은 구속사와 세계사의 철저한 구분을 주장하는 바르트의 개념, 즉 '하나의 은폐된 역사'가 아니다. 하나님께서는 모든 역사 안에서 활동해 오셨으나 '구속사'에 위배되지 않게 활동하신 것이다. 이렇게 볼 때 구속사는 그 자체를 위하여 일어나는 것이 아니라 일반세계사를 위하여 일어난다고 볼 수 있다. 따라서 구속사의 목적은 그 자체에 있는 것이 아니라 하나님의 피조물을 구원하는 데 있다. 한편 보편적 세계사는 구원사의 외적인 근거를 형성한다. 일반 세계사의 목적 역시 그 자체에 있지 않고, 예수 그리스도로 시작된 구속사를 위해 봉사하며 그 목적이 성취되는 자리에 그 의미가 있다고 볼 수 있다.

II. 기독교 세계관

1. 현대인의 세계관

1) 고대사회의 물활론(Hylozoism)과 '인격성'에 대한 개념
근대 과학의 성격을 규명하는 글을 쓰는 가운데 종교사가이며, 또한 예술사가이기도 한 프란시스 쉐퍼(Francis Schaffer)는 "근대과학은 닫혀진 체계 속의 자연원인의 제일성'에 대한 탐구로 그 성격을 규명할 수 있다"고 간파하였다. 즉 자연의 궁극원리를 규명하는 과학의 정신이 세계 내적 제원인들로 말미암는 원리라는 것이다. 이러한 근대 과학정신의 뿌리를 캐나감에 있어서 쉐퍼는 그 사상사적 원류를 '자연과 은총'의 종래의 구분을 포기하고 '은총'의 상층부를 인정하지 않았던 아퀴나스(Thomas Aquinas) 이후의 철학, 신학사조에서부터 유래하고 있다. 그에 의하면 오늘날 이러한 근대과학, 철학의 정신이 소위 '의미'를 찾는 '반정립'(反定立)의 사고구조를 더 이상 포기하고 여러가지 형태의 비약, 즉 우연성·즉흥성·무의미성 등으로 규명될 수 있는 갖가지 삶과 문화, 그리고 종교의 형태로 나타난다고 보고 있는 것이다. 이러한 쉐퍼의 지적을 음미해 보면서 필자는 한걸음 더 나아가 고대사회의 물활론(Hylozoism)에까지 그 원류를 거슬러 올라가 찾아보고자 한다.

「기독교와 고대문화」의 저자인 코크레인(Charles Norris Cochrane)은 고대사회 속에서 물활론 체계의 전제가 바로 '닫혀진 세계 속에 상호관련성'으로 자연의 변경을 규정하려는 시도에서 출발하고 있음을 지적하고 있다. 이러한 닫혀진 체계의 관련성에서 소위 '물활론'이라 일컬어지는 물·불·공기·땅 등의 요소들(Elementa Mundi)이 사물의 궁극적 인식이 되기에 이른다. 물(Thales), 공기(Anaxamenes), 불(Heraclitus), 규명할 수 없는 어떤 요소(Anaximander), 그리고 어떤 제한된 형태(Phytagoras) 등으로 사물의 궁극적 존재를 인지함에 따라 이것이 가장 첫째되는 원리(Arche) 혹은 근본(Causa Subsisterdi, Causa principi unque rerum) 등으로 인식되었던 것이다. 물론 이 첫째 원리(Arche)는 계속해서 '존재하는 것'과 '되어가는 것'에 대한 두 번째의 원리 즉, '운동의 원리(Ordo vivendi or finis omnium actionum)'를 찾기에 이르렀고 이 원리는 곧바로 세 번째 원리 즉, '지성의 원리(Ordo or ratiointell igende lumen omnium rationum)'를 필요로 하는 대로 발전되었지만 이 모든 소위 '원리들'의 배경에는 역시 닫혀진 체계로 존재의 개념을 이 해하려는 시도들에서 비롯되었다고 볼 수 있다.

이러한 고전세계 내지는 고대사회의 진리 체계 속에서 기독교의 '삼위일체 하나님(Trinity)'의 개념은 하나의 폭탄과 같은 가히 혁명적인 것이었다. 아타나시우스(Athanasius)에서 시작된 '진리체계의 인격성'에 대한 탐구는 어거스틴(Augustine)에게 이르러서 그 절정에 이르렀던 바 어거스틴은 아타나시우스의 '희랍적 구조의 삼위일체'를 다시 역동성 있는 상호관계성 속에서의 통일성을 유지하는 '인격적 하나님'의 모습으로 돌리고 있다. 어거스틴이 보는 '삼위일체의 하나님'은 서로 관계없이 존재하는 '존재자(Being)'일 뿐 아니라, '사랑의 매는 줄(Vinclum Caritas)'을 통하여 적극적으로 '되어져 가는(Becoming)', 곧 인격적 관계를 수반하는 역동적인 관계였던 것이다. 역동성을 수반하는 '인격적 진리'가 닫혀진 체계 속에서가 아니라 '열려진 체계' 속에 존재하며 이 진리가 실존한다는 사실에 대해 어거스틴은 그의 삶의 경험을 소개하였고, 이로부터 추출할 수 있는 '진리의 인격성'을 소개하는 셈이 되었다.

이러한 입장에서 니케아(Nicene) 신조 이전의 기독교와는 달리 니케아 이후의 기독교는 더 이상 이방세계의 '과학'을 두려워할 필요 없이 대담한 자세를 가지고 '모든 진리는 기독교의 진리(All truth is Christian truth)'라는 논리를 전개하면서 '애굽을 점령하자!(Spoil the Egyptians!)'라는 실천적 구호를 만들어 내었던 것이다. 이러한 과정에서 그들은 기독교와 고전주의 철학 사이의 갭을 줄일 수 있었으며 동시에 '믿음의 진수(The Essentials of the Faith)'를 지켜낼 수 있었던 것이다.

2) '보편개념'을 둘러싼 중세인의 경험

근세 철학, 신학의 탄생을 이해함에 있어서 중세 스콜라주의 철학(Scholasticism)의 중요한 논제였던 '보편개념'을 이해하는 일이 중요하다. 중세의 소위 '스콜라주의'는 신학과 철학의 대화를 통한 진리에의 접근을 모색함으로써 성립된 철학적 신학체계였다. 토마스 아퀴나스(Thomas Aquinas)는 철학과 신학이 본질적으로 다른 내용이 아니라 진리를 접근하는 방법의 차이라고 보았다. 곧 신학은 계시된 진리를 통하여 하나님에게 이르고 철학은 경험에서 출발하여 자연 경험을 초월해 있는 본질에 도달하는 데 양자의 궁극적 목적은 하나님이라는 전제를 가지고 있었다. 곧 신학은 성서의 가르침에 의해서, 철학은 이성적 성찰의 결론으로 세계는 존재론적으로 하나님께 속해 있음을 알게 된다는 것이다. '보편'의 개념에 있어서도 아퀴나스는 온건한 실재론을 지향하였다. "보편은 스스로 자존하는 것이 아니라 개별자 안에 존재한다." 즉 보편은 사물 안에(In rem), 구체적인 사물로 존재한다. 그러나 보편들은 사물에 앞서서(Ante rem) 하나님의 마음 속에 실재하는 데, 분리된 실체로서가 아니라 하나님 자신으로 실재한다. 마지막으로 보편은 사물보다 후에(Post rem) 추상의 과정을 거친 결과로서 인간의 마음 속에 존재한다고 보았다.

이렇게 함으로써 아퀴나스는 인간의 이성과 신적 실존에 대한 조화를 시도하였다. 그의 구원론에 있어서도 구원하는 사랑(Charity)은 인간 자신의 것이라 부를 만한 것으로부터 일어나는 자발적인 행위여야 했다. 그는 '사랑으로 말미암는 믿음 (Faith is formed by love)'이라는 구호 아래 영혼 속의 은혜는 인간의 타고난 실재 즉, 비록 그 기원이 신적인 것이라고 해도 인간이 하나님과 이웃을 사랑하는 것은 그 사랑이 인간의 새로운 본성(Habitus)에 의해 생겨나는 것이라고 보면서 '유한은 무한을 포착한다(Finitum capax infinitum)'는 길을 제시하고 있다. 그에게는 은총, 혹은 은혜라고 하는 상층부의 개념이 이성, 혹은 합리성이라고 하는 하층부의 개념과 분명한 경계를 이루고 있기는 하지만 양층의 존재를 인정하고 또한 이성의 활동을 통한 철학으로서 보편적 상층부의 개념에 이를 수 있는 길을 열어 놓았던 것이다.

그러나 이러한 스콜라주의의 전제는 곧 이어서 등장하는 오캄(Willia of Ockham) 등의 유명론자들에 이르러 해체되어 가는 양상을 볼 수 있다. 이들은 '보편은 다만 명칭이고 사물 다음(Post rem)에 존재한다'고 보았다. 보편개념은 사물에 앞서서도 또 사물 안에도 존재를 가지지 않고 그 자체는 단지 인식 주관에만 존재하는 단순한 사고의 산물로 보았다. 이러한 유명론의 입장에서 오캄은 추상적 지식에 대해서 직관적인 지식 즉, 내적 및 외적 지각을 중시했는데, 이와 같이 생각하면 신학이라고 하는 것은 이러한 경험적인 직관적 지식 위에 기초지어질 수 없다는 것이 분명하기 때문에 당연히 학문으로서 성립한다는 것은 불가능하게 될 수밖에 없다고 보았다. 이와 같이 오캄에게 있어서는 지식(이성)과 신앙의 분리는 불가피한 결론이었다. 이로써 신앙을 이성에 적합하게 정립시키려는 스콜라 철학의 고유한 목표는 해체되고 철학상의 진리와 신학상의 진리가 서로 전혀 구별되는 것이라고 하는 '이중진리설'의 입장에 서면 철학은 더 이상 교회의 교의에 구속됨이 없이 자유로이 자신의 영역 속에서 탐구를 행할 수 있게 된다. 소위 근세철학의 탄생은 이러한 흐름과 연관이 있다고 할 수 있다. 이후의 신의 개념은 오로지 신앙의 대상이지 철학 내지 학문적, 또한 이성적 추구의 대상은 되지 못하는 셈이었다.

3) 자율화된 이성의 세계: 근대사고의 형성

계몽주의 이후의 사상은 모든 것을 이성으로 해석하려는 시도가 두드러진다. 이때의 가장 중요한 단어는 '이성', '자연', '자율' 등이었다. 인간의 자율적인 이성은 자연의 법칙과 조화를 잘 이루어 가면서 인간을 무지와 미신에서 자유케 해야 했다. 그렇게 함으로써 이 땅은 점점 질서를 잡아가고 낙원이 되어갈 것이라고 믿었다. 무엇보다 인간의 이성은 절대적인 위치를 점하게 되었다. 모든 전통이나 권위는 이성의 도마 위에서 시험을 당한 뒤에야 받아들여졌다. 일단 이성의 영역이 자율적으로 독립하면서 은총이나 신의 보편적 영역들은 쉽게 자취를 감춰 버리는 '이성만능주의'의 사조가 찾아오는 것이다. 볼테르(Voltaire)는 "자연이 인간만을 위해서 가지고 있던 완전의 단계에 인간이 도달할 것"이라고 믿었다. 그들에게는 이성 외에는 주인이 없었다. 즉, 상층부의 세계는 잠식당한 채 또 다른 '폐쇄된 세계 속의 자율'이 범람하는 시대적 경험을 맞이하는 것이다. 이런 의미에서 계몽주의 시대의 사상사조는 헬라사상의 확장이었다.

4) 키에르케고르의 '비약'과 근대신학

근대철학이 합리성의 영역에서 신앙을 내어줌으로써 신학과 합리적 이성에 괴리가 생긴 이후 19세기의 실존적 신학자 키에르케고르는 이러한 의식을 신학에 도입하기에 이르렀다. 반면에 그는 중요한 것은 모두가 신앙의 비약에 의해서 성취된다고 하였다. 그렇게 함으로써 그는 합리적인 것과 논리적인 것을 신앙의 영역에서 분리시키는 결과를 가져오게 하였다. 합리적인 것과 신앙의 영역은 상호간에 아무런 관계가 없는 것으로 요약할 수 있다. 이러한 사상의 귀결로서 쉐퍼는 "만일 합리주의적인 인간이 인간생활의 실제적인 것들 즉, 목적, 의미, 사랑의 타당성

같은 것을 취급할 경우 합리적 이성을 버리고 부득이 거대한 비합리적인 신앙의 비약을 감행할 수밖에 없는 것으로 보았다"라고 언급한다. 합리적인 것 혹은 논리적인 영역의 이성 활동의 결과는 개별적인 것, 무목적, 무의미 그리고 인간을 하나의 기계 이상으로 보지 않는 개별자적 존재로의 이해가 불가피하고 오직 비합리적 · 비논리적 비약 속에서만 궁극적인 경험을 유지할 수 있다고 하는 이러한 키에르케고르의 '비약(Leap)'에 관한 개념은 오늘날 근대 정신세계와 현대신학의 형성에 이르기까지 심대한 영향을 미치고 있는 듯이 보인다.

5) 현대신학에 대한 조망 : 현대인의 세계관의 단면

루돌프 불트만(Rudolf Bultmann)은 신앙과 역사를 단절시키는 역사관을 가지고 있었다. 기독교는 그가 보기에 '과거에 무슨 일이 일어났는가?' 보다는 '현재 신자들의 경험 속에 무슨 일이 일어나는가?' 에 더 관심을 쓰고 있다. 그는 '역사의 의미는 언제나 현재에 있고, 현재가 신자들에게 종말론적인 현재로 느껴질 때 역사에 있어서 의미는 실현된다' 고 보았다. 그에게 있어서 2천년 전에 역사에 어떠한 일이 일어났는가는 그리 중요한 것이 못 된다. 그것이 오늘날 신자들에게 주는 의미가 중요하다. 아마도 불트만이 역사와 신앙을 분리하는 사고를 주장하게 된 것은 더 이상 초자연적 상층부의 존재를 믿지 않는 20세기의 사람들을 향한 '복음의 재해석을 위한 시도' 에서부터 유래했을 것이다. "예수가 물 위로 걸었다든지, 귀신을 쫓아냈다든지, 육체로 다시 부활했다든지 하는 내용은 복음의 본질이 아닐 뿐 아니라 해로운 것이라는 것' 이다. 불트만은 소위 '신앙' 은 합리성이 결여된, 즉 '세계(혹 과학) 역사와의 접촉의 결여' 라는 형태로서 인식하고 있다. 따라서 모든 합리성은 '과학적 증명과 역사를 포괄하는 것이다' 라고 볼 때 이제 더 이상 비합리적 · 신화적 요인들을 이야기하지 말고 오늘날 우리의 실존에 필요한 합리적인 그리고 비신화적인 요인으로 복음을 재해석하자는 것이다.

로빈슨 등의 '신의 죽음의 신학'은 '하나님'이라는 용어까지 포함시켜 모든 것을 불필요한 것으로 믿는 나머지 제거해 버리고 있다. 신의 죽음을 실제로 믿는 사람들은 하나님이 죽었다고 했을 때 그들은 현대의 세속적인 세계에 있어서 하나님의 음성은 거의 들을 수 없게 되었다는 것뿐만 아니라 '신은 본래부터 존재하고 있지 않았다(But that he never was)'라고 주장하고 있다. 이러한 표현들은 이들을 '그리스도교적 무신론자'라고 호칭하는 근거가 되고 있는데, 이들과 낙관주의적 휴머니스트들과의 실제 사고구조 속에서 별다른 차이를 찾아보기 어렵다.

현대신학이 '신은 죽었다'고 이야기할 때 인간의 실존적 의미 즉, 합리성을 추구하는 논리적 귀결은 인간을 '폐쇄된 체계 속의 존재'로 갇히게 하든가, 아니면 비합리적인 비약을 통한 비인격적 신과의 만남을 그 주제로 설정하는 분위기를 배태하였다. 합리적 이성을 가진 인간이 인격적인 성품을 가진 신과의 만남에서 기독교의 본질을 찾으려 했던 교회사 속의 많은 인물들의 시도는 오늘날 '낡은 신앙'의 모습일까? '열려진 세계'의 본질 개념은 아마도 '인격적 하나님'의 개념일 것이다. 오늘날 근대과학의 정신적 근간이 고대희랍의 '물활론의 부활'이라는 비판을 면하기 위해 인격적 진리를 고수하는 전통의 부활이 시급히 요청된다고 할 수 있겠다.

2. 성서적 기독교 세계관

성서의 세계관을 정리하기 위해 편의상 신의 본질과 속성, 우주의 본질, 인간의 본성, 인간의 사후에 무엇이 일어나는가, 그리고 윤리의 기초와 역사의 의미 등의 기본적인 문제들을 다루어 보고자 한다.

먼저 신의 본질과 속성에 관한 기독교의 증언은 하나님께서 이 세상의 시작 이전에 스스로 홀로 계셨으며, 그분은 삼위일체의 인격적인 교류 속에 계셨고, 무로부터(Ex Nihilo) 말씀으로 세상을 창조하신 분이시라는 것이다. 그는 세상을 창조하실 뿐 아니라 세상의 보전자로 세상 속에서 인간의 역사 속에 개입하시며, 인간의 구원을 위한 섭리를 펼쳐 나가시는 분이라는 전제이다. 삼위일체의 인격적 교류는 성부, 성자, 성령으로 대표되는 '삼위격의 하나님'이 또한 전체적으로 사랑의 교제를 통하여 '하나'를 이루고 계시는 것을 의미한다.

하나님께서 세상을 '무로부터 창조하셨다'는 것은 그분이 창조의 주인이심을 의미하는 동시에 어떤 '필요(Necessity)'나 '강제(Enforce-ment)' 때문이 아니라 그의 '선하심(Goodness)' 때문에 이루어진 사건임을 의미한다. 따라서 모든 피조물의 존재는 하나님의 존재를 상대화시킬 수 없다. 그러한 의미에서 하나님은 절대 타자로서 존재하시는 것이다. 그러나 이러한 절대 타자로서의 하나님은 초월의 존재인 동시에 우리 인간의 역사에 내재하시어 개입하시는 하나님이시기도 하다. 이러한 하나님의 개입은 다름 아닌 '예수 그리스도' 사건을 통하여 가장 잘 나타나고 있는 바, 예수 그리스도는 하나님의 아들로서 창조 이전부터 성부 하나님과 함께 계셨으나 역사의 한 시점에 '인간과 세계구원'이라는 하나님의 경륜을 이루시기 위하여 이 땅에 성육신하신 분이시다.

하나님의 '선하심(Goodness)'은 두 가지 하나님의 성품을 통해서 나타나는 바, 거룩은 악의 그림자도 용납하지 않는 그의 절대 공의를 강조한다. 사도 요한이 말했듯이 '하나님은 빛이시라. 그에게는 어두움이 조금도 없으시니라'(요1 1:5)는 말씀으로 나타나신다. 하나님의 선은 또한 사랑으로도 표현된다. 요한의 다른 귀절에서 "하나님은 사랑이시니라"(요14:16)고 가르친다. 이 사랑의 하나님께서 자기를 희생해 가면서까지 그의 은혜를 사람들에게 예수 그리스도를 통해서 보여주시는 것이다.

두 번째로 우주의 본질에 대한 기독교의 이해는 하나님께서 우주를 '개방체계(Open System)' 속에서 '인과율의 일치체(Uniformity)'로 운행하도록 하셨다는 것이다. 이 '개방체계' 속의 '인과율의 일치체'라는 용어는 프란시스 쉐퍼의 것으로서 그 의미는 먼저 우주는 무질서하게 창조되지 않았다는 점이다. 우주의 질서는 명료하며 이러한 질서 속에서 내일도 해가 뜰 것을 예견하게 된다.

또 다른 의미는 우주는 이미 프로그램화되어 버려 폐쇄된 형태가 아닌 하나님께서 계속적으로 우주의 운행의 전개 유형에 끊임없이 관여하고 계신다는 의미이다. 이것은 이신론 등에서 보는 '폐쇄된 체계 속에서 인과율의 일치체'로 우주를 이해함으로써 결정론적인 성격을 지니며 따라서 어떠한 기적도 일어날 수 없다고 보는 세계관과 좋은 대비를 이루고 있다. '개방체계'에 대한 신념은 하나님께서 우주의 진행에 관여할 뿐 아니라 인간도 역시 우주의 재조정(Reordering)에 참여함을 의미한다. 우리는 인간이 세계를 잘 보전함으로 공해 없는 세계로 만들든지, 아니면 심각한 생태계의 파괴를 가져올 각종 행위로 다시금 우주의 질서를 재편할 수 있음을 진지하게 고려할 수 있는 것이다. 그러한 의미에서 이 세계는 인간과 하나님에 대하여 그 미래가 열려 있는 것이다.

세 번째, 인간의 본질에 관한 기독교의 세계관은 인간이 하나님의 형상대로 창조함을 받았고 시공상의 한 시점에 인간은 타락하였으나, 그리스도는 타락한 인간을 구원하시어 자기의 자녀로 부르시어 영화스럽게 하신다는 점이다. 먼저 인간이 하나님의 형상대로 지음을 받았다는 사실은 인간이 인격적인 존재이며 동시에 자기초월성, 지력, 도덕성, 사회성,

창조성 등을 가지고 있다는 의미가 된다. 인간은 무소부재하거나 전능이라는 하나님의 속성에 관하여 그 형상을 닮았다는 의미가 아니고 하나님의 인격적 속성을 공유하는 '하나님의 형상(Imago Dei)'을 가지고 있다. 그러하기에 인간은 스스로 손해를 각오하며 이타적 사랑을 실천하는 자기초월의 존재이며, '하나님이 일하시니 나도 일한다'라는 말처럼 끊임없이 그 삶 속에서 하나님의 재창조의 역사에 동참하는 창의력을 가지고 있기도 하다는 의미이다. 하나님의 역사에 동참하는 인간은 끊임없이 그와 교제를 나누며 살도록 초청을 받고 있는 것이다.

그러나 하나님의 인격성을 공유하면서 피조된 인간은 시공상의 한 시점에서 창조주가 유일하게 금하신 명령을 어김으로써 타락의 길을 걷게 된다. 하나님께서는 자신의 형상을 지닌 인간이 자신과 밀접한 관계를 가질 자유도, 관계를 끊을 자유도 주셨던 것이다. 이후 인간의 도덕성, 자기 초월성, 지력, 사회성 등에서 심각한 결손을 야기하는 각종의 딜레마를 초래한다. 다시 말해 인간은 하나님으로부터, 다른 사람들로부터, 자연으로부터, 심지어 자기 자신으로부터도 소외된 것이다. 이것이 타락한 인간의 본질이다. '보시기에 심히 좋은' 이 세계에 각종 질병, 전쟁, 갈등 등이 생기게 됨은 이러한 타락의 결과였고, 이제 피조물은 심각히 자신의 구속을 신음하면서 바라보고 있는 상태로 전락된 것이다.

이러한 인간이 구속될 수 있다는 것이 기독교에서 이해하는 '복음'의 의미이다. 성경은 인간에 대한 하나님의 사랑의 이야기, 즉 자기를 버리고 떠난 인간을 향하여 자신의 아들을 보내심으로 구속의 사랑을 보여주심으로써 그 소외 상태를 극복하고 자신과 다시금 화목하기를 바라시고 계시는 것이다. 하나님의 근본적 은혜와 풍성한 사랑을 통하여 사람들은 다시금 새 생활의 가능성을 얻게 되는 것이다. 이것은 원래 피조시에 부여받은 '하나님의 형상' 즉 인격성, 자기 초월성, 도덕성 등을 회복하는 것을 의미하며 동시에 영화로운(Glorified) 삶에 이르는 부르심이기도 하다. 영화로운 삶이란 하나님, 이웃, 그리고 자신과 화평을 누리는 상태의 삶을 의미한다.

네 번째, 인간의 죽음은 하나님 및 그의 백성과 함께 누리는 생명의 길이든지, 인간의 갈망을 궁극적으로 채워주실 유일하신 분과 영원히 갈라서는 문이든지 둘 중의 하나이다. 기독교에서의 죽음은 영원한 윤회의 시작도, 무에로의 진입도 아닌 또 다른 세계에 변형된 모습으로 존재함을 의미한다. 이것은 하나님과 그의 백성의 존재 상태인 영화로운 존재로 변하거나, 아니면 영원히 하나님에게서 분리된 존재로 변하게 된다는 믿음이다.

마지막으로 윤리의 근거는 초월자이시며 동시에 내재하시는 하나님의 속성, 즉 사랑과 거룩함에 근거한다. 이러한 윤리적인 기준을 예수 그리스도는 자신의 공생애 기간을 통해서 구체적으로 인간들에게 보여 주신다. 이렇듯 자신을 계시하시는 하나님의 행위를 통하여 인간의 윤리적 준거를 얻게 된다. 바울은 예수 그리스도를 둘째 아담이라고 불렀다 (고전 15: 45-49). 이것은 예수 그리스도는 온전한 인간으로서 완벽한 도덕적 윤리적 삶의 본을 보이셨음을 의미한다. 그분은 우리와 같이 시험은 받으셨지만 죄는 없으시고, 또한 자신이 십자가에 달리시면서까지 인간들을 사랑하시고 또한 자신을 십자가에 매어 다는 인간들을 '용서해 주시도록' 하나님께 기도하시는 사랑의 차원을 인간들에게 보여주셨다.

이상에서 본 바대로 기독교 세계관의 핵심은 '하나님의 장엄하심'에 있다. '오직 그분께만 영광을!(Soli Deo Gloria!)' 이것이 이 세계관 속에 사는 사람들의 고백인 것이다.

3. 기독교 세계관의 실제: 기독교인의 삶과 소명

이제 논의의 마지막으로 역사 속에서 기독교 역사관과 세계관을 소유하면서 이 땅에서 그러한 삶을 살다가 간 역사 속의 인물들에 대하여 함께 생각해 보고자 한다. 이들은 자신들을 부르시는 하나님 앞에 소명을 가지고 살았던 사람들이었다.

1) 초대교회에 있어서 기독인의 삶과 소명

기독교 복음의 시작은 유대교에 그 근원을 두고 있지만, 유대교를 뛰어넘는 그리스도의 복음의 사건으로부터 시작되었다. 그 근원은 '예수께서 우리의 죄를 구속하였다!' 라는 복음의 인식이었다. 이제 모든 신앙인은 하나님의 은혜로 직접 그 앞에 나아가 '아바 아버지' 라고 부르며 기도하고 자신의 죄를 위해 중보자 되시는 예수 그리스도를 통해 직접 하나님 앞에 나아간다는 성서의 발견은 그들도 하나님 앞에 책임적 존재로서야 하는 자각을 갖게 해 주었다. 이것은 소위 '만인제사장직' 이라는 교리적 발견인데 이것은 루터의 시대에 이르러 비로소 강조된 것만은 아니었다. 교회사적으로 볼 때 이미 초대교회의 전통에서 이러한 '모든 세례받은 그리스도인의 제사장직' 에 대한 이해가 폭넓게 다루어진 바 있다. "예수 그리스도를 통하여 하나님을 믿는 자들은 모두 영적 은사를 받았다. 이 가르침에 예외적인 신자는 아무도 없다." 이와 같이 그리스도의 은혜에 참여한 모든 기독인이 각각 하나님께로부터 받게 되는 하나님 나라의 확장을 위해 쓰임받는 위치에 놓여 있게 된다.

5세기 교부 중 한 사람인 라베나(Ravenna)감독 피터 크리소로구스(Peter Chrysologus)는 모든 기독인이 사제직에 비견되는 나름대로의 소명을 받고 있음을 다음과 같이 가르치고 있다. "자, 이제 우리가 사도들의 권면을 귀담아 들읍시다", "네가 너희를 권하노니, 너희 몸을 거룩한 산 제사로 드리라"(롬 12:1), "이와 같은 권면을 통하여 사도는 모든 기독인들을 사제직의 차원으로 끌어올리면서 권고하고 있는 것입니다. 그러므로 부름받은 여러분, 여러분은 희생제물이며 동시에 제사장이 되셔야 합니다. 거룩한 권세가 여러분에게 베풀어 주시는 이 직분을 누리되 거룩함으로 옷 입고, 정절로 띠를 띠시기 바랍니다." 이와 같은 기독인의 소명은 초대교인들에게 그들의 일상생활에서 금욕적이며, 계율적인 생활을 중요하게 생각하게 했으며, "기도보다 금식이 더 좋으나, 그 둘보다 더 좋은 것은 자선이다"라는 모토 아래 가난한 사람들, 과부, 고아들에게 사랑을 베푸는 행위로 나타나곤 하였다. 어떤 사람들은 가난한 사람을 돕기 위해 스스로 노예가 되는 일까지 있었다고 한다.

2) 중세인의 경우: 성 프란시스의 삶

중세교회의 경우 '기독인의 소명'에 대한 자각은 주로 수도원 운동의 역사와 함께 이해되어질 수 있다고 할 수 있다. 보나벤투라(1212~1274)는 특히 앗시시의 성 프란시스의 경우를 소개하면서 그리스도의 부르심에 자신의 전 인생을 드리는 한 기독인의 헌신적인 삶을 그리고 있다. "하나님께서는 어린 프란시스의 가슴 속에 특별히 가난한 자들에 대한 깊은 동정의 마음을 불러일으키셨다. 유아기 시절부터 그의 마음은 무한한 관대함으로 가득 채워졌던 바 그는 복음의 부르심에 대해 벙어리가 되지 아니하고 구걸하는 자에게는 누구든지, 특별히 하나님의 사랑에 호소하는 모든 자들에게 자선을 베풀 것을 결심하였다." 이러한 프란시스의 결심은 실제로 모든 가난한 자들 뿐 아니라 심지어는 동물들에 이르기까지 넓은 사랑의 실천을 베풀기에 이르르며 그의 빈곤, 겸손, 그리스도의 명상으로 이어지는 절대적인 소박한 삶의 모범은 중세 교권주의로 타락되어 가는 교회에 신선한 충격을 가져다 주는 운동으로 정착되기에 이르렀다. 이러한 프란시스의 선행은 그가 어린 시절에 경험한 하나님께서 자신에게 보여주신 한 '소명' 내지는 '비전'을 통한 것이었음을 보나 벤투라는 전하고 있다. 즉 그가 아직 자기 아버지의 사업을 돕고 세속적인 사업에 관계하고 있었을 때 그의 집에 한 남루한 기사가 찾아와서 동냥을 한다. 좋은 가문에 태어난 기사였지만, 그의 가세가 기울어 옷도 제대로 입지 못해 떨고 있는 기사를 본 프란시스는 자신의 외투를 벗어 그에게 덮어주는데, 그 일이 있은 그날 밤 프란시스는 꿈 속에서 찬란한 궁중에 그리스도의 십자가가 그려진 수많은 무기들이 있는 것을 바라본다. 이것들이 누구 것이냐고 프란시스가 물었을 때 그것은 자신과 그가 낮에 도왔던 기사의 것이라는 음성을 듣고 프란시스는 잠에서 깨어 하나님께서 자신에게 형통함을 보여주심을 믿고 마태복음 13:44~46의 지혜로운 농부와 같이 그의 모든 소유를 팔아 밭에 감추어둔 보화를 사는 심정으로 자신을 하나님께 드렸다고 한다. 이는 기독교 세계관에 따라 살아간 기독인의 한 전형으로 손색이 없다.

3) 루터와 칼빈에게 있어서 '기독인의 삶, 소명'

종교개혁기에 들어서면 본격적으로 '기독인의 소명'의 주제가 활발히 논의되기 시작한다. 루터는 '만인제사장직'을 통해 기독인들의 삶이 어떠해야 함을 가르치고 있다. 그리스도의 복음의 사역으로 직접 '제사장'으로서 하나님께 담대히 나아가게 된 기독인은 이제 타인의 고통과 어려움을 담당하는 '이웃사랑의 소명'에 부름을 받아 타인을 위한 '제사장'의 직분을 감당해야 하는 것이다. 루터의 윤리는 참다운 세속화를 지향하는 '수도원의 울타리를 벗어나 세상의 한복판에서' 기독인의 소명과 부르심을 실천하는 과제로 표현되는 것이다. 기독인은 무엇보다도 먼저 자신을 위해 "게으르지 않고, 몸에 필요한 것을 공급하고 보존하며, 오직 하나님을 기쁘시게 하기 위하여 이러한 일들을 행해야 한다." 그런 후에 이제는 "빈궁한 자들에게 구제할 것이 있기 위하여"(엡 4:28) 자기 몸을 돌아볼 뿐 더러 지체되는 자신의 이웃을 돌아보아야 하는 것"이다. 이러한 부르심, 혹 소명의 동기는 무엇보다도 '사랑'인 바 그리스도인들은 억지로나 율법의 요구 때문이 아니라 사랑으로 우러나오는 실천자인 것이다.

칼빈의 경우에는 '기독인의 소명'을 살게 하는 하나님의 뜻으로서의 율법의 발견이 매일매일 그리스도인이 삶을 위한 지침 내지는 인도자가 된다. 칼빈은 시편 19:8~9 "여호와의 교훈은 정직하며 마음을 기쁘게 하고 여호와의 계명은 순결하여 눈을 밝게 하도다 여호와를 경외하는 도는 정결하여 영원까지 이르고 여호와의 규례는 확실하여 다 의로우니"의 말씀과 시편 119:105의 "주의 말씀은 내 발에 등이요 내 길에 빛이니이다"의 말씀에서 보는 바와 같이 적극적인 율법의 기능을 받아들임으로써 마치 주인에게 온 마음과 정성을 기울여 순종할 준비가 되어 있는 종의 모습처럼 기독인이 매일매일 하나님의 뜻을 잘 알아서 섬겨야 한다고 주장하였다. 이러할 때 율법은 그 자체가 현대의 유대인들이 생각하는 '축복' 혹은 '하나님의 현현'과 같은 것으로서 더이상 무거운 것이 아닌 '기독인의 세계관'을 더 철저히 살게 하는 좋은 채찍이 된다고 믿고 이를 힘써 실천하는 삶을 살도록 노력하였다.

4) 근대교회에서의 교훈

종교개혁자들의 뒤를 이어 근대교회를 넘어오면서 교회의 부흥기에는 하나님의 말씀을 통해 '기독인의 소명'의 절박성과 이를 검증하여 개개인의 삶에서 실제로 적용하고자 하는 일련의 움직임들을 볼 수 있다. 영국의 청교도로서 영적 부흥의 기수이기도 했던 리처드 박스터 (1615~1691)는 기독인의 소명을 고취한다. 또한 '예수회' 를 창시하여 중세 도미니크와 프란시스의 수도원운동의 부활을 꿈꾸었던 이그나티우스 로욜라는 각 기독인이 하나님께 받은 소명을 확인하고 자신의 선택에 대하여 확증하고자 할 때 다음의 네 가지 원리에 입각하여 생각해 보아야 한다고 전하고 있다. "첫 번째 법칙은 나로 하여금 이러한 선택을 하도록 역사한 사랑이 위로부터 즉 하나님 사랑의 사랑으로부터 왔는가 하는 것입니다. 이를 통해서 나의 최종의 선택이 하나님 사랑 때문이 아닌지를 살펴볼 기회가 됩니다. 두 번째 법칙은 내가 한번도 보거나 만난 적이 없는 한 사람에게서 온전한 모습의 사람을 볼 수 있기를 희망한다는 가정을 전제해 봅시다. 그리고 이제 하나님의 영광을 위해 그가 선택하여야 하는 그 무엇에 대하여 그에게 충고를 한다고 합시다. 이와 같은 방법으로 나의 선택을 위해서도 다른 사람을 충고할 때와 같은 방법을 적용하여 봅시다. 세 번째 법칙은 내가 죽음의 순간에 이르렀다고 가정하여 보고 지금 내가 선택한 이 선택이 그때 어떠한 영향과 모습으로 나타나고 있는지 생각하여 보는 것입니다. 마지막으로 하나님의 심판대 앞에 내가 설 때 지금 내가 한 선택이 어떠한 모습으로 비쳐질 지에 대하여 생각해 보는 것입니다." 이처럼 '기독교 역사관과 세계관' 을 따라 사는 삶은 하나님 앞에, 역사 앞에 늘 자신의 선택이 최선인 것인지를 되물으며 사는 삶이었다.

주

1) E. E. 케이언즈, 김기달 역, 『서양기독교사』, 보이스사, 1986, p.18.

2) E. H. 카아, 황문수 역, 『역사란 무엇인가』, 서울: 범우사, 1977, 해설, p.214.

3) Ibid, p.215.

4) 조지 마스덴, 『기독교적 관점에서는 어떻게 역사를 가르쳐야 하는가?』, 홍치모,
   『기독교와 역사이해』, 서울:총신대학출판부,1981, p.51.

5) 이석우 편저, 『기독교사관과 역사의식』, 서울: 성광문화사, 1989, p.16.

6) R.G.Collingwood, *The Idea of History*, Clarendon, 1946, p.213.

제 8 장
탈근대 및 하이테크 시대를 위한 신학 모형 모색

- 미래의 충격

    지난 세기와 21세기에 들어와 과학의 발전은 실로 눈부신 그것이었다. 꿈과 상상에서만 존재하던 과학현실이 이제 버젓이 우리의 안방을 두드리고 있다. 각종 생명공학, 영상공학, 컴퓨터공학 등의 발전이 오늘 현대인들에게 끼치는 영향은 가히 놀랄 만하다. 유전자의 조작으로 보통의 쥐보다 두 배 이상 큰 쥐를 만들어 내는가 하면 인간의 수명도 현재보다 획기적으로 연장할 수 있는 과학적 업적이 곧 제기되리라는 소리가 들려온다. 최근에 등장한 마이크로 소프트사의 '윈도우XP' 프로그램은 기존 컴퓨터의 개념을 뒤흔들어 놓고 있다. 다양한 용도로의 확장이 가능하고 누구나 쉽게 컴퓨터에 접근할 수 있어 급속도로 사용인구가 늘어나고 있다. 그러나 컴퓨터의 발전은 여기에서 끝나지 않는다. 3차원의 공간 속에서 인간의 감정까지 느낄 수 있는 소위 '사이버 스페이스'의 세대가 몰려 오고 있다. 이제 우리 인간들은 자신과 만나기를 희망하는 사람이면 지구 끝에 있는 사람과도 자신의 안방에서 편한 자세로 만날 수 있는 길을 경험한다. 과거 아날로그 시대로부터 디지털 시대로의 이동은 이제 원하는 시간에 원하는 정보 혜택을 누릴 수 있도록 우리의 생활환경을 바꾸어 놓고 있다.

그러나 이러한 현란한 과학의 발전에 마냥 박수를 칠 수만은 없다는 사실이 우리의 문제가 되고 있다. 각종 음란성 오락물이 기존의 '인터넷'을 타고 어린이와 학생들에게 무방비로 노출되는 마당에 '사이버 스페이스' 혹은 DVD의 세계가 악용될 경우 그 결과로 인한 인간성의 피폐, 환각의 현실화를 통한 정신적 질환, 건전한 인간관계의 붕괴 등의 심각한 사태들이 일어나고 있다. 독일의 사회철학자 위르겐 하버마스는 새로운 하이테크로 인한 정보와 기술의 혁신이 정보의 지구적 소통을 원활히 해주는 순기능이 있기도 하지만 그것은 동시에 정보의 파편화 현상으로 말미암아 소수의 고립된 의사소통의 공동체를 증폭시킬 우려가 있음을 지적하고 있다. 이것은 마치 센터가 없는 지구촌과 같아서 소수의 행위자와 다수의 청중 사이에 역할이 분화된 채 합리적인 의사소통을 방해할 수 있는 위험이 내포되어 있음을 의미하고 있는 것이다.

이러한 변화와 격동의 상황은 이제 다가오는 세기에는 새로운 질서를 향하여 우리의 제반 사회가 급격히 재편되고 있음을 어렵사리 예고하고 있다. 미래학자 엘빈 토플러는 '미래의 충격'에서 이미 짧은 기간 동안에 너무나 많은 변화에 대처하고자 노력함에 따라 유발되는 방향감각의 상실과 스트레스의 위험을 경고하면서 (복제 기술을 포함한) 유전자 혁명, 일회용 사회, 교육혁명 등을 예견했으며 그 중 대부분은 지금 이미 현실화되어 우리들의 코 앞에 다가와 있는 것이다. 아울러 목회와 신학의 환경도 이 변화의 노도와 같은 물결 속에 휩싸여 있음은 주지의 사실이다. 하이테크 시대, 포스트모던 시대가 우리에게 도전하는 새로운 목회와 신학의 패턴을 모색하는 논의는 이런 의미에서 어쩌면 극히 자연스러운 일인 지 모른다. 이제 우리는 변화의 충격을 수용하되 그것이 주는 충격에서 벗어나 올바른 방향감각을 회복하는 과제를 안고 있는 것이다.

I. 신학형성에 있어서 교회사적 모형 연구

1. 텍스트(Text)와 콘텍스트(Context)의 상관성에 관한 시론

영국 부흥운동의 상징적 인물이었던 스펄전이 담임했던 런던의 메트로폴리탄 테버네클(Metropolitan Tabernacle)교회는 한때 수만명이 모이던 그 열기는 온데 간데 없고 지금은 노인들 60-70명이 모여 예배를 드리는 초라한 교회로 전락되어 버렸다고 한다. 당시의 교인들로서는 불과 한 세기를 지나는 동안 교회가 그토록 초라하게 변해버리라고 예견했던 사람들은 아무도 없었을 것이다. 그러나 그것은 엄연한 현실이고 이 사실을 통해 우리는 오늘 우리의 처지에 대한 타산지석(他山之石)으로 삼아야 할 것이다.

하나님께서 예수 그리스도를 통해 누구든지 그를 믿는 자를 구원하신다고 하는 복음의 메시지는 시대를 초월하여 변하지 않는 영원한 것임에 틀림없다. 그러나 이러한 변함없는 복음의 항구성과 함께 우리는 시대의 변화, 즉 상황의 변화에 대한 가변성을 눈여겨 볼 필요가 있다. 복음의 본문(Text)은 불변하지만 그것이 전달되는 상황(Context)은 결코 2000년 전의 그것과, 아니 스펄젼 시대의 그것과 우리 시대의 것이 결코 같을 수 없다. 죠지 버너는 '주전자 속의 개구리' 비유를 통해 갑자기 뜨거운 물에 개구리를 집어넣는 것이 아닌, 서서히 불을 지피면 그 개구리가 뜨거움을 채 느끼기 전에 자신이 물에 익어 버리는 것을 알아차리지 못하는 사실을 빗대어 변화에 능동적으로 임하지 못하는 현대의 교회를 풍자한 것으로 유명하지 않은가? 스펄젼의 일화가 우리에게 교훈하는 것은 하나님의 복음은 그리스도의 십자가 사건 이래로 결코 폐하거나 소멸되지 않고 흥왕하지만 그것을 담는 상황(Context)의 변화에 민감하게 대응하지 못한 교회는 쇠퇴하고 또한 뒤처질 수밖에 없다는 평범한 진리라 할 수 있다. 그러한 의미에서 오늘날 우리 시대에 우리가 수행하여야 하는 목회적, 신학적 과제는 변하지 않는 복음(Text)과 변하고 있는 상황(Context) 사이에서의 끊임없는 대화 속에서 규명되어야 할 것이다.

'오늘날 우리의 교회와 우리의 목회현장은 어디에 와 있는 것일까? 만일 우리의 지나간 옛 목회와 신학의 모형으로부터 이제 또다른 모형으로의 교체(Paradigm Shift)를 진지하게 검토해야 할 시점에 와 있다면 향후 우리가 나아가야 할 방향은 무엇을 근거로 해야 하는가? 한스 큉은 이상의 질문에 대한 답변을 시도하면서 "낡아버린 과거를 보존하려고 새로운 현재의 요구에는 무심한 보수적 태도와, 살아있는 과거를 무시하고 일시적인 현재의 새로운 변화에 지나치게 몰두하는 급진적 태도와의 중도(中道)를 걷기란 쉬운 일이 아니다. 교회론 자체를 처음부터 영구불변한 것으로 생각하여 무비판적으로 과거의 특정한 시대와 문화에 메이는 전통주의 교회론에서 역사성이 몰이해되고 있다면, 현재의 시대와 문화에 적응한다고 하여 역시 비판없이 유해무익한 가변적 현실에 좌우되는 현대주의 교회론에서도 역사성이 몰이해되고 있다. 교회 자체와 마찬가지로 교회의 자화상인 교회론도 특정한 상황에 매여 있어서는 안된다. 특정한 세계와 시대의 설계와 신화, 환상과 결단, 이미지와 카테고리에 영합해서는 안된다"[1]고 주의를 환기시키고 있다.

한스 큉의 논지가 비록 주로 교회론에 대한 문제에 국한하고 있기는 하지만 오늘 우리들의 주제에도 여전히 유효함을 지적하고자 한다. 즉 하이테크 시대를 위한 목회와 신학의 방향 설정의 과제를 위해 먼저 과거 기독교의 역사 속에서 신학은 어떠한 과정을 거쳐 발전, 변화되어 왔는가를 검토해 보는 일이 필요하다는 점이다. 과거의 신학적 모형들과 또 그들의 변화과정을 추적함으로써 오늘 우리 시대의 신학적 모형을 찾는 준거(準據)를 마련하고자 하는 것이다. 다음으로 오늘 우리 시대에 벌어지는 다양한 변화의 양상들을 체계적으로 살펴 보고 그것이 가지는 의미를 추적하여 새로운 신학의 방향정립을 위한 제 근거로 삼아 보고자 하는 것이다.

2. 신학적 모형에 대한 역사적 검증

현대 신학이 나아가는 방향에 관한 토론을 위한 글에서 상기(上記)의 한스 큉은 모형의 변경을 위한 과거의 신학을 규명하는 자리에서 기독교 신학의 유산을 각각 '원시 기독교적 묵시 문학적 모형', '고대 교회적–헬레니즘적 모형', '중세적–로마 가톨릭적 모형', '종교개혁–프로테스탄트 모형', '근대적 계몽주의적 모형' 그리고 '현대의 변증법적– 해석학적 모형'으로 구분한 바 있다.[2] 그는 먼저 "이레니우스, 클레멘트 그리고 오리게네스, 터툴리안과 키프리안, 아타나시우스와 카파도키아 학자들과 같은 신학자들은 신학적 출발점과 해결의 시도 그리고 그 결론들에 있어서는 서로 달랐지만 '한 공동체의 구성원들이 가진 신념, 가치, 기법 등의 전체적 성향'에 있어서는 일치하였다"고 보았다.[3] 당시에 그들이 지닌 신념과 가치들 그리고 기법들의 전체적 성향 또는 전체적 관련성은 유대-그리스도교적인 원시적 공동체의 묵시문학적-종말론적 전체 위상과는 근본적으로 달랐다는 것이다.

교회사가들은 중세(中世)의 기간을 설정하는 데 있어서 대체로 대(大)그레고리 이후 루터의 종교개혁 이전까지를 꼽는 데 일치하고 있다. 이 기간은 주로 교황청을 중심으로 한 교회의 성장이 중세적-로마카톨릭적 모형을 이루며 발전했던 시기였다. 어거스틴의 신학 해석을 근간으로 하는 중세적 신학모형은 보다 교회 중심적, 제도 중심적 신앙의 패턴을 형성하였다. 또한 수도원 중심적 경건은 현실세계보다는 피안의 세계에, 실천을 위한 참여보다는 수도를 위한 침잠에, 인간과 자연의 발견에서보다는 초월적 신에 대한 발견에서 영성의 주제를 탐구하였다고 할 수 있다. 성서해석은 특정한 교권(敎權)의 감독과 허락을 통해서만 가능하였던 바 일반 신도들의 접근을 금하는 성역(聖域)이었고, 성례전을 중심으로 한 교회의 예전(禮典)적 권위와 일반 신도들의 영적 구원이 직결되는 체계를 형성하였다.

'종교개혁-프로테스탄트 모형'은 성서의 발견으로 시작해서 인간 그리고 자연에 대한 발견으로 이어지는 일련의 과정으로 설명할 수 있다. '성서(Scriptura)와 전통(Traditione)'이 '오직 성서(Sola Scriptura)'로 대체되면서 특정한 권위에 의존하던 성서해석이 내적 법칙을 통한 성서해석의 방향으로 나아갔고, 자연히 제반 해석학의 원리들이 제기되었다. 사제의 독점적 제사장직분이 '만인제사장직'으로 범위를 확대하면서

'수도원 울타리 내의 경건'은 '거리의 경건'으로 확대되기에 이르고 종래 예전적-교회적 구원의 체계는 신앙적-개인적 믿음의 체계로 전환되고 있다. 회화(繪畫)에 있어서 상징적, 비잔틴적 구도 속에 머무르던 자연이 과감하게 사실적 위치로 등장하고 있는 점 또한 특기할 만하다.[4]

'근대적-계몽주의적' 모형은 성서관에 대한 소위 '역사비평적 방법론'을 허용하면서 제기되었다. 계시 차원에서 부여된 전통적 성서의 권위 대신 이성의 권위가 자리잡기 시작하면서 교리의 발전은 성서에 대한 비판적 연구와 다른 분야의 최신 지식에 대한 끊임없는 숙고에서 이루어진다고 보았다. '오직 성서(Sola Scriptura)'의 구호에 대하여 왜 코란(Koran)이나 바가바드기타(Bhagavadgita)는 성서보다 덜 '거룩한 경전'이 되어야 하나, 왜 하나님은 성서에서만 말씀하시는 것일까 라는 역사적, 상대주의적 질문이 제기되기 시작하였다. 이 같은 합리주의적-경험주의적 철학과 자연과학의 영향을 신학 속에 도입하려 했던 이들은 바우르, 레싱, 리츨, 하르낙, 트뢸치, 그리고 슐라이에르 마하 등이었다. 바우르나 레싱에게 있어서 성서는 '무오한' 것이 아닌 갈릴레오 갈릴레이가 경험했던 것처럼 오류를 포함하는 것이었기에 종교의 기반들을 상대화하여 여기에서 살아남는 종교의 실용성이 더 중요한 것이었고, 리츨이나 하르낙에 있어서는 '전통(Traditione)'이나 '권위'를 형성하는 기본적 기독교의 교리들이 역사적 상대성을 가지고 있기에 이러한 상대성을 인정하는 차원에서 기독교의 메시지를 재구성하여야 한다고 주장하였다. 특히 레싱은 '역사의 우연적인 진리가 이성의 필연적인 진리를 증명할 수 없다'고 하면서 '이성이 최대의 잣대이어야 한다'고 주장하고 있다.[5] '종교사학파'의 원조로 알려진 트뢸치에게 있어서 기독교가 유일한 권위적 종교라는 기존의 입장은 '비교 종교'의 측면을 간과한 오만이었다면 슐라이에르 마하에게는 교의학의 출발은 주어진 텍스트에서가 아닌 '경험적', '심리적' 차원에서 제기되어야 하는 '생성된 것'이 아닌 '생성되어 가는 것'이라는 점에서 당시의 '진보' 개념과 일치하는 점이 있었다.

'변증법적-해석학적' 모형은 바르트의 변증법적 신학에서 시작하여 실존 신학, 해석학적 신학을 거쳐 정치신학, 해방신학과 여성신학, 흑인 신학 그리고 소위 '제3세계' 신학으로 이어지는 일련의 현대 신학적 흐름을 의미한다. 변증신학은 기독교 신앙을 성서에 있는 하나님의 계시의 기초에 복귀시키려는 시도였다. 즉, 계시는 종교에 대립한다는 것이다. 계시는 스스로에 대해 말할 수 있는 것을 인간에게 말하지 않는다. 우리가 하나님을 찾는 것이 아니라 하나님이 우리를 찾는다는 것이다. 성서에 대해서도 마찬가지로 성서는 역사적 상대주의에 반하여 절대적 정당성을 가진다. 이것은 하나님과 개인의 영혼을 중심에 두는 근대 계몽주의의 영성에서부터 교회에 중심을 두는 신학으로의 전환을 의미하는 것이기도 하였다. 같은 '말씀' 중심, 즉 생명을 창조하시는 하나님의 말씀 전통에 속해 있다는 점에서 바르트와 연속성을 가지면서도 불트만에게 있어서는 '그리스도 안에서 우리에게 전달되는 하나님의 구속하시는 은총은 우리를 새롭게 만드는 하나의 참으로 일어난 기적이다'라고 말하는 점에서 소위 '실존주의적' 해석을 중시하였다. 성서가 중요한 것은 2천년 전 예수가 떡과 물고기로 5천명을 먹였다는 사실만이 아니라 지금도 어디서나 그런 기적이 일어나고 있다는 점에서이다.

이 같은 실존주의적 해석의 시도는 점진적으로 성서의 본문(Text)보다는 현실적 상황(Context)인식이 우선적으로 중요하다고 생각하는 일련의 신학사조를 배태하였던 바, 해석학적 신학에서는 '본문과 상황'의 전통적인 도식을 '상황과 본문'이라는 새로운 잣대를 통한 인식론적 전환을 모색하고 있다. 이러한 해석학적 신학의 시도는 해방신학, 여성신학, 제3세계신학 등에 영향을 주면서 전통적인 '하나님의 말씀'은 이제 '예수의 프락시스'라는 표현으로 대체되어야 한다고 믿고 있다.[6] 하나님의 말씀은 상황과 프락시스를 떠나 초월적으로 존재하는 것이 아니고 인간의 언어 안에서 이루어지고 있는 그 어떠한 것이다. 이들은 틸리히(Paul Tillich)가 발전시킨 개념을 따라 종교적 언어는 근본적으로 상징이며 사실적 언어가 아니라는 사실을 강조한다. 성서에 대한 신학적 작업에서 결정적인 요소는 문학비평이 아니라 성서적 현실의 상황을 이해하는 사회비평이다. 이들은 성서의 본문을 콘텍스트에 대립시키면서 주로 '가난한 자', '소외된 자', '억눌린 자'의 입장에 근거하는 역사적-사회적 분석에 주안점을 두고 있다.

3. 교회사적 검증을 통하여 얻는 교훈

이상에서 일견(一見)한 과거 신학의 모형변화의 양상에서 우리가 배울 수 있는 교훈은 어떤 것일까? 이 질문에 답하기 위하여는 토마스 쿤(Thomas Kuhn)이 정의하는 '모형(Paradigm)'과 '변화(Shift)'라는 개념에 좀 더 관심을 기울일 필요가 있다. 쿤은 특정 학문의 분야에서 패러다임을 이루는 요인을 어느 분야의 기본 이론과 법칙, 개념, 지식 등으로 꼽고 있다. 즉 기본 법칙을 적용하는 표준적 방법, 법칙들과 자연 현상을 연관시키는 데 필요한 실험기술과 장치 그리고 정규적 연구의 방향을 제시하는 원리들, 예컨대 정확성, 간결성, 체계성 등을 중시하는 그 분야의 가치관 등이 한 패러다임을 형성하는 요인들로 보았다. 그리고 이러한 패러다임의 변화는 기존의 기본 이론과 모순되는 이상 현상들이 누적되는 경우 정상과학(혹 기존의 패러다임)은 위기를 맞게 되며 그 반응은 과학연구의 성격을 변화시켜서 대규모 재 조정의 과정이 수반되어 기존의 개념 체계를 재구성하는 과정을 겪게 된다고 보았다.[7]

토마스 쿤의 통찰을 통해서 교회사 속에서 남긴 신학의 제 모형들을 살펴볼 때 우리가 얻는 교훈은 각기 신학의 모형들은 각 시대의 상황 속에서 나름대로의 시대적 필요와 가치관이 반영된 결과물이었다는 사실이다. 고대교회와 중세교회, 그리고 종교개혁기와 근대교회의 제반 신학들은 나름대로의 독특한 시대적 필요를 반영하여 그것을 신학화하는 과정을 보여주고 있다. 한 시대에서 다음 시대로 넘어갈 때 과거의 신학적 모형으로서는 담기 어려운 제반 변화의 요인들이 사회의 각 분야에서 등장하고 또한 이러한 결과 기존의 신학적 체계로는 변화의 양상을 다 설명하기가 어려운 과정을 겪고 있다는 점이다.

이상의 이론에 의하면 오늘 우리 현대사회가 겪고 있는 새로운 양상들이 기존의 신학적 틀과 모형으로 설명하기 어려워질 때 새로운 신학적 모형의 태동을 기대하고 있다고 결론지을 수 있는데 그렇다면 과연 오늘의 우리 사회에서 제기되는 새로운 변화의 양상은 어떠한 것들일까? 이러한 변화는 새로운 모형을 모색할 만큼 새롭고 또한 충분히 광범위한 것들인가?

II. 현대의 새로운 신학형성을 위한 제반 요인 분석

1. 포스트모던을 지향하는 시점에 대한 분석

이제 우리는 오늘 우리의 과제 즉, '하이테크 시대를 위한 신학과 목회 모형 모색'의 방향을 위한 두 번째의 요소를 고려할 시점에 와 있다. 즉 새로운 시대의 모형을 위하여 과거의 유산이 남기는 모형들에서 통찰을 얻되 현재의 새로운 변화의 제반 요인들을 고려해야 한다는 점이다. 이러한 변화의 요인이 우리에게 새로운 신학의 모형을 모색하도록 할 만큼 충분히 새롭고 또한 광범위한 것인가를 물어야 한다는 것이다.

  '근대' 혹은 '현대'를 마감하면서 소위 '현대 이후(Post Modern)'의 제반 양상을 가늠하는 논쟁에 있어서 일반 철학이나 현상학에서는 주로 '기존 질서의 해체', '보편가치로부터 특정가치로', '일반적 관심사로부터 개별적 관심'으로의 이행을 그것의 중요한 패턴으로 꼽고 있다. 이러한 포스트모더니즘 양식이 연극에서는 부조리극의 시도로서, 음악에서는 소위 '우연성의 음악'으로, 그리고 회화나 미술에서는 전위, 내지는 해체예술 형태로서 우리에게 소개된 바 있다. 이러한 포스트모던의 현상은 어디에서 기인하는 것일까? 다니엘 벨은 현대 사회에 나타나는 포스트모더니즘의 경향성을 전통적인 서구의 가치체계가 분화되어 가는 과정에서 생겨나는 현상이라고 말하고 있다. 즉 유대 기독교 전통을 밑바닥에 깔고 있는 서구사회는 사회구조의 각기 다른 부문인 경제, 정치, 문화 등의 부문을 지배하는 통합적인 윤리가 엄연히 존재했다는 것이다. 그것은 사람들의 삶의 목적이 '하나님의 영광'이라는 종교개혁적 모토에 익숙해 있었기 때문이기도 하였다. 그러나 이것이 흔히 모더니즘으로 표현되는 산업사회로 옮겨지게 되자 사회, 경제 부문은 도구적 합리성이 지배하는 관료제가 지배하고, 정치 부문에서는 평등권을 위해서 사회 세력들이 다투게 되고, 문화 부문에서는 개인들이 자아의 확대와 실현을 위해서 노력하는 것이 자연스러운 삶의 목표가 된 사회 분위기를 낳게 되었다. 즉 이제 문화과 예술에서 흥분과 의미를 찾으려는 노력으로서의 모더니즘이 기존의 종교를 대신하게 되었다는 것이다.[8] 이러한 사회 분위기는 소위 현대-이후에 와서는 극적으로 전환되기에 이른다. 즉 사람들은 자아실현이라는 명분하에 지금까지 금기로 여겨져 왔던 전통과 제도를 파괴하고 본능적이고 쾌락적인 활동들을 봇물처럼 쏟아 붓기 시작하였다. 한 번 전통적 가치관이 무너져 내리자 학문과 문화의 각 부분에서 이 같은 현상은 걷잡을 수 없이 퍼져 나가게 되었다.

먼저 철학에서 '실존은 본질에 우선한다' 는 실존주의의 모토가 요즈음에는 한물 간 것처럼 취급되기는 하지만 포스트모더니즘을 표방하는 일련의 사태들을 이해하기 위해 우리는 선재(先在)하는 어떠한 형태의 가치규범이나 본질적 존재를 부인하고 행위하며 결단하는 주체로서의 실존을 우선시하던 실존주의 철학의 연장선에 머물지 않을 수 없다. 본질을 정의하는 어떠한 형태의 시도도 '도그마' 로 간주하여 이를 거부하는 소위 니체적 표현대로 '초인(超人)' 이 되기를 갈망하는 실존주의자들의 모토에 따르면 모든 속박으로부터 훌훌 벗어나는 절대적 자유만이 유일하게 '본질' 의 항목에서 살아 남을 수 있는 길이다.

신학에서는 하이데거의 실존철학적 방법론을 신학에 적용하고 있는 불트만의 경우 포스트모던적 경향을 열어 놓은 중요한 인물로 인식된다. 이를테면 그는 '존재와 신앙' 에서 '바울은 우선적으로 인간을 의식적인 주체로서 보지 않았다. 인간에게 인격을 갖게 하는 인간의 자발성과 행함의 성향은 인간 주체자의 노력이 전혀 아니다' 라고 규정하면서 통전적이고 독립적인 인격 개념을 부인하고 상황과 실존 속에서 열려진 가능성의 존재로서 인간을 정의하고 있는 것이다.

일반 사회와 경제 부분의 경우 이러한 '현대 이후' 의 다양한 현상을 토플러는 '제 3의 물결' 개념 속에서 이해하고 있다. 그에 따르면 인류는 적어도 1만 년 세월에 걸쳐 이루어 왔던 기존 판도를 새롭게 짜는 국면에 처해 있다고 예견하고 있다. 이점에 있어서 그의 '시장(Market)이론' 은 흥미롭다. 그에 따르면 인류는 지난 1만 년 동안 세계를 거미줄처럼 얽는 기구, 즉 시장을 구축했다. 그러던 것이 소위 '산업화' 로 일컬어지는 생산성의 혁명을 업고 등장한 '제2의 물결' 시대에 접어들어 약 300년 동안 유통기구는 눈부시게 발전되고 정비되었다. 제 2의 물결 시대의 문명은 매우 빠른 속도로 세계를 시장에 편입시켰다. 그리고 시장문화가 지배적인 문화가 되어 세계를 상대로 힘을 과시하기 시작했다. 그러나 이제 세계는 다시금 '제3의 물결'의 시대로 접어드는 양상을 보이고 있다고 예견한다. 그는 제 2의 파도가 시장 확대의 시대라고 한다면, 제 3의 물결 문명은 탈시장(Transmarket)문명이 될 것이라고 진단한다. 즉 시장이 필요없다는 의미에서의 '탈시장'이 아니라 시장이 이미 완성되었기 때문에 새로운 과제로 전진할 수 있다는 의미에서 탈시장이라는 것이다.[9] 이러한 현상은 컴퓨터, 전자, 공학, 정보, 생물공학 등에 있어서 융통성 있는 생산과 특정 분야를 목표로 한 시장 그리고 파트타임제 노동의 확산, 미디어의 탈 대중화 등의 형태로 나타나는 이른바 정보화 및 세계화의 경향성을 나타낸다는 것이다.

2. 하이테크 시대를 지향하는 사회의 분석

그렇다면 소위 '정보화', '세계화'의 시대를 여는 핵심적 주체인 하이테크의 양상은 어떠한 것일까? 먼저 생각해 볼 수 있는 변화의 양상은 수없는 정보의 홍수 속에서 '아는 것이 힘이다'라는 금언이 '찾는 것은 힘이다'라는 덕목으로 전환될 것이라는 점이다. 즉 이제까지 '노우-하우(Know- How)'를 물었던 공식이 손쉽게 뽑을 수 있는 전자매체의 도움으로 '노우-웨어(Know- Where)'를 물어야 하는 정보의 홍수시대를 맞이하게 되는 것이다. 지금까지 수많은 분량의 책으로 간직해야 하는 정보의 분량을 CD 롬 한장에 처리할 수 있는 현실을 겪고 있는 바, 이는 정보의 창조와 분배에 바탕을 둔 정보사회(Information Society)의 도래를 의미한다. 이러한 사회를 벨(D.Bell)은 '후기산업사회의 도래'로 규정하면서 산업화 이전의 사회에서 사회를 기획하는 원리는 자연을 극복하는 게임이고, 산업사회를 기획하는 원리는 인간과 기계의 관계에 중심을 둔 원리로 일종의 기계화된 자연을 극복하는 게임이지만, 후기 산업사회를 기획하는 원리는 정보를 바탕으로 하는 지식 테크놀로지가 중심에 서며 인간 상호간의 게임으로 나타난다고 보았다.[10]

두 번째 나타나는 현상의 흐름은 하이테크의 발전으로 예상될 수 있는 기계화, 고도 산업화의 현상으로 자칫 인간성의 소외현상이 나타날 것에 대비하여 이를 극복하려는 소위 '하이터치(Hi-touch)' 시대가 도래할 것을 예견할 수 있다. 존 네이비스(J. Naibistt)는 '메가트렌드(Megatrend)'에서 이러한 현상에 대하여 '인간적 측면인 하이터치 현상이 나타나 하이테크와 공존하게 될 것'이라고 밝히고 있다.[11] 그러나 이러한 노력에도 불구하고 각종 기술, 산업, 과학의 발전이 파생할 수 있는 부정적 요인들, 즉 오존층 파괴, 산성비, 유해 전자파 등으로 인한 각종 공해의 문제는 더욱 심각해질 것이다. 아울러 합당한 윤리적 기준의 고삐를 언제든지 탈출할 수 있는 가능성을 수반하는 과학, 기술의 발달은 대량개발, 생산, 비축된 핵무기, 화학무기, 세균무기 등으로 무장한 채 언제든지 인류를 비참한 상태로 몰아넣을 수 있는 잠재적 위협으로 상존할 것이다.

세 번째 고려해야 할 변화의 요인은 하이테크의 발전은 필연적으로 인간의 편리 추구와 경제적 부(富)를 지향하는 방향으로 나아갈 것이라는 점이다. 적은 노동으로 더 많은 수입을 올릴 수 있는 경제구조는 작금에 도래하고 있는 물질적, 육감적, 쾌락지향적 사회구조를 더욱 심화시킬 것이다. '컴퓨터의 황제'로 알려진 미국의 빌 게이츠가 약 1백 20억 달러(한화 약 12조원) 이상이 되는 엄청난 부를 소유한 세계 제 1의 갑부라는 사실은 잘 알려진 사실이다. 최근 미국의 대형 전화회사들은 기존의 통신과 함께 디지털로 이어지는 위성서비스를 통하여 뉴스와 오락프로그램 등을 전세계에 송출하려는 계획을 세워놓고 있다. 미국의 MCI 나 AT & T 같은 회사들은 직접 위송방송(DBS) 서비스를 서둘러 사들임으로써 전 세계에 9천만 명이나 되는 잠재적 고객에게 고출력, 고화질의 하이테크서비스를 실행하고 있는 것이다. 이러한 움직임은 필연적으로 현세적, 세속적, 탈(脫) 종교적 제반 현상을 부채질할 것이다.

한편, 이러한 탈(脫)종교화 현상에 정반대되는 또 다른 일종의 종교적 복고 현상이 눈에 띄게 나타나게 될 것을 지적하는 소리도 적지 않다. 기계화로 인한 인간성의 상실은 필연적으로 공허해진 심령들에게 어필할 수 있는 종교적 차원의 메시지를 요구하게 된다는 사실이다. 상기한 네스빗(John Naisbitt)은 최근 일어나고 있는 이른바 '종교의 부활' 현상에 대하여 언급하고 있다.[12] 미국의 경우 소위 '뉴에이지(New Age)' 운동을 신봉하는 사람의 수가 전 인구의 5-10퍼센트에 이른다고 한다. 이 같은 사이비 종교들은 한편으로는 인간을 신(神)적 위치에 놓고 그들의 무한한 가능성을 부추기기도 하고 일본의 옴 진리교 등 또 다른 한편 숙명이나 시한부 종말과 같은 굴레 속에 인간을 묶어 버림으로써 인생을 체념 속에 살도록 호도(糊塗)하기도 한다(짐 존스의 인민사원 등). 구랍 한국사회의 각종 사고로 야기된 불안한 현실을 타고 또 다른 대형사고를 예언하는 무속인들이 등장했었다. 사회의 병적현상들이 각종 미신과 역술들을 부추긴 점이 없지 않지만 또 다른 한편 인간들의 영적 굶주림이 그와 같은 현상으로 나타난 점을 부인할 수 없을 것이다.

마지막으로 미래 사회의 변화의 현장은 사회적 양극화 현상이 심화될 것이라는 점이다. 기계문명이 발달하면 발달할수록 그 문명의 혜택을 누리는 부류와 그렇지 못한 부류간의 삶의 양식은 더욱 심각하게 차이를 간직할 수밖에 없다. 오늘날의 현실도 지구상의 한 쪽에서는 우주 시대,

유전자 시대, 디지털 시대를 구가하고 있지만 또 다른 한 구석에는 여전히 과거 인류의 농경사회가 간직했던 사회적 양상을 답습하고 있다. 남과 북의 이질적인 문화적, 경제적 차이는 상호간의 몰이해를 더욱 부채질하는 요인으로 등장하고 있다. 냉전시대가 남긴 이데올로기의 다툼이 종말을 고한 대신 심각하게 경제전쟁, 문화전쟁의 양상이 지구의 곳곳에서 불거져 나오고 있다. 가진 자들은 더욱 많이 가지려 하고 그렇지 못한 자들은 가진 것까지 빼앗기는 사태가 벌어지고 있는 것이다. 게다가 첨단과학을 이용한 정보 시대에 윤리성을 상실한 어두움의 세력들이 고도의 과학적 지식을 이용하여 범죄행위를 계획, 실천할 위험성 또한 상존하고 있다. 최첨단 고도 기술을 소유한 소수의 국가, 소수 기업, 소수 집단에 의해 다수 인류가 지배될 수밖에 없다는 절박한 현실인식은 사회의 제 구성단위원들로 하여금 무한 경쟁적 반목으로 무장하도록 부추기고 있다. 21세기에 예상되는 세계의 상태(Status of the World)를 묘사하고 있는 바레트(David B. Barrett)는 일례로 자동차 산업에 있어서 전세계적으로 4개국의 자동차만이 남게 될 것이고 모든 작은 공장들은 그들의 큰 공장에 흡수, 통합될 것이라고 밝히고 있다.[13] 또한 컴퓨터 산업의 경우 세계에 약 7억대의 컴퓨터가 존재할 것이지만 이들은 마이크로에서 기본구조에 이르기까지 단 하나의 전 세계망에서 서로에게 관계될 것이라고 예견하고 있다.

　이상의 변화 요인들은 오늘 우리시대의 신학과 목회 모형에 있어서 지금까지의 모형으로서는 설명하기 어려운 많은 과제가 등장하고 있음을 암시해 주고 있다. 즉, 다가오는 시대를 위한 새로운 신학적 모델을 요구하는 상황에 직면해 있다고 평가할 수 있다는 것이다. 이를 위한 목소리는 비단 전문 신학자들로부터 야기되는 것으로 그치지 않는다. 사회 경제학자 양창삼은 '시장문화의 확산과 기독교의 문화적 책임'이라는 글에서 오늘날 우리 사회의 다양한 변화의 요인을 고찰한 뒤 "이러한 문화적 흐름에 기독교가 계속 침묵을 지켜서는 안 된다. 문화신학을 바로 정립하고, 이 시대의 삶을 유지하고 발전시켜 나가는 데 어떤 문화가 바람직한 것인가를 제시하고, 그것이 최선의 선택이 되게 해야 한다"라고 주장하고 있다.[14] 즉 우리 주변에서 일어나고 있는 다양한 변화를 감안하여 이를 수용하고 이에 대처할 새로운 목회적, 신학적 패러다임을 시급히 모색해야 하는 당위성을 가지고 있다는 것이다. 이러한 다방면에서의 변화는 기독교 신앙을 단지 성서 중심의 하나님 계시에 그 기초를 복귀시키려는 변증법적 신학의 시도에서도, 또한 '가난한 자', '소외된 자', '억눌린 자'의 입장에서 텍스트를 재구성하는 해방신학적/ 여성신학적 모델에서도 매끄럽게 반영될 수 있는 성질의 것이 아닌 듯 하다. 그렇다면 과연 다가오는 하이테크 시대의 신학과 목회의 모형은 어떠한 방향에서 모색되어야 할까?

3. 새로운 목회적, 신학적 모형의 정립을 위한 제언

리치몬드 유니온 신학교의 찰스 스웨지 교수는 오늘 우리 시대의 제반 변화를 수용하고 또한 이에 대한 대안으로서 제시될 향후 신학적 모델이 담고 있어야 하는 기준을 다음과 같이 제시하고 있다. "첫째, 오늘의 기독교는 핵심적인 가치의 빛 안에서 무엇이 선인가에 대한 인식의 판단을 회복하여야 한다. 둘째, 공동체 속에 있는 인간에 관심을 가지면서 이들이 어떠한 방법으로 형성되며 또한 어떠한 방법으로 정체성을 얻고 표현하는지에 대하여 관심을 두어야 한다. 셋째, 기독교는 오늘의 문제들에 관심을 가지고 그 문제를 해결하기 위한 합당한 조언과 인도를 제공하여야 한다."[15]

다가오는 세대를 위한 신학과 목회의 모형은 바로 이상에서 제시되는 주제들에 귀기울일 필요가 있다고 사료된다. 즉 우리는 '전통의 계승'과 '변화의 수용'이라는 두 차원에서 향후의 모델을 정립할 필요가 있다는 것이다. 우리 사회가 겪는 독특한 변화의 양상에도 불구하고 기독교가 전통 속에서 보유하고 있는 '핵심적 가치의 빛'이라는 가치기준은 여전히 중요하다. 한편, 이러한 전통적 가치들이 우리가 논의한 바 있는 제반 변화들과 어떤 상관성을 유지하는가를 주목할 필요가 있다. 역사적 유산 속에서 미래를 가늠하는 기준을 찾는다고 할 때 우리가 유의해야 할 점은 단순한 과거로의 회귀 내지는 복고주의적 낭만에 빠지는 것을 의미해서는 안된다는 점이다. 과거의 한 시대에 풍미했던 사상적 패러다임을 새로운 시대의 옷에 맞는 새로운 형태로 어떻게 전환할 것인가 라는 물음은 여전히 우리의 과제로 남는 것이라 하겠다.

1) '전통의 계승'을 통한 새로운 모형 모색

"오늘날의 그리스도인들은 기독교의 위대한 지적 전통의 상속자들이다. 적극적인 사고와 실제적인 문제 해결의 이러한 전통은 현대 세계의 지적 조류들에 대항하여 싸우는 그리스도인들에게 결정적인 동맹자이다. 과거의 통찰들을 끌어오는 것은 오늘날의 문제들에 유용한 관점을 제시해 줄 수 있다. 그럼으로써 우리는 현재의 독단, 즉 오늘날 사람들이 생각하는 방식이 인간이 생각할 수 있는 유일한 방식이라는 독단에서 해방될 수 있다"[16]라고 C.S. 루이스는 역설한다. 우리가 '현재의 독단'에 빠지지 않기 위해서 '과거의 통찰'로부터 배울 수 있는 교훈은 어떠한 것일까? 이 점과 관계하여 현대문화의 특질이 '개별화', '특성화', '탈대중화'를 지향하는 포스트모던적 성향을 띠고 있다는 사실을 이미 지적한 바 있다. 그러나 이러한 포스트모던적 경향성에 대항하는 비판적 시각이 우리 시대에 적지 않게 제기되고 있다는 점은 흥미롭다.

상기(上記)한 찰스 스웨지 교수는 우리 시대에 다행히도 규범적 가치를 복구하려는 노력들이 나타나고 있다고 밝히면서 그러한 학자들로서 제임스 구스타프슨, 스탠리 하우어스, 그리고 알라스데 맥킨타이어 등을 거론하고 있다. 이와 관련하여 미국 드류대학의 토마스 오든 교수의 '현대 이후(Post Modern)'에 대한 진단은 눈여겨볼 만한 의미를 내포하고 있다. 그는 '레퀴엠(Requiem)'과 '두 세계 (Two Worlds)' 등의 저서를 통해서 서구사회에 있어서의 '현대 이후(Post-Modern)'의 나아갈 방향을 주로 지금까지의 서구사회의 제반 현상들에 대한 비판을 근거로 제시하고 있다. 오든에 의하면 근대 서구와 동구사회의 정신적인 기초는 다름 아닌 1789년의 불란서 대혁명이 외쳤던 '자유'와 '평등'을 양대 축으로 하여 형성되었다. 각각 소위 기존의 '제 1세계'라고 불리웠던 서구사회가 주로 '자유'의 이데올로기를 유산으로 삼아 그것을 번영케 하였고 또한 '제2세계'라고 불리웠던 공산주의사회는 주로 '평등'의 가치관을 자신들의 사회적 모토로 내세웠었다는 것이다. 그러나 1989년 독일 베를린 장벽의 무너짐으로 상징되는 공산주의 사회의 해체는 그들이 주장하고 자랑스러워했던 '평등'이라는 가치가 모든 이들이 함께 번영을 누리는 '상향적 의미'의 평등이 아닌 그 반대의 결과를 가져오는 것이었고, 이에 대한 민중의 항거로 200년 동안의 근대, 혹 현대의 막이 극적으로 종말을 고하게 되었음을 보여주는 사건이었다는 것이다. 그런데 이러한 가시적이며 극적인 붕괴를 겪었던 동구의 몰락에 대해 과연 서구사회는 자신들은 안전함을 노래하면서 '태평성대(?)'를 누릴 수 있을까? 동구의 몰락 현상을 '강건너 불' 구경하듯 자신들의 상황과는 전혀 관계가 없는 것으로 느꼈다면, 혹은 한걸음 더 나아가 그것이 동구사회에 대한 서구사회의 승리 쯤으로 여겼다면 그것은 큰 오산이라는 사실을 오든은 지

적하고 있다.[17]

불란서대혁명이 남긴 '자유'에 대한 정신적 유산이 200여년 동안 서구사회에 적용되어 오는 동안 이제 그 참의미를 상실한 채 그것의 환영(幻影)에 붙잡혀 사회의 각 부분에서 무너짐의 소리를 내고 있지 않은가? 서구사회에서 현대의 종말은 자유가 방종으로 치닫게 되면서 극도의 개인주의, 쾌락지상주의, 도덕적상대주의, 축소지향적기계주의 등의 비인간화 과정을 걸어온 것은 아닌가? 이제 현대에 있어서 동구의 몰락과 마찬가지로 서구사회는 이러한 병폐들로 말미암아 몰락의 길을 재촉하고 있다고 볼 수 있고 아울러 다가오는 '현대 이후' 시대에 새로운 가치의 모델을 요구하고 있지 않은가? 이제 자기 몫찾기에 분주하여 가정의 파괴 등의 가치체계도 불사했던 개인주의의 경향성은 기존의 공동체를 회복하고자 하는 목소리로 환원되고 있다. 프로이드로 대표되는 성(性)해방의 기치가 남긴 쾌락지상주의도 AIDS의 창궐 등으로 종말을 고하고 있는 형국이다. 어느 누구의 가치관이 절대적이지 않고 너와 내가 모두 옳을 수 있다는 상대주의적 가치관은 혼돈과 무질서를 배태하고 있다. 그리고 통전적 의미의 인간과 사회의 존재 의미를 묻기를 포기하고 오직 실험실 속에서 기계주의적인 생리적 관찰에만 익숙해 있던 다윈의 후예들에게 오늘 새삼스럽게 서구사회는 고개를 돌리고 있는 형편이다. 이제 사회의 제반 국면에서 현대를 마감하고 그 '이후(Post)'를 희구하는 목소리가 높아가고 있는 것이다.[18]

오든의 통찰 중 진지하게 고려해야 할 점은 바로 '현대 이후'의 신학이 나가야 할 방향에 있어서 그 모델을 설정하는 시각이다. 현대 이후의 신학적 모형의 기준으로서 첫째로 적어도 동구와 서구에서 지금까지의 실패를 재현하지 않을 수 있는 검증된 것이어야 하며, 둘째로 서구와 동구가 공히 공유할 수 있는 공통분모를 소유하여야 하고, 세째로 이것은 어떤 이데올로기나 구호에 그치지 않는 실천적 모델이어야 한다는 원칙을 설정하고 있다는 점이다. 이러한 의미에서 오든은 교회의 역사 속에서 동·서양이 함께 공유할 수 있었던 과거의 신학적 패러다임 속에서 향후 신학의 모델을 설정하고 있는 바 특히 소위 '동방의 교부'들이라고 불리웠던 아타나시우스, 닛사의 그레고리, 바질, 나지안주스의 그레고리 그리고 크리소스톰 등의 교부적 유산을 새롭게 조명하여 그것을 우리 시대의 관점에 맞게 적용할 것을 주창하고 있다. 이들 교부들의 메시지를 대략적으로 요약하면 첫째, 인간과 사회는 신적 차원의 교통 속에서 그의 근원과 존재에 관한 통전적인 메시지를 발견할 수 있다. 둘째, 이들의 유산은 서방과 동방에서 공히 기독교의 유산으로서 서로 인정할 수 있는 전통이 되고 있다. 셋째, 이들은 이미 교회사 속에서 그 타당성이 검증되었던 바 어떤 특정의 이데올로기나 혹은 실천이 불가능한 환상이 아니라는 점이다.

이상과 같이 기독교의 전통을 오늘의 시점에 다시금 적용하는 것은 다가오는 미래의 신학적 모델을 찾음에 있어서도 여전히 중요하다. 그리고 이러한 전통과 함께 다가오는 변화에 대한 수용을 염두에 두어야 하는 것이다.

2) '변화의 수용'을 통한 새로운 모형모색

현대 신학의 변천을 진단하면서 그 나아갈 방향을 제시하는 글 '신학의 변천—어디로?'에서 위르겐 몰트만은 "기독교의 역사 속에 이루어 왔던 신학적 업적들은 보존되어야 한다. 그러나 아무 소득없이 박물관 속에서 썩지 않으려면 이 시대의 변혁 속으로 들어와야 한다"고 주장한다.[19] 그는 오늘 우리 시대의 변화를 수용하는 현대신학은 "먼저 교파적 신학에서 에큐메니칼 신학으로, 다음으로 유럽 중심에서 인류적 중심으로, 그리고 마지막으로 기계를 통한 세계 지배시대로부터 생태학적 세계 공동체시대로 나아가야 한다"고 역설하고 있다.[20] 그의 주장 중에서 우리의 논의와 관계하여 특히 주목되는 부분은 바로 '기계를 통한 세계 지배 시대로부터 생태학적 세계 공동체 시도로'의 전환을 주장하는 점이다. 그는 '계몽주의, 세속화 그리고 근대적 세계의 시대라고 찬양했던 것이 기계를 통한 세계지배와 기술적 자연수탈의 시대로 되고 만' 현대적 경향성을 꼬집으면서 다가오는 세대에는 '세속화가 아니라 세상의 성화(聖化)가, 자연 지배의 정당화가 아니라 우주와의 합일이 요구된다'고 주장하고 있다.

   '생육하고 번성하라, 땅에 충만하라'로 요약되는 인간들에게 주어진 문화명령(Cultural Mandate)은 오늘날 심각한 도전의 국면에 처해 있다. 이데올로기의 첨예한 대립이 와해된 오늘의 국제 질서는 어쩌면 그 빈 공간을 뚫고 '문화침투'라는 현상으로 새롭게 우리 시대에 다가오고 있는지도 모른다. 윤리와 도덕적 균형감각을 상실한 제멋대로의 과학은 그 발명가의 의도와는 상관없이 오히려 인간에게 치명적으로 해(害)를 가할 수 있는 공룡으로 성장해 가고 있다. 하버드대 신학대학장 사무엘 밀러는 이러한 과장된 과학과 이를 숭배하는 시민종교(Civil Religion)의 대두는 필연적으로 '불신의 시대정신'을 낳을 것을 경고하고 있다. 또한 뉴욕 유니온 신학교의 폴 레만 교수도 '인간답기를 거절하는 참 휴머니즘의 상실'은 현대인들의 인격과 정신을 파괴할 것이라고 덧붙이고 있다. 물론 과학적 발명이 인간들이 가지고 있는 마성(魔性)에 모든 책임이 있다고 이야기하는 것은 지나친 일일지 모른다. 우리 사회의 각 부분에서 작금에 일어나고 있는 문화현상 즉, 성(性)의 상품화, 매매춘(賣買春) 문제, 약물사용, 동성애… 등등의 문제는 이미 과학의 간섭 없이도 심각한 수준의 사회문제를 야기하고 있다. 그러나 이러한 기존의 퇴폐적 문화현상은 그 파급효과를 생각해 볼 때 앞으로 다가올 소위 '하이테크의 충격'에 비하면 어쩌면 극히 미미한 것일 수도 있다.

그러나 또한 하이테크의 도래를 무작정 비판적인 시각으로만 바라보는 것도 균형을 잃은 시각이라 할 수 있다. '정보화', '세계화'로 요약되는 하이테크의 충격은 이미 우리 시대에 있어서 새로운 패러다임을 요구할 만큼 커다란 요인으로 자리잡고 있음을 논의한 바 있다. 교회는 '창조질서의 보존'과 '인간성의 고양'이라는 핵심적 기독교적 전통가치의 빛 안에서 '하이테크 시대'를 향한 과제를 설정해야할 것이다. '아담의 원죄(原罪)는 하나님과 같아지려고 자신을 높인 교만(Pride)에서가 아니라 자신에게 위임된 문화명령을 수행하지 않으려는 태만(Slothness)에서 비롯된 것입니다'라고 하비 콕스(Harvey Cox)는 주장한 바 있다. 하나님께서 '금단의 열매'로 제정해 놓으신 선악과의 의미는 인간으로 하여금 세상을 바로 관리하고 그것을 똑바로 지키라는 '깨어있음(Vigilance)'에 대한 명령이기도 하였던 바, 아담은 태만으로 인해 그 임무를 성공적으로 수행하지 못한 채 이 '세상'을 뱀(사탄)의 통치 영역으로 전락시켜버렸다는 지적이다.[20] 이러한 의미에서의 '원죄'는 아이러니칼하게도 오늘날 바로 '교회'가 지속적으로 반복하는 자신의 업보가 되어버린 것은 아닐까? 예수 그리스도의 오심으로 마땅히 원죄의 굴레에서 해방되어 성령의 자유를 구가해야 할 교회는 오늘날 세상과 높은 담을 쌓아 놓고 '보지 않고, 듣지 않고, 말하지 않으면' 자신의 할 일을 모두 다 했다는 정도의 도덕적 자기도취의 수준에 머무르고 있는 것은 아닌가? 항간에 유행하고 있는 젊은이들 사이에서의 '순결서약' 등의 운동도 중요하지만 한 개인의 도덕적 결단으로 '대중문화'의 모든 파고를 뛰어넘을 것을 주문하는 것은 어쩌면 어른들의 무책임한 행위가 아닐까? 그렇다면 이제 한 개인의 결단을 뛰어넘는 한 문화의 패턴을, 교회의 울타리 속에 안주하는 신학이 아닌 삶의 한복판을 이야기하는 소위 '거리의 신학'을 지향해야 한다는 당위성 아래서 '하이테크 시대'를 위한 신학적, 목회적 모형 모색을 시도해야 할 것이다.

– 향후 신학적 과제

전통과 변화의 적극적 수용이라는 주제를 통해서 미래 사회의 신학적 모형 모색을 위한 바람직한 방향을 논의해 보았다. 이제 이상의 논의에 근거하여 다음과 같은 제안으로서 우리의 과제를 맺고자 한다.

첫째: 하이테크 시대를 위한 새로운 목회와 신학의 모형은 기술사회의 도래로 야기될 각종 사회문제에 답할 수 있는 것이어야 한다. 과학의 발달이 가져올 결과에 대한 지나친 기대로 마음이 부풀어있는 현대인들에게 새로운 신학은 그 한계성과 범위를 논의하면서 과학–종교의 대립이 아닌, 과학–종교의 화해를 지향하는 해법을 제시해야 할 것이다.

둘째: 주지하는 바와 같이 오늘날 하이테크사회는 이미 하이터치사회로의 전환을 요청받고 있다. 이러한 점에서 다가올 시대를 위한 신학적 모형은 인간소외의 현상이 아닌 창조의 보존과 그 발전이라는 맥락 속에서 그 해법을 제시해야 한다.

셋째: 과학이 가져다주는 이기(利己)는 근대 합리주의 전통에서 이미 경험했던 개인주의의 극대화로 인한 문명의 파괴가 아닌 성서적–교회사적 전통의 맥락 속에서 인류에게 공동으로 경험되었던 역사적 유산의 풍성한 전통을 유지, 발전시키는 쪽으로 나아가야 한다.

넷째: 물질적 풍요와 정신적 황폐화로 특징지워지는 후기 산업사회에서 새로운 신학은 어떻게 성서적–복음적 공동체적 가치를 심어줄 것인가를 제시하고 아울러 그 공동체의 구성원들에 대한 도덕적–윤리적 행동양식의 비전을 제시하여야 한다.

주

1) 한스 큉, 이홍근 옮김, 『교회란 무엇인가』, 왜관: 분도출판사 1991, 제 5판 p.38.

2) 한스 큉, 데이비드 트라시 편, 박재순 옮김, 『현대신학은 어디로 가고 있는가?』, 서울:한국신학연구소 1989, p.21.

3) 상게서

4) 사실주의적 회화를 남긴 화가로는 루카스 크라나하(Lucas Cranach, 1472-1553), 알버트 뒤러(Albert Durer, 1471-1528), 렘브란트(Rembrant,1606-1669) 등이다. 프란시스 쉐퍼, 박형용 역: 『그러면 우리는 어떻게 살 것인가?』, 서울: 생명의 말씀사, 1984, pp. 92-102.

5) 도로테 죌레, 서광선 역, 『현대신학의 패러다임』, 서울: 한국신학연구소, 1993, pp.37-47에서의 논의를 참조할 것. 이 글에서 죌레는 정통주의, 자유주의, 해방신학의 성서관을 함께 비교하면서 자유주의의 특징을 논하고 있다.

6) 상게서 p.54에서 죌레는 "자유주의 신학과 해방신학을 연결하는 고리가 있다는 것은 분명하다"고 진단한다.

7) 토마스 쿤, 상게서, pp. 297- 298.

8) Daniel Bell, *Cultural Contradictions of Capitalism*, NY: Basic Books, 1977.

9) Toffler, A., *The Third Wave*, NY: William Morrow & company, 1980.

10) Daniel Bell, *The coming of post- industrial society*, NY: 1973.

11) John Naisbitt, Megatrends 2000, *Ten New Directions Transforming Our Lives*, NY: A Warner Communication Company, 1984.

12) 상게서

13) 김철영, "미래, 가치 그리고 기독교 윤리교육", 『신학과 교육』, 서울:장로회신학대학 교편, 1991 p. 117에서 재인용.

14) 양창삼, "시장문화의 확산과 기독교의 문화적 책임", 『기독교사상』, 1995. 10월호 통권 442호 p.46.

15) 찰스 스웨지 교수는 현대 신학의 한 경향성으로서 부각되는 전통적 가치의 부활을 긍정적으로 평가하면서 해체주의적, 포스트모던적 경향을 비판하고 있다. 이상훈, 『쉰들러에서 절대자까지』, 서울:두레시대, 1996, p. 25에서 중용

16) C.S. Lewis, On the reading of Old Books, *God in the Dock*, Grand Rapids: Eerdmans, 1972, pp. 200- 207.

17) Thomas C. Oden, *Two World*, Downers Grove: Intervarsity Press, 1992, pp. 31-47.

18) 상게서

19) 쥐겐 몰트만, 신학의 변천-어디로?, 『현대신학은 어디로 가고 있는가』, p. 29.

20) 상게서 pp. 29-31.

21) Harvey Cox, *On not leaving it to the Snake*, NY: The Macmillan Company, 1976.